Superbebé

Dr. Jaroslav Koch

Superbebé

Ediciones Martínez Roca, S. A.

Traducción de M. Taboada

Primera edición: enero de 2001
Segunda edición: abril de 2003

Título original: *Total baby development*

Paseo de Recoletos, 4. 28001 Madrid
ISBN 84-270-2652-8
Depósito legal: M. 16.326-2003
Impresión: Gráficas Rógar, S. A.

Impreso en España – Printed in Spain

DEDICATORIA

Aprovecho esta oportunidad para expresar mi profundo agradecimiento a mis amigos del Instituto de Asistencia a la Madre y al Niño, en Praga (Checoslovaquia), a los médicos, las enfermeras y a todos los estimados colegas que me han ayudado en mi trabajo. Quiero dar especialmente las gracias a mi más próxima colaboradora, la enfermera Marie Kepertova, que me asistió en el trabajo con los niños y en mis experimentos, cuyos resultados tradujo en cifras, y que contribuyó a realizar otras muchas tareas. Y no quiero olvidar a los pequeños que tomaron parte, en compañía de sus padres, en nuestras experiencias. Muchos de ellos continúan visitándonos y mantienen con nosotros una relación amistosa, aunque pronto empezarán a asistir a la escuela.

Por amor a los niños

Prólogo de la doctora Greta G. Fein

Directora del Departamento de Investigación sobre el Desarrollo Infantil, Instituto Merrill-Palmer

Los niños en la primera infancia se han conquistado otro admirador. Hace ya unos veinticinco años que el doctor Jaroslav Koch empezó a observar a los pequeñines, a anotar sus expresiones efímeras y sus menores gestos. Desde entonces, se ha convertido en un defensor leal del bebé, en una especie de misionero dedicado a mostrar a los padres y a las personas que se ocupan de cuidarlos los múltiples y sencillos caminos a través de los cuales los adultos pueden enriquecer al mismo tiempo la vida de los niños y la suya propia.

Con gran amor y tenacidad, el doctor Koch ha ideado y desarrollado en el Instituto de Asistencia a la Madre y al Niño, de Praga, Checoslovaquia, una serie de ejercicios y de juegos, fáciles y no violentos, que forman un programa ingenioso y variado. El doctor Koch se preocupa no sólo de la salud física del bebé, sino también, y sobre todo, de su progreso psicológico e intelectual.

El doctor Koch se muestra muy claro en lo que respecta a su misión, y todos cuantos nos interesamos por ella deberíamos comprenderla bien. Dicha misión no consiste *en acelerar el desarrollo, si por aceleración entendemos forzar artificialmente las facultades y las capacidades. Se trata más bien de asegurar a cada niño las oportunidades más amplias para ejercitar plenamente sus capacidades innatas, rodeándole de cuidados cariñosos y atentos. Por ejemplo, para los primeros ejercicios de presa, el doctor Koch recomienda emplear «la mano humana, fuerte y cálida, en lugar de una varilla metálica de metal, dura y fría». Aconseja a los padres que participen en las sesiones de ejercicios e insiste en que las actividades se ajusten a los cambios de humor y al temperamento peculiar de cada chiquillo.*

«El mensaje más importante de este libro —afirma el doctor Koch— es que la buena crianza de un niño depende de la sinceridad del amor que los padres sienten por su hijo. El niño se desarrollará mejor si los padres comprenden que la educación de éste constituye su objetivo primordial desde el punto de vista humano, al tiempo que uno de los aspectos principales del "propósito de la vida".»

Que los padres compartan o no las ideas del doctor Koch y preserven el aspecto lúdico, sin presiones, de su programa es una cuestión que cada padre que lea este libro debe pensar personalmente. Será mucho más fácil en los países que poseen instituciones dedicadas a «la asistencia a la madre y al niño», con médicos preocupados por ayudar a las familias a superar las frustraciones y las tensiones causadas por la crianza de los hijos en la primera época de su vida.

En ausencia de esta situación ideal los padres encontrarán en este libro muchas ideas nuevas que podrán aplicar a sus hijos, ideas que resultarán también desconocidas e interesantes para todo lector de la literatura sobre el desarrollo infantil en general.

Aunque no se expresa explícitamente en el texto, hay implícita en los trabajos del doctor Koch una teoría sobre las primeras etapas del desarrollo. Tal vez los lectores comunes se sientan desconcertados ante términos como «excitación», «inhibición diferencial» o «inhibición de demora». Algunos psicólogos especializados en el desarrollo infantil discutirán quizá la interpretación del doctor Koch sobre el aprendizaje temprano, su uso de conceptos como los «estímulos sensoriales gratificantes» o su exposición de la idea que hay que enseñar al bebé a reaccionar frente a la palabra hablada. Afortunadamente, el doctor Koch posee una visión tan aguda de los detalles descriptivos que esos comentarios teóricos no perjudican en nada el atractivo de su obra.

Y se trata de una obra verdaderamente original, que, mientras no se hayan duplicado sus resultados, no dejará de suscitar cuestiones entre los especialistas de la educación con respecto al valor de los hallazgos del doctor Koch, aunque la mayoría de ellos tendrán en cuenta la dificultad de efectuar evaluaciones en condiciones clínicas. El doctor Koch incluye además en su obra un test cuidadosamente detallado, que, añadido a sus ejercicios y a sus prometedores descubrimientos, sienta las bases para investigaciones futuras.

Entretanto, nada impide que padres e hijos en la primera infancia disfruten de los beneficios de sus estimulantes sugerencias.

1

Lo que hace este libro diferente

Antes de decidirse a seguir los consejos de este libro, los padres tienen derecho a saber algo acerca de su autor y sobre los resultados que sus métodos han dado en la práctica.

Llevo trabajando con los niños cerca de cincuenta años y, en los últimos veinticinco, me he especializado en la investigación dentro del campo psicológico, en el Instituto de Asistencia a la Madre y al Niño, en Praga, Checoslovaquia.

A través de mis observaciones diarias en los laboratorios del Instituto, en numerosas guarderías y en mi trabajo con un gran número de familias, se me fue haciendo cada vez más claro que hay en los bebés, oculto e inexplotado, un potencial de desarrollo insospechado y estimulante, que no necesitan, en realidad, actualizar para desarrollarse «normalmente». Me di cuenta de que un gran número de posibilidades de desarrollo se pierden a edad muy temprana porque los padres y las madres no les dan la oportunidad de revelarse. Incluso algunos destruyen para sus hijos, sin advertirlo, esas posibilidades.

Pero seamos más precisos. La mayoría de los lectores pensarán que bromeo al afirmar rotundamente que es más fácil para los niños pequeños trepar por una escala que sostenerse en pie. Y, sin embargo, he presenciado innumerables veces cómo niños de ocho a nueve meses gateaban hasta una estructura con peldaños horizontales, se apoyaban en ella para ponerse en pie, colocaban los pies en el primer peldaño, luego en el segundo y en el tercero e intentaban trepar por ella. Ahora bien, tanto los padres como los cuidadores de las guarderías se apresuraban a bajarlos, por miedo a que se lastimasen.

Yo acostumbro a hacer todo lo contrario. En mi laboratorio, tengo pequeñas escalas ajustadas a las proporciones de los niños. Cuando se coloca en una escala a chiquillos de cinco meses, se sostienen ya en ellas; a los ocho o nueve meses, las suben *enteramente, sin ayuda de nadie*. Todos los niños a los que ofrecimos esta oportunidad aprendieron primero a gatear por el suelo, luego a trepar por la escala. Y sólo uno o dos meses más tarde, andaban sin necesitar ningún apoyo.

Cuando se pone a los niños en las circunstancias apropiadas, adquieren fácilmente —más aún, placenteramente— muchas más capacidades de las que los padres, los pediatras y los libros corrientes sobre el tema consideran normales. Conseguimos documentar este provechoso dato proporcionando a cincuenta niños (veinte en nuestro Instituto y treinta en sus domicilios) una oportunidad de mover su cuerpo superior a la tradicional. Empezando en la segunda o tercera *semana* de la vida, nosotros en el laboratorio y los padres en sus casas estimularon a cada uno de los niños, durante una o dos horas diarias, con los juegos y los ejercicios que describo en este libro. La comparación entre el desarrollo de esos niños y el de los cien que formaban el grupo de control y que se criaron en las condiciones familiares normales resultó fascinante (para más detalles, véase el Apéndice).

Los niños ejercitados duplicaron el peso que tenían al nacer al quinto mes, los del grupo de control lo hicieron en el sexto. Además, la aceleración en la ganancia de peso del grupo ejercitado se produjo en músculos, no en grasa.

De manera casi invariable, los bebés ejercitados gozaban de buen apetito, y su alimentación no causaba dificultades.

Los niños del grupo experimental (ejercitado) aprendieron a mostrarse activos en los períodos de vigilia y a dormir tranquilos en los períodos destinados al sueño. La frecuencia de la semivigilia, tan común en los primeros tiempos después del nacimiento (los ojos del niño están abiertos, pero no los mueve, o bien, los ojos están cerrados, pero los mueve) disminuyó con mucha mayor rapidez que en el grupo de control.

El buen humor general de los niños y las niñas ejercitados era particularmente pronunciado. Los visitantes del laboratorio se sorprendían al advertir que los bebés no lloraban casi nunca. Al contrario, incluso los más pequeños sonreían con frecuencia, y los mayores reían alegremente, chillaban de placer y gorjeaban a menudo de satisfacción.

Las relaciones entre esos niños y los adultos que jugaban y hacían los ejercicios con ellos eran buenas. Los chiquillos gritaban muchas veces de alegría al entrar en el laboratorio, y algunos se echaban a llorar cuando los preparaban para abandonarlo.

Lo más asombroso fue la diferencia en el desarrollo psicológico y motor entre ambos grupos. En lo que se refiere al desarrollo de los movimientos físicos, a los seis meses, los niños ejercitados llevaban una ventaja de tres a cuatro semanas a los del grupo de control; al año, esta ventaja de los niños estimulados se elevaba a 6-8 semanas. A los ocho meses, los niños ejercitados sabían apoyarse en los muebles y ponerse de pie; a los diez meses, dieron los primeros pasos sin ayuda; después de los doce meses, corrían alrededor del corralillo.

Pero donde se puso mejor de manifiesto su excelente adelanto psicológico fue en la rapidez con que se desarrolló su capacidad para el lenguaje. Al año, los niños ejercitados tenían un vocabulario activo de veinte palabras y las utilizaban en sus contactos diarios, mientras que los del grupo de control empleaban sólo cinco.

¿Y por qué no habría de ser así? Todo el proceso de la estimulación física favorece la sensibilidad anatómica. Al motivar al niño para que se mueva físicamente, su cerebro recibe un riego sanguíneo superior al normal. Y a su vez, ese riego sanguíneo incrementado hace al niño más receptivo a la estimulación.

Y recuérdese que la inteligencia no emerge sin esfuerzo. Sin actividad, el cerebro se adormece y no se desarrolla.

Existe una diferencia considerable entre este libro y los manuales tradicionales de «ejercicios para la primera infancia». Normalmente, el objetivo de estos últimos es el fortalecimiento de los músculos y la mejoría de la coordinación motora. Y por regla general, ni siquiera se preocupan de esta coordinación en su conjunto. Los libros tradicionales se centran en las grandes facultades motoras e ignoran el desarrollo de los movimientos delicados de las manos, que son particularmente importantes para un desarrollo global y temprano de la personalidad infantil.

En este libro, mi preocupación se extiende mucho más allá de la simple salud física. Me propongo, pues, exponer cómo desarrollar al niño en todos sus aspectos: los sentidos, el juego, el pensamiento, el lenguaje, las emociones, los hábitos, la adquisición de la experiencia vital, etc. Te enseñaré cómo actualizar el potencial de tu hijo mediante el movimiento físico. No el movimiento mecánico, sino una actividad orientada. Al mismo tiempo, trato siempre de evitar la manipulación y la pasividad. La actividad se convierte así en un medio de resolver un problema, en un programa de educación global para la totalidad del niño, en una época de la vida más temprana que todo lo que se había intentado antes, de modo que los preciosos meses de la primera infancia, con tanta frecuencia malgastados, adquieran una significación nueva y más rica, tanto para ti como para tu hijo.

Veamos algunas consideraciones prácticas que nos serán útiles para empezar.

Naturalmente, no es necesario —ni aconsejable— que una madre se dedique a ejercitar a su hijo durante una hora o dos horas seguidas. Para obtener el mejor resultado, recomiendo de seis a ocho períodos de ejercicios diarios, cada uno de los cuales abarcará de diez a quince minutos. Habrá que realizarlos los siete días de la semana. Además, es una buena idea que el padre pase también otra media hora como mínimo, por la tarde, ejercitando al pequeño y que le dedique más tiempo durante los fines de semana, siempre que le sea posible.

En especial, durante los días de la semana, demasiado ocupados, varios períodos de ejercicio que totalicen de veinte a treinta minutos representan un mínimo adecuado. En caso de enfermedad o de otros problemas prolongados, el suprimir los ejercicios y los juegos por dos o tres semanas no tendrá efectos negativos.

¿Y qué sucede si se empieza a trabajar, siguiendo los consejos de este libro, cuando el niño tiene ya cuatro, seis u ocho meses? Más vale tarde que nunca. Pero aconsejo entonces a los padres que comiencen por los ejercicios destinados a niños algo más pequeños que el suyo. Esto es, si tu hijo tiene ocho meses, te sugiero que empieces por los ejercicios destinados a los pequeños de seis meses..., sin olvidar que nunca, *nunca* se debe presionar ni forzar al niño.

Y ahora voy a extenderme un poco más acerca de mis objetivos.

Tal vez hayas pensado con frecuencia en la gran responsabilidad que supone criar a un niño y te hayas preguntado: ¿estoy suficientemente preparada para esta difícil tarea? Como es natural, habrás sentido también tus dudas sobre la eficacia de los métodos tradicionales para el cuidado de los niños. Te habrá parecido que muchos de los puntos de vista antiguos eran erróneos. Habrás vacilado ante la afirmación de que el niño se desarrolla solo durante el primer año de su vida, que ciertos rasgos del carácter aparecen por sí mismos sin necesidad de un impulso exterior, simplemente como resultado de una maduración interna, que interferirse en el «desarrollo natural» de un bebé es peligroso y que toda madre normal conoce «instintivamente» cómo criar a su hijo.

Indudablemente, te habrás dado cuenta de que los adelantos de la ciencia y la tecnología exponen a los seres humanos a mayores exigencias y requieren de ellos mayores esfuerzos, sobre todo en la esfera psicológica. Por consiguiente, es natural que busques los medios para perfeccionar la crianza de tu hijo y que desees aplicarlos.

Este libro se propone ayudarte en ese trabajo sobre el niño, un trabajo exigente, lleno de responsabilidad, pero también muy gratificante. Te hablará de los descubrimientos científicos más recientes sobre el desarrollo psicológico infantil y te demostrará cómo pueden aplicarse diariamente esos nuevos datos a la crianza del bebé, con ayuda de 333 ejercicios, juegos y pequeñas tareas.

Un entrenamiento bien llevado, sin hacer trampas, basado en los datos científicos sobre la primera infancia, proporcionará a tu hijo un beneficio permanente y será fuente de alegría y de verdadera felicidad humana para los padres.

Para los que disponen de poco tiempo

He preparado un miniprograma para las familias que están muy faltas de tiempo, con un número de ejercicios y juegos drásticamente reducido. Aunque no utilices más que éste, si lo haces de acuerdo con los principios que describo, tanto tú como tu hijo obtendréis sustanciales beneficios. Los números siguientes corresponden a los adjudicados a los ejercicios en los capítulos posteriores.

Primer mes: ejercicios 2, 3, 6, 7, 11, 12.

Segundo y tercer mes: ejercicios 13, 15, 17, 20, 26, 27, 29, 30, 34, 37, 40.

Del cuarto al sexto mes: ejercicios 45, 49, 50, 52, 55, 57, 58, 60, 63, 67, 70, 72, 76, 81, 90, 99, 109, 114.

Del séptimo al noveno mes: ejercicios 118, 124, 130, 139, 144, 151, 156, 161, 163, 170, 173, 181, 187, 192, 193, 200, 203, 209.

Del décimo al duodécimo mes: ejercicios 214, 217, 221, 231, 235, 240, 244, 246, 252, 258, 267, 272, 284, 290, 302, 311, 315, 319, 331.

2
La importancia crucial de la programación

La psicología del desarrollo humano ha forjado expresiones nuevas, como «primer aprendizaje» y «primera experiencia», debido a que las últimas investigaciones han revelado que el proceso de aprendizaje del recién nacido es completamente distinto, desde el punto de vista cualitativo, del aprendizaje correspondiente a las etapas posteriores del desarrollo.

El «primer aprendizaje» se diferencia sobre todo del aprendizaje posterior por el hecho de ser un aprendizaje sin experiencia previa. Un bebé reúne sus primeras experiencias lentamente y con dificultad. Por regla general, las experiencias posteriores se apoyan en las previas, que hacen el proceso del aprendizaje más rápido y más fácil. De ahí que, en las etapas posteriores, el aprendizaje en un campo dado será tanto más fácil y rápido cuanto mayor sea la experiencia que el bebé ha adquirido en ese campo.

Con el primer aprendizaje, el niño no sólo se familiariza con su medio ambiente, sino que gana también conocimientos acerca de sí mismo y sobre el uso de su cuerpo y de sus órganos sensoriales. Aprende a escuchar, a ver y a muchas cosas más. Por lo tanto, el primer aprendizaje es distinto al aprendizaje posterior en una situación nueva, puesto que, en cualquier «situación nueva» que surja más tarde, nunca será todo «nuevo». Forzosamente, comprenderá elementos conocidos y desconocidos.

Dado que una experiencia particular no se puede conseguir sin haber adquirido previamente una más básica, la primera experiencia es la más vital de todas. Esta verdadera «primera experiencia» determina en cierta medida la experiencia posterior que el bebé será capaz de reunir, cómo la reunirá y la rapidez con que lo hará. Por eso resulta tan importante ayudar al niño a conquistar lo mejor posible la experiencia básica a partir de la cual se creará un sistema de experiencias posteriores.

Y el término «experiencia» no abarca sólo la experiencia en el campo del razonamiento. Los niños difieren en sus intereses y sus actitudes a causa de la variedad de sus experiencias. Por consiguiente, las primeras experiencias ejercen una influencia considerable sobre toda la personalidad de un niño: su conocimiento, sus facultades, sus capacidades, sus intereses, sus actitudes. Las experiencias posteriores raras veces tienen tanta influencia. Por eso la primera infancia constituye un período crítico del desarrollo.

Las investigaciones recientes no sólo han puesto de manifiesto las capacidades insospechadas de los pequeños, sino también el hecho de que este rico potencial de desarrollo existe en el bebé únicamente durante un período determinado y que el período óptimo para despertarlo es la primera infancia. Si faltan los estímulos apropiados en la primera infancia, se desvanece gradualmente el potencial de desarrollo de ciertas capacidades, facultades y características.

Hemos descubierto esto estudiando a niños que pasaron su primera infancia en las guarderías al antiguo estilo, donde se les prestaron todos los cuidados en cuanto a la nutrición, la higiene y otras necesidades físicas, pero donde había menos preocupación por su desarrollo psicológico. La gama de experiencias que se le ofrecía para su desarrollo emocional profundo —su exposición a los estímulos— era limitada. El desarrollo global de esos niños se vio muy afectado, aun en los casos en que recibieron una buena educación al llegar a la edad escolar.

Cuanto más nutrido sea el panorama de un niño y cuanto más le permita recoger experiencias nuevas, mejor aprenderá y más se desarrollará su facultad de aprender. Incluso el bebé más pequeño «ha de aprender a aprender». Y lo que es más importante, si no se le ofrece la oportunidad de ganar experiencias, «aprenderá a no aprender».

Los acientíficos rechazan a menudo la idea de basarse en la experimentación con animales para investigar el potencial humano.

Ahora bien, el trabajo científico con animales resulta muchas veces espectacularmente revelador y contribuye a acelerar la investigación. Describiré uno de esos experimentos.

Se metió a un cachorrillo en una caja de cristal desde la que le estaba permitido observar la vida normal. Veía a otros perros correr alrededor de la caja, los coches que pasaban por el exterior, etc., es decir, toda la gama de experiencias corrientes en un cachorro de perro. Una vez que creció, se trató de que llevase la existencia de un perro corriente. Sin embargo, hubo que devolverle pronto a su caja, ya que se mostró incapaz de adaptarse a la vida normal. No había aprendido a evitar los coches, a defenderse contra los ataques de los otros perros. En otras palabras, era incapaz de aprender. La falta de oportunidades de aprender en sus primeros días de existencia paralizó su facultad de hacerlo. No había aprendido a aprender con la experiencia.

Del mismo modo, el primer año de vida es decisivo para el desarrollo futuro del ser humano, y la primera infancia, la etapa crítica de ese desarrollo. Aprovechar el primer año del niño de una manera mejor de lo que se ha hecho hasta ahora desde el punto de vista educativo reviste el mayor interés para tu hijo. Se necesitan nuevos métodos para comprobar la capacidad de desarrollo con que un recién nacido ha venido al mundo. Pero más importantes todavía son los métodos para ayudarle a desarrollarse, a expresar y aplicar sus verdaderas capacidades. Se trata de una disciplina científica muy joven, que se halla como el bebé: en pleno desarrollo. Afortunadamente, lo que ya sabemos es suficiente para modificar de modo significativo los métodos actuales de crianza de los niños.

3

Herencia y medio ambiente: Una cuestión que hay que poner en claro

Hasta recientemente, se pensaba que el *crecimiento* del niño dependía más de las influencias hereditarias que del medio ambiente, mientras que se suponía, por el contrario, que su *desarrollo* dependía en gran parte de este último. Sin embargo, los nuevos descubrimientos en materia de fisiología demuestran que el crecimiento depende también en un grado considerable de las influencias externas. Se han descubierto estimuladores e inhibidores efectivos de diversos órganos y organismos, capaces de influir sobre el crecimiento en sentido positivo y negativo, respectivamente. En la actualidad, se sabe que, aunque el crecimiento y el desarrollo de los organismos está restringido por los factores hereditarios, sus límites son mucho menos rígidos de lo que antes se pensaba. Esas restricciones se consideraban antes tan fuertes porque se desconocían los estímulos ambientales apropiados para facilitar el crecimiento y el desarrollo del organismo.

Por lo tanto, es imposible dar por sentado que un niño va a desarrollar «por su cuenta» las características, facultades, capacidades y actitudes deseadas. Para tener la seguridad de lograrlo, hay que planear su despertar desde los primeros días de su vida y tomar después las medidas apropiadas.

No se puede criar a todos los niños de la misma manera

Claro está que la herencia limita en cierto grado el desarrollo. Resulta imposible convertir a cualquier niño en un Mozart, por muchos cuidados que se le prodiguen y por muy bien que se le eduque. No obstante, creo firmemente que, con buenos cuidados y el uso de los métodos modernos, se puede enseñar a muchos niños a ser músicos excelentes.

La sociedad moderna necesita buenos cerebros en los campos más diversos. Por fortuna, cada persona tiene una capacidad de desarrollo distinta, lo que procura la base para las diferencias individuales entre la gente.

En consecuencia, no se puede educar a todos los niños de la misma manera. Cada uno de ellos necesita un enfoque diferente, es decir, hay que criarlo respetando los rasgos individuales de su personalidad. Tenemos, pues, que descubrir sus características y sus capacidades propias, con objeto de desarrollarlas intensivamente. Se sabe mucho acerca del desarrollo general de los rasgos comunes a la mayoría de los niños. Sin embargo, por el momento, conocemos mal el panorama individual del desarrollo, que es múltiple y variado. Y lo conocemos mal precisamente porque es múltiple y variado. Ahora bien, el padre capaz de desarrollar los rasgos generales comunes a todos los niños será también capaz de desarrollar el aspecto individual de la personalidad de su hijo, ya que éste se halla gobernado por las mismas leyes de desarrollo. La cuestión está en reconocer las características individuales y beneficiosas, no fiándose de un pretendido «instinto maternal», sino recurriendo a la propia inteligencia, el raciocinio, la facultad de observación y el interés por el pequeño.

Hay que aceptar al niño tal como es y no forzarle a desarrollarse de acuerdo con los deseos y la imagen que se forjan los padres. Buscar lo que existe en él de bueno y de hermoso, lo que será útil en el futuro para él y la sociedad, lo que conviene acentuar y los elementos perturbadores que pueden ser eliminados.

Descubrirás lo que hay oculto en tu hijo —y en otros niños— observando sus actividades. Cada persona se muestra, se expresa y actúa a través de una serie de actividades que van desde el nacimiento a la muerte. Si quieres encontrar los rasgos ocultos de tu hijo susceptibles de ser desarrollados, tienes que proporcionarle un campo de actividades lo más amplio posible. Fijándote en lo que elige con mayor frecuencia, en lo que comprende más rápidamente, en aquello en lo que tiene éxito, a partir de qué experiencias aprende más deprisa, serás capaz de saber en qué aspectos tiene un mayor o menor potencial de desarrollo. Después, todo lo que has de determinar es si una actividad «deseable» será o no beneficiosa para el chiquillo.

Para estimular el desarrollo, no conviene concentrarse en los rasgos aislados. No se pueden cultivar con independencia las facultades individuales. Una facultad determinada sólo debe ser llevada a un alto grado cuando otra serie de facultades han llegado ya a un cierto nivel. El incremento de una facultad debe estar en armonía con el desarrollo de toda la personalidad infantil. Esto es especialmente importante en la primera infancia.

El pequeño debe desarrollarse globalmente, como una entidad.

Cuidado individual no significa cuidado lateral.

El primer desarrollo: ¿A qué ritmo? ¿Hasta dónde?

La meta final de la educación del bebé no es el desarrollo más rápido, sino el más completo de todas las facultades psicológicas infantiles y la estimulación apropiada de todo lo que abarca ese desarrollo. No nos proponemos obligar a un niño a que aprenda algo antes que el término medio. Los padres que tienden a hacer esto fuerzan con frecuencia a su hijo a entregarse a actividades para las cuales todavía no está maduro, sobrecargándole y, a menudo, perjudicando su desarrollo global. De ahí mi máxima de que nunca se puede forzar a un niño a una actividad, sino estimularle y darle la oportunidad de ejercerla.

Tradicionalmente, se dice que los niños tienden la mano hacia los juguetes alrededor del quinto mes. Pero si de manera sistemática y deliberada se le ofrece la oportunidad de alcanzar y asir objetos interesantes, aprenderá a hacerlo en el tercer o cuarto mes. Incluso los niños muy descuidados terminan por aprender a tender la mano hacia los objetos, puesto que siempre tienen a su alcance algo que asir. Sin embargo, necesitan seis meses o más para lograrlo.

¿Y qué diferencia hay entre el niño que aprende a agarrar un objeto en su cuarto mes y el que no aprende hasta el sexto? Un niño que tiende la mano hacia los objetos a los cuatro meses los manipulará antes, entre el cuarto y el sexto mes, y se enterará de una serie de datos valiosos acerca de ellos: si son pequeños o grandes, cuadrados o redondos, lisos o rugosos, huecos o macizos, etc. Ese niño ganará experiencia sobre las propiedades físicas, geométricas y de otros tipos de los objetos a una edad en que el niño sin cuidados está aprendiendo todavía a tender la mano hacia ellos.

El primer niño le lleva al segundo una ventaja que, por regla general, aumentará a medida que crezcan.

Por consiguiente, el entrenamiento apropiado tendrá como consecuencia un cierto grado de desarrollo mental en el niño. La falta de estimulación frena el proceso. Y no se puede esperar que un niño que se desarrolla lentamente lo hará durante más tiempo y terminará por alcanzar el mismo estadio que el que lo hace deprisa. El desarrollo de los seres humanos empieza a detenerse a partir de cierta edad. Parece ser incluso que el niño que se desarrolla más lentamente alcanza los límites de su desarrollo antes que el niño que lo hace a un ritmo superior. Dado que el ritmo de desarrollo mental puede ser influido durante el primer año de vida, éste es un motivo más para prestar una atención especial a la educación infantil durante la primera infancia.

(Digamos de pasada, y para poner un ejemplo, que resulta difícil determinar si el nuevo método acelera el estadio de tender la mano hacia el objeto o si se limita a eliminar el freno que las condiciones tradicionales, durante tantos años consideradas como «normales», oponían al desarrollo.)

Las necesidades psicológicas del niño durante el primer año

Naturalmente, aunque no se debe forzar a un niño a desarrollarse conforme a nuestros propios deseos, esto no significa que no haya que estimular su desarrollo. No puedes programar a tu hijo para que sea químico, pero sí fijarte un objetivo más general: educarle para que sea una persona cabal, capaz de poner en práctica, en la medida de lo posible, todo su potencial. Esta meta, humilde en apariencia, influirá favorablemente sobre todo su desarrollo, y lo hará en un grado considerable.

Veamos ahora algunas de las necesidades psicológicas del bebé, elegidas entre las más importantes.

Un bebé necesita estar en buenas condiciones físicas y emocionales, es decir, tiene que sentirse bien. Al nacer, entra en un ambiente completamente nuevo para él, al que ha de adaptarse con rapidez, con cambios radicales en sus procesos fisiológicos. Tiene que respirar por sí mismo, tomar alimento, controlar la temperatura de su cuerpo, etc. Si no consigue llenar pronto esas necesidades, en primer lugar su sistema nervioso y, más tarde, su desarrollo mental sufrirán las consecuencias. Su buen desarrollo posterior tropezará también con dificultades.

Un bebé necesita establecer contacto lo más pronto posible con su medio ambiente y familiarizarse paulatinamente con él. El recién nacido no es consciente de que tiene brazos, piernas, órganos sensoriales..., ni de que existe algo más fuera de sí mismo. No puede utilizar sus miembros ni sus órganos sensoriales y no comprende el significado de las señales que le llegan a través de los sentidos. Está equipado con un mecanismo neuromuscular mínimo —reflejos—, que le capacita para salvaguardar su vida en los primeros estadios del desarrollo, pero el sistema nervioso del recién nacido es en su mayor parte inactivo. Para aprender a utilizar su cuerpo —en particular, sus órganos motores y sensoriales— y establecer contacto con el mundo exterior, necesita que se le saque gradual y suavemente de su estado de inhibición y que se le active.

Por ejemplo, se le enseña el biberón y se le mete después la tetina en la boca. Tras repetir esto con frecuencia y las veces suficientes, el biberón se convertirá para él en la señal de que va a ser alimentado, adquirirá la significación de una señal. Familiarizar al pequeño con el mundo equivale a dar a los fenómenos individuales el significado de señales.

Activa sus manos tan pronto como te sea posible, pues las manos constituyen el instrumento más importante para la exploración activa del mundo. Al decir que el bebé debe ponerse cuanto antes en contacto con el mundo, empleo la palabra «contacto» en su sentido literal. El bebé debe tocar los objetos y manipularlos.

Pero al niño no le basta disponer de una variedad suficiente de estímulos, ya que el desarrollo global depende de la selección de los mismos, de tal modo que se asegure la versatilidad. A veces, a causa de nuestra ignorancia o de un exceso de ansiedad, le proporcionamos estímulos en un solo sentido, ignorando algunas facetas de su desarrollo. Tal vez alentamos exclusivamente la percepción pasiva (el bebé se limita en ese caso a mirar y escuchar), pero le ofrecemos pocos estímulos creadores de reacciones activas. Otras veces, apoyamos los movimientos más generales (gatear, andar, correr, saltar), pero prestamos menos atención a los movimientos delicados de las manos.

Un bebé necesita ejercer una influencia activa sobre el mundo. Tiende a ser activo porque sólo mediante la actividad —mediante la experimentación— puede llegar a conocer el mundo. La base psicológica de esta tendencia se encuentra en su reflejo de orientación innato, que suscita gradualmente una conducta investigadora y orientativa. La falta de estímulos en la primera infancia ahoga este reflejo (más tarde puede verse también inhibido por un exceso de estímulos).

En general, mientras permanece despierto, el bebé no debería permanecer inactivo, y su actividad no debería carecer de propósito. El pequeño tiende a ser deliberadamente activo e intenta introducir cambios interesantes en su medio ambiente con sus actividades. Esos cambios son el motivo principal de su actividad y asimismo la fuente de nuevas experiencias, ya que no sólo le excitan, sino que atraen su atención sobre la relación entre causa y efecto. Procura darle la oportunidad de actuar sobre objetos y personas, de provocar las reacciones de éstas, de descubrir la relación entre su propia actividad y las reacciones que ella origina. Y ten en cuenta que las actividades útiles son aquellas que son útiles desde *su* punto de vista. Al aprender a agitar con la mano ciertos objetos, se da cuenta de que crea un sonido. Si el adulto lo hace por él, pierde el tiempo.

El bebé necesita expresarse libremente y con un mínimo de restricciones. Incluso un pequeñín se sentirá más satisfecho, más feliz y tendrá una mayor sensación de triunfar en una actividad si se le permite decidir sobre ella con independencia y realizarla de la manera que le apetezca. El tema del autoritarismo o el no autoritarismo, del dirigismo o el no dirigismo en la educación es muy controvertido. También en este aspecto es válido el principio, bien demostrado, de que en el término medio está la virtud. No son recomendables ni las órdenes constantes sobre lo que está o no prohibido, ni el laxismo que deja al bebé gobernarse exclusivamente por sus impulsos inmediatos.

Lo mejor, repito, es el término medio: conceder al niño el máximo de libertad dentro del marco de ciertas reglas sociales. La libertad del pequeño y la falta de inhibición no pueden significar inconvenientes y molestias para los demás. El niño debe ser encaminado gradualmente hacia una libertad disciplinada. Darle la oportunidad de entregarse a actividades interesantes y útiles y eliminar, en la medida de lo posible, la oportunidad de las actividades no deseadas. No hay que interferir en su actividad, a menos que resulte inevitable. En caso necesario, se actuará de modo tan indirecto, discreto, prudente y tranquilo como se pueda.

A menudo, los padres restringen la actividad de un bebé sin darse cuenta de ello. Restringen sus movimientos al ponerles demasiada ropa o una ropa pesada y al confinarle en un espacio innecesariamente pequeño, el corralito, el coche, la cuna... Muchas veces, le impedimos ciertas actividades por miedo a que se haga daño o a que rompa algo. Debemos proceder en esos casos razonablemente y pensar en si la actividad es lo bastante importante para el desarrollo del niño como para soportar un cierto grado de incomodidad, peligro o incluso daño.

El bebé necesita sentirse a salvo, seguro, saber que hay un lugar destinado para él en este mundo. Se sentirá a salvo y seguro en las condiciones a las que está acostumbrado. Si se encuentra en un medio ambiente familiar, reaccionará positivamente a los nuevos estímulos, pero, en circunstancias menos conocidas, su reacción a los mismos estímulos será negativa. En casa y en brazos de su madre, acogerá encantado a un perro desconocido. Fuera y junto a una persona que no conoce, ese mismo perro le asustará. En las circunstancias en las que se siente a salvo y seguro, el niño emprenderá pequeñas excursiones exploratorias. Poco a poco, se irá familiarizando con un medio ambiente cada vez más amplio, pero se aventurará sólo hasta puntos desde los que pueda retirarse rápidamente a su islote de paz y seguridad. Al principio, ese islote será un rincón conocido; luego, toda una habitación, el piso, los alrededores de la casa, y así sucesivamente.

El niño tiene necesidad de establecer un lazo firme con un pequeño grupo de personas o, como mínimo, con una persona. Necesita sentir que pertenece a alguien y que esa persona le pertenece. Normalmente, incluirá a varias personas en ese lazo (padre, madre, hermanos, abuelos), un pequeño grupo al que puede controlar fácilmente y que contribuye en gran medida a su sentimiento de seguridad. Por consiguiente, aceptará mejor en su presencia un cambio de su medio ambiente físico o social.

El pequeño establece una relación muy intensa de afecto con la persona que satisface sus necesidades básicas y que suele ser, claro está, su madre. Pero los lazos más fuertes son los que le *unen* a quien satisface sus necesidades psicológicas, el que juega con él, le propone tareas interesantes, le muestra el mundo. El bebé se da cuenta con toda claridad de que pertenece a alguien que no sólo vive junto a él, sino que toma parte activa en su vida y comparte sus alegrías y sus penas.

El bebé necesita tener éxito en sus actividades creativas y en sus contactos sociales. Para que continúe dichas actividades, tiene que ver recompensadas sus hazañas. Uno de los principales estímulos gratificantes de la actividad infantil consiste en el éxito. El niño no sólo aprende de sus actividades logradas con los objetos, sino que, de este modo, controla su habilidad para superar las dificultades. Todo esto recompensa la confianza en sí mismo y el sentimiento de seguridad, que comienzan a emerger. El fracaso y la falta de interés socavan su confianza en sí mismo y crean sentimientos de inseguridad y de carencia. Si das a tu hijo la oportunidad de tener éxito en sus actividades creativas y en el trato con la gente, fomentarás su deseo de aprender y le infundirás confianza en sí mismo en lo que respecta a su trato con otras personas.

El bebé necesita modelos. Hacia el final de su primer año de vida, habrá aprendido ya, a través de la imitación, a incorporarse activamente al grupo al que pertenece. Cada persona representa un papel en la sociedad, y el bebé necesita aceptar papeles. Al principio, se identifica con los que están más próximos a él, con aquellos a quienes ama y respeta y, lo más importante, que hacen cosas interesantes. Te sorprenderá ver todas las actividades que tu hijo querrá imitar al comenzar su segundo año. La imitación frecuente de las actividades de ciertas personas crea en el niño hábitos y características permanentes, lo que significa que el bebé necesita buenos ejemplos desde el primer año de vida.

4

Cómo suscitar las reacciones del niño

¿Se puede entrar en comunicación con un recién nacido?

El conocimiento insuficiente del desarrollo psicológico de la primera infancia fue el motivo principal que condujo a la noción de que es imposible comunicarse con un recién nacido y de que, por lo tanto, resulta imposible empezar su educación hasta que ha adquirido alguna capacidad de razonamiento.

Se trata de un error monumental. Las investigaciones han demostrado que se puede adiestrar al bebé desde los *primerísimos días* de su vida y que, cuanto mejor se le eduque durante la primera infancia, mejor reaccionará, tanto en ese momento, como, naturalmente, más tarde.

Debido a estas nociones anticuadas, aunque los padres presentan a sus hijos diversos estímulos, sólo esperan de él como respuesta una percepción pasiva y una sonrisa ocasional. Ni siquiera los autores de muchos manuales destinados a los padres saben cómo provocar una reacción activa por parte del bebé. Tenemos la prueba en diversos libros de gimnasia para recién nacidos. La mayoría de ellos proponen ejercicios pasivos, como hacerle girar las piernas y los brazos. Se mueve al niño, pero éste soporta el movimiento de una manera exclusivamente pasiva. Los ejercicios pasivos divierten a los niños con buena salud (por ejemplo, tomar sus manos y hacerles dar palmadas), pero, dejando esto aparte, su valor fisiológico y psicológico es muy limitado. Y los ejercicios pasivos, si se realizan en forma equivocada, pueden ser incluso peligrosos para él.

Cómo comienza el movimiento

Si deseas proporcionar a tu hijo las mayores ventajas, tienes que estimularle para que participe activamente en movimientos deliberados. Existen muchos medios para persuadir incluso a los recién nacidos de que efectúen ciertos movimientos activos, aunque no comprendan todavía y no sepan cómo imitar los movimientos del adulto. Pero antes de describir esos movimientos, quiero explicar cómo se lleva a cabo la moción muscular activa.

Los diversos estímulos actúan sobre los órganos sensoriales del cuerpo (la piel, los ojos) y en el interior del mismo (los órganos sensoriales internos, que nos dan la posibilidad de sentir el hambre, el cansancio, etc.) y crean procesos nerviosos que se comunican al sistema nervioso central (la médula espinal o el cerebro) y, desde allí, son transmitidos a las glándulas o los músculos, donde estimulan las actividades secretoras de las primeras o la moción de los segundos.

Si esos procesos nerviosos son transmitidos exclusivamente a la médula espinal o a las partes inferiores del cerebro, que es lo más común cuando se trata de bebés, reaccionan sin ser conscientes de su reacción, de la misma manera que los adultos cuando duermen. Los movimientos que el niño ejecuta de manera consciente y deliberada, movimientos que no se observan en el recién nacido, pero que aparecen de modo gradual, son causados por procesos nerviosos comunicados a través de la parte más complicada del cerebro, la corteza.

La evacuación intestinal ilustra bien la diferencia entre los movimientos controlados por los centros corticales y los controlados por los centros subcorticales. Cuando el niño mancha los pañales en los primeros seis meses, se trata de un acto reflejo puro, dirigido por los centros espinales; en cambio, en el segundo año, cuando pide el orinal y no cumple el acto hasta que se ha sentado en él, lo controla a través de la corteza cerebral. Por lo tanto, ejercitar a un recién nacido consiste en parte en transformar los actos controlados por la médula espinal en actos controlados por el córtex.

En una palabra, no existe ningún movimiento no estimulado. Todo movimiento supone la reacción a un estímulo. Cuando averigües cuáles son los estímulos que hacen reaccionar a tu hijo, descubrirás muchos de los secretos para influir sobre su conducta.

Los estímulos que provocan las reacciones

Todos los estímulos se dividen en dos grupos: internos y externos. Las reacciones que no están causadas por los estímulos externos reciben el nombre de reacciones espontáneas y provienen principalmente de procesos psicológicos internos. Y aunque dé la impresión de que no se puede influir sobre ellas desde el exterior, hay muchos medios de crear reacciones espontáneas de manera deliberada. Teniendo cuidado de que los procesos fisiológicos internos de tu hijo funcionen normalmente —de que goce de buena salud y esté bien alimentado y reposado—, conseguirás de él movimientos y murmullos de satisfacción y un interés manifiesto por lo que le rodea. Y un buen cuidado normal proporciona los estímulos internos positivos suficientes para inducir varias actividades espontáneas que ejercen un efecto beneficioso.

Los estímulos exteriores innatos son de dos clases. Las reacciones específicas innatas a estímulos específicos se llaman reflejos innatos. Si tocas la mano abierta de tu hijo, cerrará el puño. Si le tocas el talón, extenderá los dedos de los pies. Si le tocas el pie cerca de los dedos, los contraerá. Si le vuelves boca abajo, levantará la cabeza. Si le tocas en los labios, empezará a mamar.

La educación de los bebés, sobre todo en los ejercicios para el primer y segundo trimestre de la vida, aprovecha estos reflejos motores naturales. Por lo tanto, provocar los reflejos durante los tres primeros meses constituye un medio importante de activar al niño.

Un segundo método para activarle es suscitar la reacción a varios estímulos no específicos, por ejemplo, desnudarle, sumergirle en agua caliente, mostrarle juguetes de colores vivos, etc. El bebé reaccionará a tales estímulos moviendo diversas partes de su cuerpo o todo él. Pataleará o agitará los brazos. Cada niño reacciona de un modo distinto a tales estímulos y, con frecuencia, el mismo niño reacciona diferentemente a los mismos estímulos en las distintas ocasiones.

Puedes utilizar también dichos estímulos para incitar a tu hijo a hacer movimientos. Este tipo de vitalidad puede movilizarse inclinándose sobre él, sonriéndole y hablándole tranquilamente, acariciándole o haciéndole ligeras cosquillas. Cuando recurras a estímulos no específicos para despertar su vitalidad, procede suavemente y presta una atención constante a sus reacciones, asegurándote de que no se transforman en manifestaciones de disgusto, gritos de irritación, llanto o desasosiego.

Los estímulos adquiridos son completamente distintos. El bebé no reacciona en absoluto a ellos o reacciona con indiferencia. Sólo con el entrenamiento empieza a reaccionar en un sentido definido. Esos estímulos se dividen también en exteriores e interiores.

Durante su primer año de vida, tu hijo progresará, pues, desde los movimientos espontáneos, puramente reflejos, a los movimientos deliberados, voluntarios. A esta misma edad, pasará de las reacciones provocadas por estímulos innatos, no condicionados, a las respuestas a estímulos a los que ha aprendido a reaccionar.

Estímulos gratificantes positivos y negativos: recompensa y castigo

La reacción de los niños más pequeños debe ser recompensada en su mayor parte con estímulos innatos. Con los niños un poco mayores, se puede incrementar el uso de los estímulos gratificantes adquiridos, que el bebé aprende poco a poco a aceptar como recompensas.

Por ejemplo, durante los tres primeros meses, se le enseñará a volver la cabeza hacia un lado al sonar una campanilla si se le da al mismo tiempo el biberón por ese lado. A los cuatro meses, se le enseñará a hacer lo mismo, pero acompañando el giro de la cabeza con una alabanza, en lugar del biberón, cosa que no tiene el menor efecto gratificante para él durante los tres primeros meses.

Los estímulos gratificantes, tanto positivos como negativos (es decir, recompensa y castigo), pueden ser físicos, materiales y sociales. Los estímulos gratificantes físicos suelen actuar desde la primera infancia. Son innatos. Los estímulos sociales se adquieren en estadios posteriores. El niño ha de aprender a reaccionar a ellos.

Las recompensas físicas suscitan sensaciones físicas o sensoriales placenteras. Entre ellas, se incluyen las comidas y las bebidas preferidas, la inmersión en agua agradablemente caliente, las caricias suaves y el mecido. Entre los estímulos gratificantes sensoriales, figuran sobre todo los ópticos y los acústicos, que suscitan reacciones muy orientadas, es decir, que atraen la atención de los órganos sensoriales hacia los estímulos nuevos, originarios de cambios y sorpresas. Cuando tu hijo aprende a manipular un juguete, recibe la recompensa de ser capaz de verlo desde diversos ángulos. Puede alterar su forma presionándolo y, al mismo tiempo, crear ciertos sonidos. Si durante los tres primeros meses le enseñas a levantar la cabeza, su esfuerzo será recompensado por una vista de los interesantes alrededores más amplia que cuando yace sobre la espalda y ve sólo el monótono techo blanco.

Los castigos físicos son deliberados o naturales. Los primeros incluyen los azotes y otros varios métodos de abuso físico. Considero innecesario aclarar que tales castigos, no sólo son de escasa utilidad, sino que constituyen una expresión de crueldad moral y de incompetencia parental absoluta, incluso cuando se aplican a niños mayores. El recurso a ellos significa un ataque contra los derechos del niño. Además, puede conducir a la prisión por malos tratos. Afortunadamente, muchos padres son capaces de convertir a sus hijos en personas hermosas y buenas sin necesidad de un solo bofetón. Nuestros hijos serán lo que hagamos de ellos. En mi opinión, cuando se comportan de un modo que no nos gusta, la culpa es en su mayor parte nuestra.

Los castigos naturales son el resultado del no respeto de las leyes físicas o de otro tipo y hay que considerarlos como maestros muy eficaces. El niño acaba por saber que puede agitar las manos con toda la fuerza que quiera, pero no hacerlas chocar con objetos duros o contra su propio cuerpo. Unas cuantas experiencias desagradables bastan por regla general para retenerle. Los castigos naturales influyen sin cesar sobre el niño. En la mayoría de los casos, no provocan gran dolor, sino que actúan como estímulos ligeramente desagradables. Gracias a ellos, el niño gana cada día en experiencia y, de este modo, ciertos objetos adquieren la importancia de señales. Modifican su conducta. Por ejemplo, se apoya al andar para no caerse, se desvía un poco hacia un lado para no chocar contra la mesa y se retiene de apoderarse de un objeto porque una vez se le cayó de la mano, armando un gran estruendo.

El aprendizaje de las reacciones nuevas a los estímulos nuevos

En el primer medio año de su vida, el bebé tiene que aprender, sin participación directa del adulto, un gran número de reacciones nuevas. Pensemos, por ejemplo, en un niño de dos a cuatro meses que padece un molesto sarpullido.

El pequeño reacciona a la sensación desagradable con una inquietud generalizada. Llora, hace movimientos incesantes con las manos, los pies, la cabeza y el cuerpo. Esos movimientos expresan un reflejo de defensa. La mayoría de ellos no sirven en absoluto para aliviar la picazón, pero tan pronto como alcanza a tocarse el vientre irritado siente algún alivio. Los movimientos de las piernas, la cabeza y otras partes del cuerpo que no dan resultado desaparecen poco a poco, mientras que se toca el vientre con la mano cada vez más a menudo, y los toques se convierten poco a poco en un frote. Si el sarpullido dura algún tiempo, el movimiento de la mano pierde su espontaneidad inicial, y el niño aprende a frotarse conscientemente la piel irritada.

La inflamación de la piel provoca un proceso de fuerte irritación, que se extiende a través del sistema nervioso y se expresa en movimientos agitados de todo el cuerpo, en un desasosiego motor. Los movimientos que no aportan alivio quedan sin recompensa y, por consiguiente, desaparecen. Pero los movimientos de la mano sobre el estómago calman la desagradable picazón, con lo cual son recompensados. Esta eliminación gradual de los movimientos ineficaces y el refuerzo de los eficaces crea nuevas capacidades motoras, procura experiencia y conocimiento. El niño ha aprendido a reaccionar a un estímulo nuevo (la irritación) con una respuesta nueva (frotarse el vientre con la mano). Y lo ha hecho por sí mismo. Este método de crear una nueva reacción se conoce con el término impreciso de «ensayo-error».

Los bebés y los niños pequeños utilizan este método para aprender muchas habilidades, tanto motoras como de otros tipos, para adquirir experiencia y conocimientos. Ahora bien, da la impresión de que el desarrollo infantil en esas condiciones es espontáneo y no puede influirse sobre él. Sin embargo, voy a demostrar cómo se influye incluso sobre este aprendizaje espontáneo, poniendo el ejemplo de un niño de cuatro a seis meses que empieza a tender la mano hacia los objetos, y cómo se disminuye el número de los «ensayos» y, sobre todo, el de los «errores». Al mismo tiempo, se evitará la aparición de «habilidades» indeseables.

Un niño entre los dos y los tres meses se excita mucho cuando ve cerca de él un objeto coloreado, brillante, y expresa su excitación con vívidos movimientos de todo su cuerpo. Si durante esos movimientos, la mano toca por casualidad el objeto, y si lo hace cuando está abierta, se cerrará por reflejo y aferrará el objeto. Cuantas más oportunidades se ofrezcan al niño a este respecto, más se incrementarán los toques y las presas. Muy pronto, los movimientos perderán la espontaneidad, guiará deliberadamente su mano hacia el objetivo visible y se apoderará de él. El agitamiento ineficaz de los brazos desaparecerá de modo progresivo, y los movimientos de las manos en dirección al juguete se harán cada vez más directos.

El paso de este movimiento desde la agitación al azar hasta la conducción deliberada y segura de la mano hacia el objeto llevará más tiempo y con frecuencia será más complicado en la medida en que se deje a la casualidad. Eliminando la casualidad, se simplifica el proceso, se hace más fácil y, por lo tanto, más corto. No es que se anticipe o acelere el desarrollo futuro. Simplemente, se eliminan los obstáculos innecesarios al desarrollo infantil, las barreras que lo complican y hacen el progreso más difícil.

¿Cómo se eliminan los estímulos innecesarios y al azar que complican el desarrollo?

Si tu hijo está aprendiendo a asir los objetos, la primera condición consiste, claro está, en ponerlos a su alcance. Si todo lo que hay a su alrededor se reduce a la ropa de la cama y los barrotes de su cuna, no tendrá oportunidades de ejercitarse en esta destreza manual. Los objetos destinados a entrenarlo han de ser excitantes, gracias al color, la brillantez, el movimiento y una naturaleza cambiante. No te limites a colgar un objeto sobre él y dejarlo allí durante toda una semana. Si continúa viéndolo todos los días, de la mañana a la noche, perderá muy pronto el interés por él. Cambia los objetos a intervalos razonables.

También tiene gran importancia la manera en que se ofrece el objeto. Dejarlo junto a un bebé de dos o tres meses equivale a no dárselo. Hay que colgar apropiadamente el objeto. Si se suspende sobre él de manera que se balancee cada vez que lo toque con la mano, le resultará difícil asirlo. Por consiguiente, más vale sujetar el juguete a una cinta y atar ésta horizontalmente, de quince a veinte centímetros por encima de su pecho. Si empieza a ondear las manos, hay más probabilidades de que tropiecen con el objeto y acaben por asirlo. Por último, el juguete debe tener una forma y un tamaño apropiados a la pequeña mano del bebé y ser lo bastante atractivo para que desee apoderarse de él. La calidad tiene también su importancia. Una mano humana, suave y tibia, se agarra con más fuerza que una barra metálica del mismo grosor, pero fría y dura.

Si haces todo esto y eliminas los factores susceptibles de dificultar el aprendizaje, tu hijo empezará a tender la mano hacia los objetos, no al quinto o al sexto mes, como afirman la mayoría de las obras sobre el tema, sino al tercero o al cuarto.

Veamos ahora cómo aprende un niño en su primer año de vida a manejar un simple cubo. Una vez que ha aprendido a asirlo, aprenderá a pasarlo de una mano a otra, a darle vueltas en la mano, a entrechocar dos cubos, a echar los cubos en un recipiente, a colocarlos uno junto al otro, etc. Al realizar esos tipos de manipulación, no sólo juega, sino que aprende varios movimientos muy importantes, que aumentan su habilidad global.

El aprendizaje de la imitación

El niño nace con una capacidad *innata* de imitación, que se desarrolla gradualmente. Se puede contribuir a este desarrollo si se conocen las leyes que lo gobiernan.

La imitación verdaderamente voluntaria, deliberada, constituye un proceso complicado y no comienza antes del segundo año de vida. En el primer año, sólo se dan algunos de los primeros estadios.

Viene primero la autoimitación. Del sexto al séptimo mes, el niño realiza un movimiento al azar. Quizá golpea con un juguete contra la mesa, produciendo un ruido. Si el ruido no es demasiado fuerte, le causará placer, convirtiéndose así en un estímulo gratificante positivo. En general, golpeará otra vez la mesa, a fin de causar de nuevo el ruido, y lo repetirá varias veces. Es importante para él registrar su propio movimiento, con objeto de establecer su conexión con el ruido y para que el resultado sea placentero e interesante. Sólo así repetirá la acción y se imitará a sí mismo.

El segundo paso consiste en la imitación por *feedback* (retroalimentación). Hacia los ocho meses, tu hijo, sentado contigo a la mesa, probará a golpearla. Si no le prestas mucha atención, ahí acabará todo. Pero si le imitas, golpeando también la mesa, atraerá su atención y repetirá el golpe. Tu hijo imita cuando tú imitas.

Así es cómo la mayoría de las madres desarrollan el gorjeo y el balbuceo de sus hijos. El niño emite algunos sonidos, la madre los repite, alterándolos ligeramente para convertirlos en sonidos del lenguaje real, y el niño repite éstos después de ella. Si no repites sus gorjeos y sus murmullos, no sólo tardará más en pronunciar sonidos y sílabas, sino que incluso dejará de murmurar. (Los niños sordomudos empiezan a gorjear igual que los demás, pero, al no oírse a sí mismos, cesan de hacerlo, puesto que el acto no es gratificante para ellos.)

Hacia el final del primer año, se inicia la verdadera imitación. El niño observa las actividades de los adultos, los animales y las máquinas y las remeda en parte. Sólo aprenderá a imitar en la medida en que esté maduro para ello. Por regla general, imitará un movimiento que ha aprendido ya, pero alterando su forma, añadiendo una nueva conexión, realizándolo en combinación con otro movimiento o enriqueciéndolo con un nuevo elemento. Desarrollará paulatinamente sus capacidades motoras por imitación. Sin embargo, no puede saltarse ninguna fase del desarrollo.

Después de los doce primeros meses, la tendencia a imitar se hace especialmente fuerte en los niños que disponen de muchos modelos y a los que se ofrece amplias oportunidades de hacerlo. Da a tu hijo tantas oportunidades como te sea posible de observar a la gente mientras ejecuta las tareas más variadas y, al mismo tiempo, trata de hacerle participar en las actividades de los adultos, en la medida de su capacidad y su fuerza.

La influencia verbal sobre la reacción infantil

La palabra (que a partir del segundo año de vida es el principal estímulo para suscitar la reacción del niño) ejerce una influencia muy ligera sobre su comportamiento durante los primeros seis meses. En el segundo semestre, en cambio, empieza a actuar como un estímulo creativo y gratificante.

Naturalmente, el niño necesita que se le enseñe a reaccionar a la palabra hablada. Describiré más tarde este desarrollo con mayor amplitud. Resumiendo, alrededor de los seis meses, se le pueden señalar diversos objetos interesantes («¿Dónde está el tictac?»); de los siete a los ocho meses, será capaz de señalar varios de ellos cuando se los nombres. Al mismo tiempo, se le puede enseñar a responder por señas cuando se le dice: «A ver qué grande eres». O bien: «Di adiós a la abuelita». Poco a poco, se irán creando, mediante las palabras, respuestas más complicadas, de manera que, al final del primer año, comprenderá la mayoría de las frases sencillas que se suelen dirigir a los bebés. Al final del primer año, la palabra hablada actúa también por sí misma como un estímulo gratificante. El niño repite contento una actividad cuando el adulto expresa su admiración («¡Qué listo eres!») o su alabanza («Eres un niño muy bueno»).

Excitación contra inhibición

El niño de tipo excitable (o cualquiera que se sienta temporalmente excitado) cogerá sin duda el juguete cuando se le dice, por ejemplo: «Toma tu tren», pero no obedecerá si se le prohíbe tocarlo. Un niño de tipo inhibido, o un niño que pasa por un estadio temporal de inhibición (debido quizá a encontrarse en un medio ambiente extraño), no reaccionará a la invitación y, en cambio, lo hará a la prohibición. Sólo el niño en que el proceso de excitación se equilibra con el de inhibición tendrá posibilidades de reaccionar de la manera apropiada a ambas situaciones. Cuando se le dice que coja un juguete, lo cogerá y, si se le prohíbe hacerlo, no lo tocará. Su sistema nervioso reacciona en forma adecuada tanto a los procesos de excitación como a los procesos de inhibición.

El fin de la educación consiste precisamente en convertir al niño en una persona en la que se equilibran la excitación y la inhibición.

Entre los procesos de excitación, se incluye la ejecución de los grandes movimientos, como el nadar, andar, correr, saltar o trepar. De acuerdo con mi experiencia, los niños a los que se proporciona con frecuencia los medios de ejercer tales actividades tienen tendencia a ser más vivaces, activos y móviles, pero también más volubles e inquietos y padecen a veces una perturbación de la capacidad de concentración. Los movimientos más delicados, más precisos (en especial los de las manos), que requieren mayor calma, concentración y precisión, sólo pueden ser realizados cuando el sistema nervioso responde a un proceso más intenso de inhibición activa. Por consiguiente, los niños que reaccionan normalmente deben ser estimulados poco más o menos en el mismo grado hacia los movimientos vivaces del cuerpo en su totalidad y hacia los movimientos precisos de las manos, que ejercen una influencia tan grande sobre el conjunto del desarrollo mental infantil. Si un niño muestra tendencia a ser excesivamente vivaz, conviene guiarle hacia tareas que exigen concentración y precisión. En cambio, si es demasiado tranquilo, necesita tareas que exijan la participación de todo el cuerpo.

Cuando un niño de pocos meses toca unos objetos sí y otros no, cuando aprende a comportarse de un modo frente a una situación y de modo distinto frente a otra, se ha alcanzado la llamada inhibición diferencial. Cuando un niño un poco mayor aprende a no echarse a llorar cuando ve el biberón, aun en el caso de que tenga hambre, se ha creado la llamada inhibición de demora.

Si se desarrolla la inhibición activa del niño, se le enseña al mismo tiempo la disciplina y el autocontrol. La inhibición activa, débil al principio, va aumentando poco a poco, dependiendo de la educación y también, en un grado muy alto, de la condición del organismo infantil. Toda debilidad corporal se expresa en primer término por una debilitación del proceso de inhibición activa. Cuando los niños (y los adultos) están cansados, hambrientos, faltos de sueño o enfermos, pierden el autocontrol y la capacidad de concentrarse. El comportamiento de tu hijo te dirá (antes de que el médico lo vea) si está enfermo, puesto que el primer síntoma de la enfermedad es el debilitamiento de la inhibición activa. El pequeño se vuelve malhumorado, pierde el control de sí mismo, y sus reacciones son más primitivas.

Cada cosa que el niño aprende significa un paso hacia un mayor desarrollo

Los primeros pasos del niño suponen sólo el comienzo del proceso de andar. Da esos primeros pasos hacia los doce meses, pero tardará dos años más en aprender a andar bien. Incluso después de los tres años, continuará perfeccionando su habilidad para andar. Tras los primeros pasos por una superficie plana, aprenderá a avanzar en las condiciones más variadas: hacia adelante, hacia atrás, de lado, despacio y deprisa, cuesta arriba y cuesta abajo. Probará las escaleras, andará solo o en presencia de personas conocidas o desconocidas, en un lugar familiar o no familiar. Estas últimas condiciones son particularmente importantes para él, ya que, cuanto más variadas sean las circunstancias en que aprenda a andar, más se perfeccionará su capacidad de hacerlo.

Mira a tu alrededor. Sin duda conocerás a muchos niños capaces de hacer las tareas escolares en casa del modo más concienzudo y de lucir sus conocimientos frente a sus padres, pero que, al verse ante el profesor y sus compañeros en la escuela, les resulta imposible de repente decir una sola palabra. En consecuencia, tu hijo ha de aprender lo más pronto posible a aplicar sus capacidades no sólo en ciertas condiciones limitadas, sino en las situaciones lo más diversas posible. Te recomiendo que prestes una atención especial a esta regla en la crianza de tu hijo.

La reacción infantil al entrenamiento

Habrás visto en diversas ocasiones que tu hijo reaccionaba a las cosquillas riendo y que, una hora o dos más tarde, respondía llorando al mismo estímulo. El estímulo era el mismo, pero el niño había cambiado. Tales cambios se producen de manera rítmica en todos los aspectos de su comportamiento, obedeciendo al ritmo de los procesos fisiológicos (los biorritmos naturales) y al ritmo de algunos estímulos externos. Dado que el día alterna con la noche, el niño aprende a dormir de noche y a permanecer despierto durante el día. Esto último es un biorritmo adquirido.

Se observan en el niño diversos biorritmos fisiológicos. Respira regularmente, su corazón late rítmicamente, el proceso de la digestión se ajusta también a un ritmo. Quizá la mejor manera de describir los biorritmos sea decir que son la repetición de fenómenos similares a intervalos similares. El estudio de los biorritmos condujo a muchos descubrimientos importantes, aplicables a la crianza infantil. Describiré algunos de ellos.

Cuanto más pequeño es el bebé, más obvio resulta el aspecto rítmico de su movimiento y mejor se observa su comportamiento global rítmico. Los recién nacidos suelen mover rítmicamente la cabeza y los miembros. La agitación rítmica de las piernas es por regla general manifiesta. El cuerpo alterna rítmicamente el movimiento y la quietud. El movimiento de las manos se alterna rítmicamente con el movimiento de las piernas. Las primeras expresiones vocales, el tarareo y el gorjeo tienden a ser rítmicas.

En el columpio elástico, se observan ritmos más complejos. Si se sienta en el columpio a un niño de cinco meses, que domina ya la técnica del salto, empezará a saltar en seguida. La intensidad del salto se incrementa al principio; luego, decrece hasta detenerse. Al cabo de un rato, comienza de nuevo, esta vez con mayor energía aún. Los períodos de descanso alternan rítmicamente con las series de saltos, los cuales van aumentando en intensidad. Transcurrido algún tiempo, la intensidad se debilita, hasta que el niño se detiene definitivamente. El gráfico número 1 muestra la alternancia en el número y la intensidad de los saltos a medida que transcurre el tiempo. Como se ve, las actividades en el columpio adoptan también un ritmo complejo.

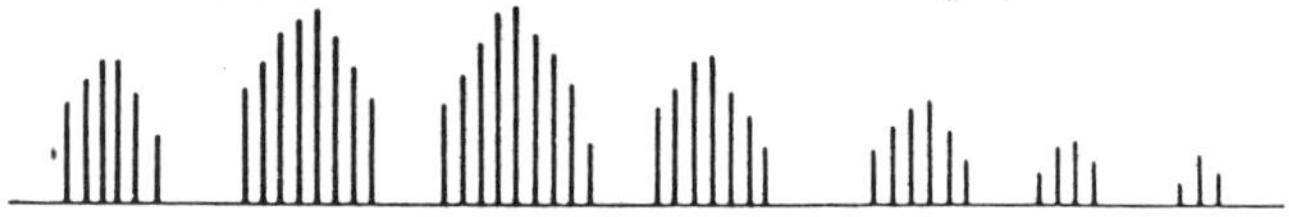

GRÁFICO N.º 1

La conducta del niño en el columpio muestra el mejor modo de incitarlo a ser activo. Cuando hagas ejercicios con tu hijo, realiza de cinco a seis movimientos. Primero aumenta la intensidad, después disminúyela. A continuación, déjale descansar durante el mismo período o un poco más, antes de animarle a ejecutar ejercicios más difíciles. Luego, déjale descansar o jugar de nuevo. Alternarás así las series de movimientos con las pausas, intensificando primero las exigencias de la actividad y disminuyéndolas después paulatinamente, terminando con movimientos fáciles.

Puedes también imitar otros movimientos rítmicos que observes en tu hijo cuando éste juega espontáneamente. Alterna rítmicamente las actividades en que el chiquillo se mueve mucho con ejercicios en los que ha de observar o escuchar algo. O bien, alterna los juegos en los que tú participas con otros en los que juega solo, los juegos excitantes con los tranquilos, etc.

A medida que el niño crece, los movimientos y su ritmo se hacen más complejos. Incluso dan a veces la impresión de que el ritmo se pierde. Los movimientos arrítmicos consumen más energía nerviosa que los rítmicos. Por ejemplo, cuando se camina sobre una superficie irregular y entre la gente, hay que colocar el pie de manera distinta a cada paso, a fin de no tropezar con otras personas. Esto resulta mucho más difícil, claro está, que andar por una superficie lisa y libre de obstáculos, donde sólo se requieren movimientos rítmicos. Cuando tu hijo esté cansado o enfermo, o tenga sueño, probablemente volverá a su balanceo y su agitación rítmica, a la manipulación rítmica de los juguetes y al murmullo rítmico. El fenómeno no es exclusivo de los niños. También a los adultos les gusta descansar balanceándose rítmicamente, caminando a paso rítmico o bailando.

Si quieres enseñar a tu hijo actividades avanzadas, aliéntale a ejecutarlas siguiendo un ritmo. Primero, hazle andar sobre un suelo plano, sin obstáculos. Aprenderá a dar los pasos uno tras otro, con ritmo, cada paso igual al precedente. Una vez que sabe ajustarse a esas condiciones, haz que lo intente en una superficie menos lisa, donde tenga que dar algún paso más largo, dar un paso a la derecha, otro a la izquierda, de modo que se rompa la regularidad rítmica y el andar se haga más dificultoso.

El entrenamiento del niño

Muchas madres me preguntan: «¿A qué hora del día debo hacer los ejercicios con mi hijo? ¿Cuándo debo entrenarle y jugar con él?» Si les contestase: «Por la mañana, por la tarde e incluso por la noche», la mayoría de ellas no me tomarían en serio. En realidad, están siguiendo ya mi consejo sin darse cuenta de ello.

Tomemos, por ejemplo, el entrenamiento nocturno. Como veremos más adelante, el recién nacido alterna cortos períodos de vigilia con cortos períodos de sueño profundo y otros más largos de semiconsciencia. Con el entrenamiento, aprende a dormir por la noche y a alternar la vigilia y el sueño durante el día. Al cabo de un cierto tiempo, aprende a controlar su vejiga durante toda la noche. Si recibe una mala educación, aprenderá a despertar con frecuencia de noche, a llorar, a reclamar a sus padres y, en cambio, no aprenderá a controlar su vejiga.

Como se ve, el niño aprende a dormir bien durante la noche y a permanecer activo y vigilante durante el día. En las guarderías, la mayoría de los bebés no logran ese dominio y pasan una gran proporción de su primer año en una semiconsciencia, medio dormidos o medio despiertos durante períodos muy cortos. Por lo tanto, hay que entrenarles día y noche, ya que, directa o indirectamente, se influye sin cesar sobre su desarrollo. Esto no significa que los padres, o cualquier otra persona, hayan de estar en contacto constante con el bebé. Pero hay que preocuparse de que, durante los momentos de vigilia, realice algunas actividades beneficiosas.

No es fácil iniciar ni guiar tales actividades. No son sólo las personas las que entrenan al niño. El entrenamiento provendrá en gran parte del ambiente que le rodea. Para influir indirectamente sobre su desarrollo, conviene adaptar ese ambiente a sus necesidades y crear situaciones que le atraigan (y le estimulen) hacia ciertas actividades deseadas y que eliminen la posibilidad de las indeseadas. Esto se logra más bien con habilidad que con una intervención directa.

Me gustaría convencer a los padres de que el tiempo no dedicado al entrenamiento de su hijo es tiempo perdido. Recuerda que no dejas en ningún momento de educarle, puesto que, prácticamente, cada contacto entre él y los adultos o entre él y los objetos le influye, ya sea en sentido positivo o en sentido negativo. Mucho depende, por consiguiente, de qué clase de estímulos se ejercen sobre él en un momento dado.

¿Cuál es la actividad educativa más eficaz? Ya he puesto de relieve que el estado del pequeño varía de acuerdo con ciertas leyes y que el cambio depende de ciertos factores. Los dos más importantes son el período en que permanece despierto y la calidad de su digestión.

Las experiencias con niños de seis meses que alternaban períodos de vigilia de dos horas con hora y media de sueño demostraron que, durante el primer tercio del período de vigilia —los primeros cuarenta minutos después de despertarse—, el rendimiento aumenta, situándose el óptimo en la primera y la segunda parte de dicho período. Disminuye ligeramente en la segunda parte y con mayor rapidez en la tercera. Entiendo por «buen rendimiento» el período en que, durante las experiencias, los niños se sentían de buen humor, en que expresaban un gran interés por lo que les rodeaba, se mostraban activos, adquirían rápida y fácilmente nuevas experiencias, nuevas técnicas y nuevos hábitos, realizaban ejercicios más

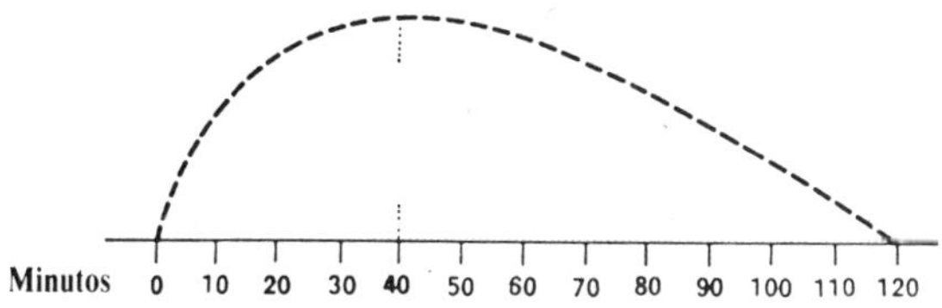

GRÁFICO N.º 2

difíciles y reaccionaban más deprisa y mejor a los diversos estímulos durante los experimentos.

Basándome en esto, te recomiendo que, si tu hijo tiene seis meses, planees sus períodos de dos horas de vigilia de la manera siguiente: durante el primer cuarto (los treinta primeros minutos), cámbiale los pañales, dale de comer y permítele que juege como quiera. Ofrécele la oportunidad de entregarse a actividades que ya haya realizado con anterioridad. Durante el segundo cuarto de la vigilia (de los treinta a los sesenta minutos), indúcele a actividades más difíciles, a partir de las cuales adquiera nuevas experiencias y nuevas capacidades. Se trata del período en que se obtienen los mejores resultados educativos. Durante el tercer cuarto (de los sesenta a los noventa minutos), vuelve a actividades que le sean en su mayoría familiares. Durante el último (de los noventa a los ciento veinte minutos), dale todas las oportunidades de jugar libremente, déjale elegir con independencia los juguetes y las actividades, dale de comer y prepárale para acostarse.

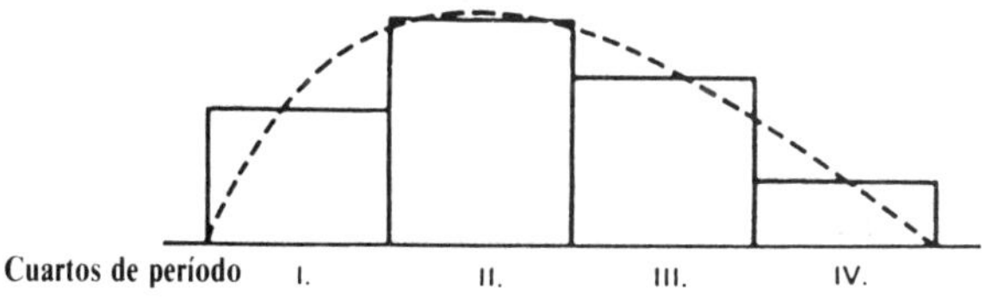

GRÁFICO N.º 3

Los niños mayores, naturalmente, se mantienen más tiempo despiertos y, por lo tanto, sus períodos de actividad serán también más largos. Aclaremos de paso que los «cuartos» de vigilia a los que me he referido son sólo aproximados y que los doy en líneas generales.

El factor decisivo es el propio niño: su estado, su humor, su personalidad y sus demás características.

Lo mismo se aplica a cada período de vigilia en particular. Al decir que durante el segundo cuarto hay que procurar que el niño se entregue a actividades más exigentes, no hay que entender que es preciso mantenerlo ocupado de este modo durante todo el período. La actividad debe variar durante la vigilia, alternando los juegos agitados con otros más tranquilos, las tareas activas con otras más pasivas (observación, escucha). Del mismo modo, en el segundo período se propondrán al niño cosas en general más difíciles, como muestra el gráfico número 4.

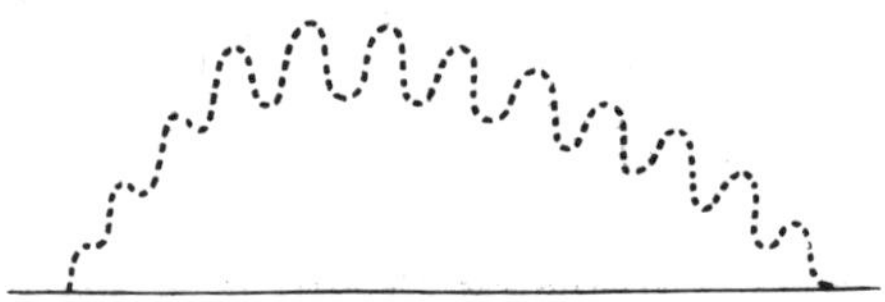

GRÁFICO N.º 4

Se ha de alternar también la activación directa o indirecta del niño. La activación directa presenta tres variedades, dependiendo del tiempo de que se dispone.

a) *Minutos educativos.* Por regla general, echarás una ojeada a tu hijo cada diez o veinte minutos, quizá para mudarle los pañales, cambiarlo de postura, darle un juguete, etc. En tales ocasiones, te recomiendo que dediques de dos a cinco minutos a alguno de los ejercicios o pequeñas tareas que expongo en este libro. Puedes programar los minutos educativos en cualquier momento, pero no olvides adaptarte a las condiciones del pequeño.

b) *Períodos educativos.* Si permaneces en casa con tu hijo, organiza tu trabajo de manera que puedas dedicarle con exclusividad veinte minutos del tiempo en que está despierto. Aprovecha este período para un entrenamiento más sistemático. El período educativo será más provechoso durante el segundo o el tercer cuarto de la vigilia.

c) *Conjunto educativo.* El niño debería permanecer en contacto constante con sus padres por lo menos durante un período entero de vigilia. Esto constituye una magnífica oportunidad para el padre, cuando regresa a casa del trabajo y dispone de tiempo para dedicárselo a sí mismo y al bebé e intensificar sus relaciones mutuas. Espero sobre todo que el padre no tratará de excusarse («no tengo tiempo»), porque no existe nada más importante para él que la crianza de su hijo. Por lo demás, educar a un niño resulta extraordinariamente interesante, y los padres deberían convertirlo en su *hobby*.

Llamamos a este período «conjunto educativo» porque tiende a mantener al niño ocupado con vistas a desarrollar todos los aspectos de su personalidad global. También en este caso hay que aprovechar sobre todo el segundo y el tercer cuarto de la vigilia.

El segundo factor que, en nuestras experiencias, demostró ejercer una influencia considerable sobre el rendimiento de los pequeños fue el período de digestión. Se alimentaba a los niños cada tres horas y media. Después de comer, su rendimiento disminuía un poco y sólo empezaba a mejorar al comienzo de la segunda hora, alcanzando el máximo hacia el final de la misma. A partir de ahí, descendía de nuevo gradualmente, como se ve en el gráfico número 5.

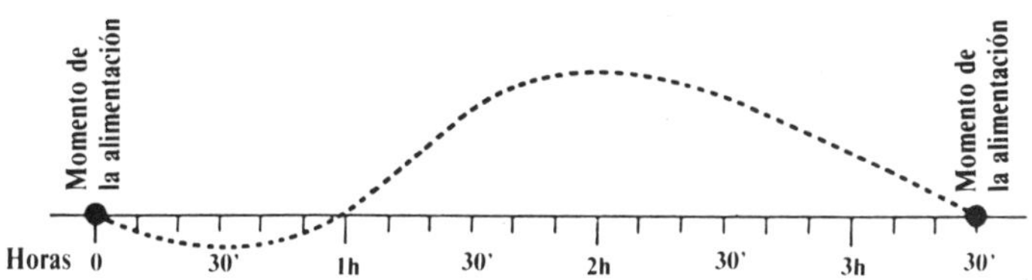

GRÁFICO N.º 5

Nuestras experiencias demostraron que era mejor dar de comer al niño antes de acostarle, de modo que durmiera durante el período de menor rendimiento. Descubrimos que, al despertarse, el rendimiento mejoraba, no sólo a consecuencia del gradiente de la vigilia, sino también porque el niño había hecho ya la digestión. En efecto, antes de acostarle, está cansado, no únicamente por haber permanecido despierto, sino también porque tiene hambre. Sin embargo, un niño cansado puede mostrarse reacio a dejarse alimentar y dormirse durante el proceso. Además, tampoco se puede darle siempre el alimento antes de acostarle, puesto que, después de no haber tomado nada en toda la noche, necesita comer al despertarse.

N. M. Shchelovanov y N. M. Aksarina, especialistas rusos en guarderías, recomiendan alimentar al bebé inmediatamente después de que despierte. Un niño refrescado por el sueño, afirman, comerá sin problemas. Y una vez en buenas condiciones, porque ha descansado y comido, será más fácil trabajar con él. No obstante, ambos autores reconocen que el método es sólo practicable durante los primeros nueve o diez meses. A medida que el niño crece, tan pronto como la duración del período de vigilia se extiende a unas cuatro horas, hay que alimentarlo dos veces durante su transcurso, al comienzo y al final.

Yo aconsejo, para el primer año, alimentar al niño de diez a treinta minutos antes de acostarle, o bien después de dormir, pero nunca en medio del período de vigilia.

¿Cuál es el mejor ciclo?

El gráfico número 6, que incluimos a continuación, muestra la distribución ideal del sueño y la vigilia durante un período de veinticuatro horas, cuánto tiempo debería permanecer diariamente el niño despierto y dormido y en cuántos períodos debería dividirse el sueño y la vigilia. El gráfico incluye también los datos obtenidos en nuestra investigación sobre cuántas veces hay que alimentarle de día y de noche, y los intervalos ideales entre las diversas tomas.

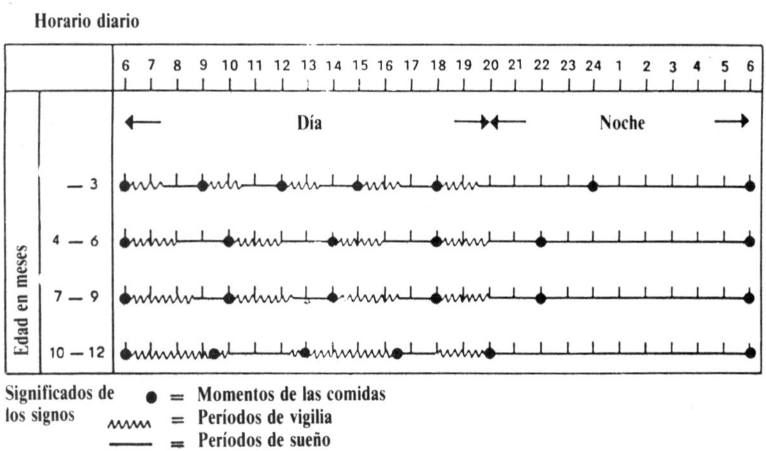

GRÁFICO N.º 6

Estas cifras estándar provienen de los horarios diarios de los niños con los que trabajamos. No tienen otro significado que el de servir de base general. Si los períodos de vigilia y de sueño de tu hijo se apartan mucho de estas normas, consulta con el médico.

El horario infantil diario

Durante el primer año de vida del niño, es especialmente importante no permitir que ningún estímulo exterior venga a perturbar sus ritmos. De hecho, habrá que sincronizar los estímulos que influyen sobre el crecimiento y el desarrollo con sus biorritmos. Los gráficos anteriores muestran los horarios ideales para las diversas edades.

Pero esos horarios no han de ser impositivos. No tienen más objeto que servir de guía. Adáptalos a las necesidades de tu hijo, a tu trabajo o a tus condiciones particulares. No hay ningún inconveniente en adelantar o retrasar todo el horario en una hora, incluso más.

Ciertos autores exigen que se aplique estrictamente el horario. Otros condenan tales horarios en general y afirman que se ha de alimentar al niño cuando tiene hambre y acostarlo cuando está cansado. En mi opinión, ambas escuelas representan extremos que se deben evitar. El primero conduce a una imposición indebida sobre el bebé; el segundo, a una irregularidad dañosa. La verdad se halla en el término medio.

Observa la aparición de los primeros síntomas de cansancio. Es la señal de que conviene acostarlo. Fíjate en cuándo despierta. Anota esas observaciones tres o cuatro veces y calcula la media de su necesidad de dormir. Compárala con los horarios estándar del gráfico número 6. ¿Existe una diferencia significativa? En los días siguientes, trata de acostarlo ajustándote aproximadamente a un programa. Dado que su desarrollo es constante, métele en la cama antes si ves que se cansa más pronto, o déjalo para más tarde si está todavía fresco. Pero no hagas demasiados cambios, a no ser en caso de enfermedad. Ten en cuenta, sin embargo, que tales horarios sólo son válidos para dos o tres meses, puesto que, durante ese tiempo, las necesidades del niño se habrán modificado y tendrás que cambiar el programa para adaptarlo a períodos más largos de vigilia y más cortos de sueño durante el día.

5
Las posibilidades infantiles

Como todos los incluidos en las guías de educación infantil, los ejercicios expuestos en este libro tienen efectos variados. Sería una mala idea aplicar mis recomendaciones de manera mecánica, con una confianza errónea en que mis consejos darán resultado en todas las circunstancias. No existe ningún medicamento que actúe siempre beneficiosamente sobre la salud de la persona. Por eso, quiero explicar cómo aplicar estos métodos para favorecer el desarrollo del niño y no perjudicarlo en modo alguno, aunque sea sin intención.

En primer lugar, has de conocer el nivel de desarrollo de tu hijo, hasta dónde ha progresado en los movimientos globales de su cuerpo y de sus manos, en sus experiencias, en el habla, en las relaciones sociales y en otras áreas. Para ayudarte en esta tarea, encontrarás en el Apéndice cuatro cuadros que muestran de manera aproximada las capacidades infantiles en cuanto a los movimientos generales, los movimientos delicados de las manos, el lenguaje, las relaciones sociales y los hábitos que puede adquirir normalmente, en particular durante el primer año. Si tu hijo hace más o menos de lo que muestran las tablas, no tienes por qué pensar que su desarrollo es demasiado lento o que contáis con un genio en la familia. Sólo si las diferencias son muy grandes, necesitarás el consejo del pediatra.

El desarrollo normal en los primeros cuatro meses puede diferir en un mes por encima o por debajo de las fechas señaladas en las tablas. En el segundo y el tercer trimestre la disparidad se eleva a más o menos dos meses. En el cuarto trimestre del primer año, esa diferencia puede ser incluso mayor, puesto que los límites de la normalidad se extienden a más o menos tres meses, a partir de las fechas señaladas.

La mayoría de los niños se desarrollan de modo irregular. Quizá tu hijo esté más avanzado en el aspecto motor que en el lenguaje. En ese caso, tendrás que adoptar el entrenamiento propio de una edad en lo que respecta a los movimientos y el entrenamiento propio de otra en lo que se refiere al habla.

Una vez que hayas fijado el objetivo, ¿cómo ayudar al niño a alcanzarlo? Uno de los propósitos de este libro consiste precisamente en contribuir a que adquieras ese conocimiento.

La condición más importante consiste en la buena aplicación del método elegido. La estimulación correcta del niño es extremadamente complicada y requiere una experiencia considerable, tanto teórica como práctica. Vamos a analizar a fondo el acto educativo.

El *feedback* entre madre e hijo

Observa a tu hijo, sus reacciones y su conducta, y adapta a ellas tus actividades futuras. Cuando el adulto adapta su conducta y sus métodos al modo en que el niño reacciona a ellos, establece lo que se denomina un *feedback* entre ambos. Así se educa al niño de la manera apropiada, comprensiva y adaptada. Si falta el *feedback* entre la madre y el hijo, el niño se criará mecánicamente.

He aquí los diversos pasos del *feedback*:

1. El adulto ejecuta un acto determinado.
2. Observa las reacciones del niño.
3. Deduce lo que significan esas reacciones.
4. Decide cómo reaccionar frente al comportamiento del niño.
5. Pone en práctica la reacción que ha decidido.

Supongamos que estás ejercitando a tu hijo y que éste se encuentra de buen humor. Lo sujetas por debajo de los brazos y lo alzas sobre tu cabeza, con la suya hacia adelante (primera fase). Te das cuenta de que deja de reír y hace un puchero, aunque normalmente se ríe durante este ejercicio (segunda fase). Presumes entonces que lo estás sujetando mal y que le haces daño (tercera fase). Decides que lo sostendrás mejor, con sólo las palmas, y que disminuirás la presión de tus dedos, que sin duda molesta al pequeño (cuarta fase). Pones en práctica tu decisión y corriges la manera de asirlo (quinta y primera fases, simultáneamente). Ves que el niño ríe de nuevo (segunda fase). De ahí deduces que ahora actúas correctamente (tercera fase).

Por lo tanto, tratar al niño con «delicadeza» requiere algo más que la simple delicadeza. Se necesita también observación, juicio y raciocinio, conocimiento y experiencia práctica, decisiones rápidas y adecuadas. En una palabra, exige toda tu personalidad y toda tu inteligencia. Por consiguiente, cuando juegues con tu hijo, has de observarle constantemente, calcular sus reacciones y las tuyas, teniendo siempre presente el objetivo educativo. La buena educación no consiste en una acumulación de estímulos al azar, a los que el niño reaccionará de modo incontrolado.

Veamos ahora algunas reacciones infantiles típicas, susceptibles de decirte si tu acto ha tenido un efecto positivo o negativo o si tu hijo se halla en unas condiciones que *pueden* hacer que tu acto tenga un efecto positivo o negativo.

Mímica. a) Positiva: expresión complacida, sonrisa, risa. b) Negativa: expresión insatisfecha, fruncimiento del ceño, sollozos, comienzo de llanto.

Expresiones vocales. a) Positivas: murmullos de complacencia, tarareo, risa sonora, chillidos de alegría, palabras. b) Negativas: vagidos, lloriqueo, gritos de enfado.

Expresiones motoras. a) Positivas: movimientos vivos, combinados con las expresiones positivas anteriores, deseo de cooperar. b) Negativas: pasividad, desasosiego, falta de cooperación, movimientos de defensa.

Interés y atención. a) Positivas: observación atenta, con los ojos bien abiertos, de todo cuanto ocurre a su alrededor; el niño se mueve para ver mejor. b) Negativas: falta de observación, mirada pasiva, resignada, fija en un punto; negativa a alzar o volver la cabeza.

Expresiones de cansancio: bostezos, frotarse los ojos, ojos y zona de las cejas enrojecidos, meterse el dedo en la boca, meneo mecánico de la cabeza a uno y otro lado, regresión a las actividades típicas de una edad inferior.

Expondré a continuación las causas de algunas de esas actitudes y los medios de evitarlas.

Condición física del niño. Puede estar cansado, con sueño, hambriento o sobrealimentado, incluso enfermo. Interrumpe tus actividades y haz lo necesario para que se sienta cómodo. Hay otras muchas cosas que le pueden resultar desagradables: calor o frío excesivos, ropa demasiado ajustada o cualquier otra forma de incomodidad.

Condición mental. Quizá actúen sobre el niño ciertos estímulos que provocan reacciones psicológicas desagradables, el miedo, por ejemplo. Tal vez le asusta la persona que trata de estimularle, o alguien que se halla también presente. Tal vez tenga miedo de los objetos que se le tienden o de las actividades que se pretende que realice. Procura eliminar la causa de su temor o acostúmbrale paulatinamente a ella. Es posible también que el niño se interese por algo, que vea un objeto interesante y quiera conseguirlo. Trata de canalizar sus actividades de modo que mejore su humor.

Ejercicios poco apropiados. Cabe en lo posible que el ejercicio, el juego o la tarea que se le propone sea demasiado difícil para él o que lo haya repetido tantas veces que le aburre ya y lo rechaza.

Ejercicios mal realizados. Sucede también a veces que el ejercicio, el juego y la tarea son apropiados, pero el adulto los hace tan mal que el niño se niega a participar.

La escala de las reacciones es mucho más amplia de lo que hemos dicho. Cada niño reacciona a su modo frente a las diversas situaciones. Fíate de tu propia facultad de observación y de razonamiento. Al fin y al cabo, nadie conoce a tu hijo mejor que tú. Si le tratas con «sensibilidad», ambos disfrutaréis con los juegos, y el pequeño tendrá menos tendencia a llorar.

Los principios más importantes de la educación de un bebé

Los principios más importantes en la educación de un bebé se deducen de sus necesidades fisiológicas principales y de las leyes del desarrollo que hemos mencionado. Los resumiremos brevemente en quince puntos:

1. La educación ha de empezar desde los primeros días de la vida del niño, ya que ése es el momento adecuado para empezar a modelar su personalidad futura.

2. El objetivo de la educación no consiste en acelerar el desarrollo, sino en aprovechar plenamente todo el potencial infantil desde el principio.

3. En esta edad temprana, el niño aprende exclusivamente a través de sus actividades. Educar quiere decir incitarle a actividades mediante las cuales pueda aprender algo nuevo y útil.

4. Hay que proporcionar al niño el máximo de oportunidades para adquirir la gama más variada posible de experiencias.

5. Hay que estimularle y alentarle para que se entregue a la actividad, nunca forzarle.

6. El niño necesita el máximo de libertad, ya que las denomina-

das actividades de autodesarrollo tienen lugar principalmente cuando goza de amplia oportunidad de entregarse a ellas.

7. Se han de recompensar siempre las nuevas formas de comportamiento y las capacidades que vayan surgiendo.

8. La conducta de un niño debe ser alentada y guiada sobre todo con estímulos positivos, aunque los negativos tienen también su utilidad.

9. Cuando el niño aprende algo, hay que ayudarle, pero la intervención del adulto se reducirá al mínimo.

10. Una vez que el niño ha adquirido una habilidad determinada bajo ciertas condiciones, hay que darle el máximo de oportunidades para que la aplique en condiciones distintas.

11. El niño ha de permanecer en contacto con la gente en la medida de lo posible.

12. El recién nacido ha de mantener un contacto activo tan constante como sea posible con un pequeño grupo de personas que le sean familiares, en particular los padres.

13. Cuando te resulte imposible ocuparte de tu hijo, procura ocuparle indirectamente, es decir, crea un medio ambiente que incluya los estímulos suficientes para inducirle a la actividad.

14. Trata de suscitar y conservar el buen humor del pequeño, procurándole así una niñez dichosa y alegre.

15. No todos los niños son iguales, y los padres deben respetar en todo momento las características individuales de su hijo.

Queda aún un principio. En la crianza de los niños, hay que atenerse no sólo a los principios generales de una buena educación, sino también al sentido común. Y en los casos excepcionales, recurrir al consejo de los especialistas.

Los especialistas infantiles recomiendan con frecuencia la regularidad. Pero una regularidad absoluta no siempre es posible, y la naturaleza del niño exige ciertos compromisos. A decir verdad, los niños criados de manera demasiado estricta y regular pierden a menudo su buen comportamiento cuando deja de intervenir la autoridad educativa. Sabemos en la actualidad que los niños prefieren, en principio, a los padres que actúan de modo regular, pero saben hacer excepciones. Quieren más a los padres de este tipo que a aquellos que se muestran estrictos y fríamente regulares o aquellos que se comportan de forma arbitraria. Ello se debe a que los niños necesitan encontrar en sus padres una cierta estabilidad, pero precisan también amor, comprensión y tolerancia.

El mensaje más importante de este libro consiste en que la esencia de una buena crianza es el amor sincero de los padres por sus hijos. El niño se desarrollará mejor si los padres reconocen que su educación constituye su objetivo principal desde el punto de vista humano y uno de los principales aspectos del «propósito de la vida».

6

El comienzo del sentimiento de placer y del juego

Para que le sea posible un «aprendizaje temprano», el recién nacido tiene que:

Ser capaz de advertir si sus funciones fisiológicas progresan, ser capaz de experimentar sensaciones de placer y desagrado.

Ser capaz de registrar los estímulos del mundo exterior e interior, su relación mutua y su conexión con las sensaciones de placer o desagrado. Tales facultades cognoscitivas deben funcionar a la perfección.

Poseer la tendencia y la facultad de evitar las señales desagradables e intensificar las señales placenteras. En ese caso, diremos que el lactante es activo y que su motivación es buena.

Objetivo para el primer mes

Las madres empiezan a educar a sus hijos desde el primer momento, ya que el alimentarles, bañarles, mudarles y abrazarles incluye un complejo significativo de estímulos educativos. Todo depende en gran parte del modo en que se alimenta, se baña y se cambian los pañales al niño, puesto que, desde los primeros días, establecerá relaciones entre él y esos actos, que le proporcionarán una gama extraordinaria de estímulos visuales, auditivos, etc.

Tu tarea como educadora es ayudar a tu hijo a entablar sus primeros contactos con el mundo exterior. Tiene que aprender a reaccionar a algunos estímulos, familiarizarse con ellos. La segunda tarea consiste en activarle, principalmente despertando su interés e incitándole a moverse. Sólo un bebé activo puede entablar contacto con lo que le rodea.

Desarrollo de los sentidos

Aunque el desarrollo de las facultades motoras y el de las facultades sensoriales están estrechamente relacionados, he preferido examinarlos por separado, a fin de facilitar su estudio. Simplificando, diremos que el niño tiene que:

- Ser expuesto a un número lo bastante grande y lo bastante variado de estímulos sensoriales.
- Adquirir algunas capacidades visuales y auditivas especiales. Hay que enseñarle a fijar la mirada en los objetos conspicuos y a seguir el movimiento durante un corto trayecto. Hay que enseñarle también a escuchar los sonidos.
- Descubrir qué estímulos anuncian algo, atraen la atención hacia algo, representan y significan algo.

Para proporcionarle los estímulos suficientes —visuales, auditivos, posicionales, etc.—, procura no quedarte corto, ni sobrepasarte. Los padres que se dan cuenta de que su hijo necesita muchos estímulos tienden a dárselos en exceso. Por lo tanto, te diré cómo puedes estimularle lo suficiente, para que te des cuenta de cuándo está ya saturado.

Estimula a tu hijo sólo mientras esté despierto. Entonces cooperará y aceptará los estímulos *activamente* y *mirará* el estímulo visual (juguete, reloj, cara) durante algún tiempo. Obsérvale con calma. Tan pronto como empiece a no querer mirar, vuelva la cabeza, cierre los ojos o exprese su descontento vocalmente, incluso físicamente, ofrécele algún otro objeto o deja de estimularle y permítele descansar.

Averiguar si un bebé escucha activamente o no resulta más difícil. Un cambio de comportamiento puede significar que te oye. Con frecuencia, el movimiento espontáneo de un lactante se detiene al oír un sonido. Por el contrario, el que ha estado descansando tranquilamente reaccionará a los sonidos con algún movimiento.

¿Qué estímulos son los más apropiados para el bebé en el primer mes? Han de ser obvios, fácilmente discernibles de lo que les rodea, pero no demasiado intensos. Se puede persuadir a un niño para que mire un objeto de color vivo, alegre, pero apartará la vista de él si es demasiado brillante. La luz excesivamente intensa no es buena para los chiquitines. Les perjudica. Durante el primer mes, el niño no distingue entre los objetos y la gente. Registra ópticamente su medio ambiente como una superficie continua, dividida en puntos de diversos colores y tamaños. No se da cuenta en absoluto de que un grupo de puntos es su madre y otro el sonajero. Por lo tanto, conviene mostrarle, en la medida de lo posible, a las personas y las cosas contra un fondo neutro, de un solo color, de manera que el objeto resalte contra él y le permita ver con claridad que esos puntos coloreados pertenecen a un conjunto y forman un objeto.

Si ve tu cara contra el fondo blanco del techo, será más capaz de separarte de él que si tienes detrás una cortina estampada (eso no significa, claro está, que haya que eliminar de su cuarto este tipo de cortinas). Si quieres mostrarle el biberón, el sonajero o cualquier otro objeto, te sugiero que lo muevas ligeramente. Esto le permitirá distinguirlo del fondo y comprender que los puntos coloreados van juntos y forman parte de un objeto.

Los sonidos elegidos como estímulos deben ser también de intensidad mediana. El más apropiado es la voz femenina. Una voz femenina suave suele calmar al bebé en mayor grado que una voz masculina, por regla general más profunda. Esto demuestra también que, durante el primer mes de su vida, el lactante forma una unidad biológica con su madre. Procura no tener encendida la radio durante mucho tiempo en presencia del pequeño. Puede agotar su sistema nervioso. Todos los estímulos sensoriales que le presentes en los primeros meses han de ser de intensidad débil o mediana: sabores, olores, experiencias táctiles, etc. Un ejemplo de sabor adecuado es el de la leche materna o el de los alimentos preparados para bebés. La mejor manera de salvaguardar su sentido del olfato consiste en mantener la habitación bien ventilada y en hacerle permanecer al aire libre, no contaminado, el mayor tiempo posible. (Llevarle a pasear por las calles de una ciudad, invadidas por los humos del tráfico pesado, equivale a hacerle fumar cuarenta cigarrillos diarios). Mecer al niño, acunarle, cambiarle los pañales y otros actos similares propios de los padres le proporcionan una cantidad suficiente de estímulos táctiles, térmicos y cinestésicos.

Durante el primer mes, todos los estímulos *deben* ser presentados suave y lentamente. Si se le muestra un juguete de repente, lo más problable es que se eche a llorar. En cambio, una presentación lenta del objeto y el agitarlo levemente provocarán en él una fijación visual. Levantar y acostar al niño con brusquedad, cambiarle a toda prisa los pañales y otras formas de rudeza en el trato suscitan reacciones emocionales negativas. Los recién nacidos, sobre todo, necesitan suavidad, cariño, lentitud y una manipulación y una estimulación cuidadosas. Sólo cuando son algo más mayores soportan procedimientos más rápidos y cuidados más elementales.

Hay que prestar una atención especial al desarrollo del oído y de la vista. Durante el primer mes aprenderá a fijar los ojos en un objeto, es decir, a mirar el objeto durante un cierto tiempo. Al principio, será incapaz de hacerlo. Se deduce por la manera en que mueve los ojos y en que su mirada pasa a través del objeto para llegar más adelante o porque uno de los ojos mira al objeto, mientras que el otro se fija en otra parte. Enséñale a volver ambos ojos hacia el objeto, a fin de que la imagen se forme en su retina dentro del campo de visión más clara, desarrollando su agudeza visual para crear una imagen precisa en la retina. Lo lograrás así:

1. Muéstrale objetos brillantes: juguetes de colores, adornos de Navidad, piezas de vajilla de cristal, flores grandes... Y sobre todo, el rostro humano.
2. Acerca el objeto a unos 45 cm de sus ojos.
3. El objeto debe destacarse con toda claridad del fondo. Asegúrate de que el fondo del sonajero no está formado por cosas de colores igualmente vivos. Elige, en la medida de lo posible, una ropa de un solo color, el techo, un armario o la sábana de la cama.
4. Al principio, mantén el objeto allí donde el bebé haya fijado los ojos, es decir, en el centro de su campo de visión.
5. En la segunda mitad del primer mes (o hacia el final del mismo), intenta mostrarle objetos en los bordes de su campo de visión y persuadirlo para que vuelva los ojos hacia ellos.
6. En todo caso, agítalos suavemente alrededor de un punto. A continuación, cámbialos muy despacio de lugar, al principio desplazándolos muy poco y luego cada vez más lejos de sus ojos (de 35 a 55 cm). Más tarde, siempre lentamente, muévelos de izquierda a derecha, dentro de su campo de visión (de 10 a 20 cm, de un lado al otro).

Por regla general, tu hijo seguirá el movimiento de un objeto hacia el final del primer mes. Lo conseguirás así:

1. El recién nacido suele reposar sobre la espalda, con la cabeza vuelta hacia un lado. Gírale la cabeza hasta la posición central, con la cara hacia arriba. Muéstrale un objeto coloreado. Muévelo poco a poco de izquierda a derecha, de forma que el movimiento lo haga cruzar por su campo de visión. Con toda probabilidad, el pequeño moverá los ojos lentamente para seguir el objeto. Tan pronto como el movimiento de los ojos se detenga, lleva el objeto hacia el otro lado.

2. En el primer mes, algunos niños seguirán el movimiento de un objeto no sólo con los ojos, sino también con la cabeza. Si tu hijo descansa normalmente con la cabeza vuelta hacia un lado, ése será su lado favorito. Por lo tanto, aprenderá primero a seguir el movimiento de un objeto desde la posición central hacia su lado favorito. Más tarde, volverá la cabeza desde el lado no preferido hasta el centro y, desde allí, hasta el lado preferido. Por último, llegará a lo más difícil para él, recorrer todo el camino desde el lado preferido al no preferido.

3. Al niño le resulta más fácil volver la cabeza cuando se encuentra en posición vertical. Cuando lo tomes en brazos, apóyale el pecho contra ti, de manera que mire sobre tu hombro. En esta posición, no sentirá ninguna fricción al girar la cabeza. Puedes alentarle a mover la cabeza ya sea moviendo el objeto frente a sus ojos de izquierda a derecha cuando está acostado, ya sea haciéndole mirar algo interesante y moviéndote tú lentamente de izquierda a derecha con él en brazos. Por último, da dos o tres pasos a la izquierda y a la derecha del objeto, lo que le hará girar la cabeza para conservar el objeto interesante dentro de su campo de visión.

Estos ejercicios con el recién nacido deben realizarse a diario, con una duración de medio a tres minutos, cada vez que el niño se despierta. Lo más probable es que no coopere durante más tiempo.

Si expones a tu hijo a un ruido constante, con la pretensión de enseñarle a escuchar, no lograrás más que afectar negativamente su sistema nervioso, en la misma medida en que lo harías si lo sometieses a un silencio permanente. Quiero insistir en el peligro de encender en su presencia la televisión o la radio durante un rato demasiado prolongado. El mejor sonido es el que sea agradable y se oiga durante cortos períodos sobre un fondo de silencio. Y repito que no hay sonido más apropiado que la voz humana, sobre todo cuando se trata de la voz relativamente aguda, pero suave, de la madre, al hablar o entonar canciones sencillas.

La función más importante de los estímulos es la creación de expectaciones en el niño. No basta con que aprenda a seguir algo con los ojos o a escuchar. Tiene que aprender al mismo tiempo a reconocer y comprender la *relación* entre varios estímulos.

Por consiguiente, más vale no ofrecerle estímulos aislados. Supongamos que te inclinas con frecuencia sobre él, a fin de que te vea y oiga tu voz. Con ello, harás que, durante su segundo mes, y a veces antes, busque tu cara con los ojos cuando te oiga o espere que le hables siempre que ve tu cara sobre él. Si cada vez que lo tomas en brazos o le enseñas el biberón le das el alimento, esperará comer siempre que le levantes o cada vez que vea el biberón. Expresará esta expectación con vivos movimientos de succión, cosa que antes sólo hacía cuando se le metía el pezón o la tetina en la boca.

Así aprende gradualmente cómo se relacionan los estímulos unos con otros y cuáles son esos estímulos. Comprende que un grupo determinado de puntos coloreados forman un todo y representan lo que más tarde denominará «mamá», que ciertos sonidos están relacionados con esa figura y constituyen la «voz de mamá» y que esa entidad óptico-acústica que representa a «mamá» está conectada con la desaparición de las sensaciones desagradables y el comienzo de las sensaciones placenteras.

En el primer período de vida, es también psicológicamente importante para el niño no verse rodeado por demasiada gente y objetos, ya que esto le hace más difícil iniciar la comunicación. Sólo debe ocuparse de él un número muy limitado de personas. El baño ha de ser periódico y regular en la medida de lo posible, ya que la repetición frecuente de la misma actividad le capacita para descubrir el lugar que ocupa en este mundo. El objeto principal entre los que deben aparecer en su campo de visión durante el primer mes es el ser humano. Y cuando estimules más o menos simultáneamente todos sus órganos sensoriales, te convertirás en el primer objeto aislado entre los muchos estímulos que se acumulan sobre él.

El entrenamiento de los movimientos corporales

Incluso hoy en día existen muchos padres que piensan que los lactantes deben permanecer envueltos en varias capas de ropa y que llorar es tan natural para ellos como respirar o comer. Esas personas me miran con incredulidad cuando les digo que, otorgándoles los cuidados necesarios, no tienen por qué llorar, y mucho menos por qué gritar.

Envolver al niño en ropa demasiado ceñida y dejarle aislado en la cuna es una de las principales causas de su llanto. El recién nacido protesta así de que le traten como a un malhechor, encerrándole en una pequeña celda. Desde los primeros días de su vida, el niño necesita moverse lo más posible. En realidad, se trata de una de sus necesidades fisiológicas y psicológicas básicas. Privarle de la libertad de movimientos retrasa (e incluso perjudica) su desarrollo motor y psicológico, especialmente en los primeros días y semanas.

Hay que desnudarle con la mayor frecuencia posible. Sus movimientos serán mucho más vivos en estas condiciones que cuando está vestido. Muchas veces, basta con desnudarle para que deje de llorar, e incluso los niños más tranquilos protestan con energía cuando los visten. Naturalmente, hay que recordar siempre que un bebé, sobre todo recién nacido, no puede protegerse contra la pérdida del calor corporal, por lo que conviene asegurarse de que la temperatura de la habitación en la que juega desnudo no baja de los 25°C. Si hace más frío, recurre a una estufa eléctrica.

La ropa no debe estorbar la libertad de sus movimientos. No temas desnudar a tu hijo cuando hace calor y piensa sólo en vestirle cuando tenga frío. Si no te queda más remedio que vestirlo, ponle la menor cantidad posible de ropa y elígela de tal modo que no impida sus movimientos. En los niños normales, con las articulaciones de las caderas en buenas condiciones, los pañales han de ser flojos. La agitación viva y natural de las piernas constituye un tratamiento eficaz para un subdesarrollo benigno de la articulación de la cadera. (Desde luego, si tu hijo padece una malformación grave en este punto, lo mejor es que el ortopedista decida el tratamiento.)

El niño necesita disponer de mucho espacio. La cuna sólo sirve para dormir, y el cochecito o la silla han de reducirse a su función de medios de transporte. Si los empleas con más frecuencia, se convierten en una cárcel. Cuanto mayor sea el área que concedas a tu hijo mientras está despierto, más se moverá. Por lo tanto, cuando le cambies los pañales o cuando lo bañes, déjale permanecer por lo menos unos minutos sobre la mesa o sobre una cama amplia, a fin de proporcionarle una mayor libertad de movimientos. El tiempo que pase sobre la mesa, la cama o, más adelante, en el suelo —que ha de estar limpio, caliente y suave— irá aumentando poco a poco, a medida que se mantiene más tiempo despierto.

Estas normas contribuyen mucho a su desarrollo motor ya que le ayudan a mover espontáneamente todo el cuerpo desde los primeros días de vida. Los movimientos vivos, espontáneos, intensifican la circulación, la respiración, la digestión y otras muchas funciones corporales. Como ya he explicado, los movimientos deliberados, desde la cabeza a los pies, se desarrollan a partir de estos movimientos reflejos originales. Veamos ahora cómo se convence al bebé para que se mueva.

Los ejercicios que voy a describir se basan en la hipótesis de que, en los tiempos prehistóricos, y aún ahora, en las tribus primitivas actuales, las madres transportan con ellas a sus hijos recién nacidos, de tal modo que les fuerzan, durante períodos considerables y varias veces al día, a un ejercicio extremadamente duro. Los niños de nuestra sociedad tienen también reflejos innatos. Un recién nacido ase con más fuerza el pelo o los dedos de un adulto que una varilla del mismo grosor, y trepa mejor por el cálido regazo de un ser humano que cuando reposa sobre una mesa. Puesto que el bebé está equipado con muchos reflejos, conviene estimularlos y no hay por qué temer hacer algo *contra natura* o susceptible de dañarle. A decir verdad, y sostengo que los métodos de crianza actuales, que no aprovechan esos reflejos, son *contra natura*, puesto que privan al niño de movimiento.

Los ejercicios de moción durante el primer mes se reducen a los movimientos sistemáticos, deliberados, que toda madre realiza en las situaciones cotidianas, sin un propósito específico. Su objeto es proporcionar al niño estímulos delicados, táctiles, posicionales, ópticos y acústicos, que le ayudarán a establecer contacto con el mundo y acostumbrarse al movimiento. Enseñan al niño a controlar los movimientos de la cabeza. Permiten a los padres aprender a sostener a su hijo y a no temer manipularle. Contribuyen al buen humor del bebé y a la creación de una relación positiva entre los padres y el hijo.

Ambos padres pueden proceder a estos ejercicios de tres a cuatro veces diarias, de tres a cinco minutos en cada ocasión, siempre que el pequeño esté despierto, a excepción de inmediatamente antes y después de alimentarle. Hay que hacerlo con los brazos desnudos, porque el contacto con la superficie corporal del adulto, suave, lisa y cálida, le resulta placentero. Recuerda lavarte las manos con agua caliente antes de los ejercicios, a fin de tenerlas limpias y templadas cuando le toques. El niño estará desnudo y echado sobre una manta suave (o una alfombrilla de goma), colocada sobre una mesa y cubierta con un paño limpio. Asegúrate de ejercitar a tu hijo sólo cuando esté tranquilo y de buen humor.

Y ahora he aquí los ejercicios para desarrollar el movimiento:

Ejercicio n.º 1. Levantarle cuando descansa de espaldas. El bebé está boca arriba y sin ropa. Tómale en tus brazos desnudos, de manera que siga descansando sobre la espalda y apoye la cabeza en el hueco de tu brazo derecho doblado. Es el mejor sistema para sostener al bebé. Déjale a continuación sobre la mesa y álzale de nuevo, haciendo esta vez que la cabeza se apoye en el hueco de tu brazo izquierdo. Este levantarle y acostarle con la cabeza alternativamente a la derecha y a la izquierda, constituye un excelente ejercicio para el niño dentro de su primer mes de vida. Repítelo de tres a cinco veces a cada lado.

EJERCICIO N.º 2

Ejercicio n.º 2. Tomarle en brazos, haciéndole descansar de costado. El ejercicio es similar al primero, pero, después de levantarle hay que hacerle descansar de lado, con la cara hacia afuera y de espaldas a ti.

EJERCICIO N.º 3

Ejercicio n.º 3. Levantar al pequeño haciéndole descansar boca abajo. El ejercicio n.º 3 es también similar al primero, pero el bebé ha de descansar en tus brazos sobre el vientre, con la espalda hacia arriba. Cuanto más capaz sea de sostener la cabeza, más arriba llegará con ella con respecto a tu antebrazo.

Los ejercicios 1-3 se pueden variar como sigue:

a) Cámbiale del antebrazo derecho al izquierdo, dejándole para ello sobre la mesa y levantándole de nuevo.

b) Cada vez que le levantes, da algunos pasos por la habitación. Tus movimientos rítmicos al caminar actúan como un estímulo.

c) Cada vez que lo levantes, dobla varias veces tu cuerpo hacia adelante y a los lados, o gira hacia la izquierda y la derecha.

d) Se puede combinar todo lo anterior dando unos pasos y, mientras se anda, doblándose hacia adelante, a los lados, etc.

Ejercicio n.º 4. Sentar al niño en el antebrazo, con la cara hacia ti. Levántale sobre tu antebrazo doblado horizontalmente, de manera que te toque con las rodillas y apoye su pecho en ti. De este modo, descansará contra ti, mirando por encima de tu hombro, con lo que no sufrirá ningún daño en la columna vertebral. Coloca la mano izquierda sobre sus paletillas y presiónale suavemente contra ti. Si la cabeza se tambalea, alza un poco más la mano y sostenla con el pulgar y el índice. Al cabo de tres a cinco segundos, déjale sobre la mesa, luego álzale de nuevo, siéntale en tu antebrazo izquierdo y apoya la mano derecha en su espalda. Repite de tres a cinco veces.

EJERCICIO N.º 5

Ejercicio n.º 5. Sentarle sobre el antebrazo, dándote la espalda. Levántale y siéntale sobre tu antebrazo derecho doblado, con la espalda contra ti. Apoya la mano izquierda en su pecho y presiónale contra ti. Échate ligeramente hacia atrás, a fin de que descanse contra ti, en lugar de permanecer sentado. Después de tres a cinco segundos, devuélvele a la mesa, álzale de nuevo y siéntale en tu antebrazo izquierdo, sosteniéndole con la mano derecha. Repite el ejercicio de tres a cinco veces.

Los ejercicios 4 y 5 se pueden variar del mismo modo que los 1-3 (véanse las combinaciones a-d). Otras variaciones posibles:

e) Si el niño fija los ojos en un objeto (ventana, lámpara, reloj), gira lentamente a la derecha y a la izquierda, de cuarenta y cinco a sesenta grados. A veces, volverá voluntariamente la cabeza para seguir viendo algún objeto interesante que se halle dentro de su campo de visión.

f) Se pueden intentar varias combinaciones de los ejercicios 4 y 5 y colocarle en tus brazos en diversas posiciones, tanto echado como sentado.

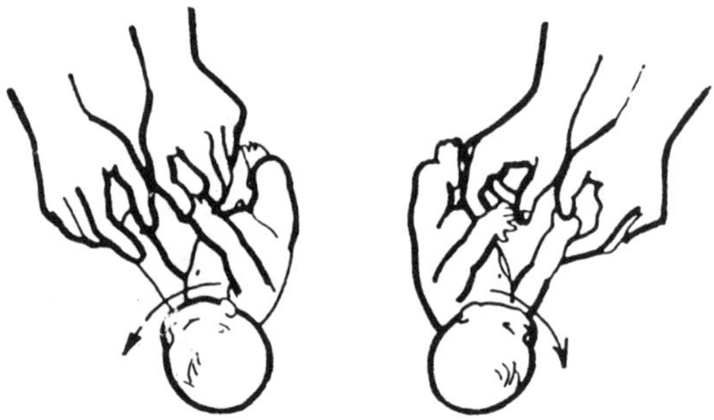

EJERCICIO N.º 6

Ejercicio n.º 6. Hacer girar su cuerpo sujetándole por las manos, mientras permanece echado. Acuesta al niño boca arriba, con los pies hacia ti. Procura que se agarre a tus dedos índices. Si no consigue asirlos, toma sus manos con los pulgares y los índices y tuerce lentamente su cuerpo hacia la izquierda, hasta que haya girado unos cuarenta y cinco grados y la cabeza se haya vuelto por sí misma hacia ese lado, describiendo un arco de noventa grados. A continuación, tira de su mano izquierda hacia la derecha y vuelve un poco su tronco, de modo que la cabeza gire noventa grados hacia la derecha. Repite el ejercicio hacia ambos lados de cinco a seis veces.

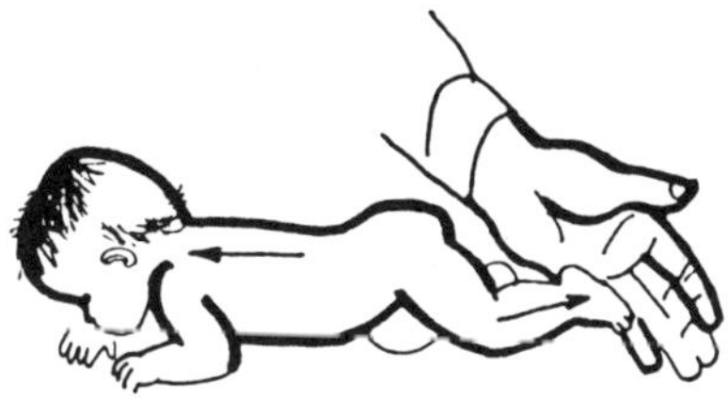

EJERCICIO N.º 7

Ejercicio n.º 7. Descansar sobre el vientre e intentar gatear. Siéntate en un sillón y echa el cuerpo hacia atrás todo lo que puedas, de forma que quedes más bien acostada que sentada. Puedes adoptar la misma postura en la cama, sirviéndote de almohadas o cojines para apoyar la espalda. Coloca al niño sobre tu pecho y tu estómago, de manera que presione sobre tu regazo. Ha de tener los brazos doblados, con los puños a la altura de los hombros y los codos pegados a los costados. Pronto empezará a levantar la cabeza y a empujar con las piernas, como si quisiera gatear. Si mantiene la cabeza inmóvil a un lado, ponle la cara hacia abajo. Entonces levantará la cabeza, la sostendrá en alto por un momento y la dejará caer de nuevo hacia un lado. El niño se mostrará más activo si lo apoyas directamente sobre tu cuerpo, cálido y desnudo. Manténle en esta posición de uno a tres minutos.

EJERCICIO N.º 8

Ejercicio n.º 8. Pataleo. Coloca al niño boca arriba sobre la mesa, con las piernas hacia ti, dobladas de modo que te toque con ellas el estómago. Si te inclinas ligeramente sobre él para facilitar el contacto, empezará muy pronto a agitar las piernas y a golpearte alternativamente con ellas el estómago. Puedes persuadirle para que doble las piernas tocándole las plantas de los dedos de los pies con el pulgar. Si presionas suavemente, alternará la extensión y la flexión de las piernas.

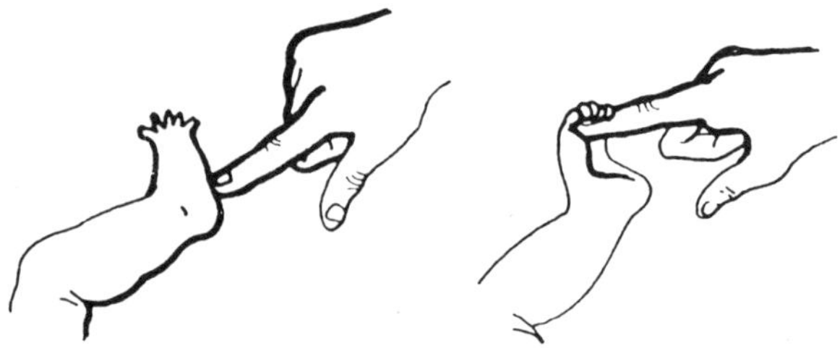

EJERCICIO N.º 9

Ejercicio n.º 9. Apertura y contracción de los dedos de los pies. Acarícíale con el índice la planta del pie, cerca del talón. El niño extenderá de inmediato los dedos. Si le tocas la planta cerca de los dedos, los contraerá. Si se le pone una cerilla a través de la parte inferior de los dedos, la asirá con ellos. Haz que abra y contraiga los dedos de ambos pies de cuatro a seis veces.

Entrenamiento motor de las manos durante el primer mes

Durante el primer mes, el niño permanece normalmente con los brazos doblados y los puños cerrados, debido a que la tensión de los músculos flexores es más fuerte que la de los músculos extensores. El entrenamiento motor de las manos en el primer mes consiste en lo siguiente:

Aflojar el puño.
Estimular el movimiento de la totalidad del brazo.
Estimular el reflejo de presa.

Ejercicio n.º 10. Abrir el puño. Acaricia suavemente por ambos lados el puño del bebé. Por regla general, lo abrirá al cabo de un momento. Los labios y las mejillas del adulto suelen ser un instrumento muy eficaz para esta operación. Usa este método, a menos que estés enferma. Os resultará agradable a ambos. El aflojamiento del puño es importante porque el niño sólo puede asir con la mano abierta. Las caricias y el masaje suave lo convencerán para abrir el puño antes que si se esperase a una apertura espontánea. El relajamiento de la tensión de los músculos flexores permite también la extensión del brazo.

Ejercicio n.º 11. Creación del reflejo de presa. Si has conseguido que tu hijo abra el puño acariciándoselo, métele un dedo en la mano. Lo agarrará inmediatamente. El propósito en este caso no es que sujete tu dedo por un tiempo indefinido, sino que abra y cierre el puño. Por lo tanto, retira con suavidad el dedo, acarícíale de nuevo el puño para que lo abra y vuelve a apoyar el dedo en su mano abierta. Enséñale a abrir y cerrar el puño de la mano derecha y de la mano izquierda.

Ejercicio n.º 12. Movimientos de los brazos. Coloca al niño frente a ti y acarícíale suavemente el pecho, el vientre y los brazos. En la mayoría de los casos, alzará los brazos y empezará a moverlos. Puedes intensificar el estímulo hablándole suave y cariñosamente y moviéndole.

Debes sonreírle y hablarle con cariño, no sólo durante los ejercicios, sino cada vez que entras en contacto con él. Es el medio más eficaz de establecer un contacto social con él. Al principio del segundo mes, demostrará la existencia de tal contacto devolviéndote la sonrisa.

Desarrollo psicológico durante el segundo y tercer mes

Las tablas incluidas en este libro, que muestran lo que los niños deberían haber alcanzado en cierto estadio de su desarrollo, representan una visión de conjunto, muy resumida, y no se aplican literalmente a ningún niño en particular. Ahora bien, al final del tercer mes, te darás cuenta de que tu hijo ha aprendido a controlar algunos movimientos y a utilizar mejor sus órganos sensoriales. Sonríe para demostrar que es perfectamente capaz de distinguir a una persona de los demás objetos del mundo exterior. El primer movimiento deliberado de su mano en dirección a un juguete indica que quiere apoderarse del objeto y conocerlo mejor.

En el segundo mes, extiende los brazos, que antes mantenía siempre flexionados, y abre el puño con mayor frecuencia. Cuando ve algún objeto de colores vivos en las proximidades, manifiesta su excitación agitando los brazos. A veces, por casualidad, llega a tocar el objeto. Si lo toca con la mano abierta, lo aferrará. Dándole muchas veces la oportunidad de conseguir así los objetos, casualmente, hacia el final del tercer mes los movimientos de los brazos perderán su carácter arbitrario, y su intención de conectar la mano con el objeto observado se hará todavía más aparente. Al mismo tiempo, advertirás otro fenómeno interesante. Tu hijo ha empezado a descubrir sus propias manos. Observa que las manos pueden cogerse una a la otra, que las manos se encuentran, se asen, se palpan mutuamente. El bebé juega con sus manos. Pero no se trata sólo de una observación interesante. Significa un paso de gran importancia para el desarrollo, puesto que las manos se convierten a la vez en actores y en objetos. Son al mismo tiempo activas y pasivas. Manipulan y son manipuladas. Tocan y son tocadas.

Poco después de descubrir una mano con la otra, el niño descubrirá sus manos con los ojos, un estadio tan importante como el anterior. Ambos suponen el primer paso para el descubrimiento de sí mismo. El niño se da cuenta de que el objeto y la mano son dos cosas distintas por completo. El objeto se mueve cuando actúa sobre él, pero las manos se mueven por sí mismas, obedeciendo a su voluntad. Por consiguiente, puede actuar directamente sobre ellas. En cambio, sólo puede actuar indirectamente sobre el objeto, a través de sus manos.

Después de que el bebé ha descubierto sus manos con los ojos, al final del tercer mes o al principio del cuarto, el desarrollo de la mano parece dar un verdadero salto. Aprende entonces rápidamente a guiar la mano hacia un objeto y a agarrarlo. Y al mismo tiempo que aprende a alcanzar los objetos que ve, el fuerte reflejo de presa se debilita. Hacia el final del tercer mes, dicho reflejo disminuye hasta tal punto que no puede sostener la presa, por ejemplo cuando tratas de que se siente o se dé la vuelta cuando está echado boca abajo asiéndose a tus manos.

Al final del primer mes, el niño suele aprender a concentrar la mirada sobre un objeto y a seguir con los ojos un movimiento, siempre que éste sea lento y no demasiado amplio. En el tercer mes, se forma ya en su retina una imagen precisa. Aprende también a seguir un objeto que se mueve con mayor rapidez y en cualquier dirección, a la derecha y a la izquierda, arriba y abajo.

En el primer mes aprende a concentrarse en un sonido. En el segundo empieza a buscar su fuente con los ojos y se vuelve en todas las direcciones. En el tercero es capaz de encontrar la fuente con precisión, ya que sabe volver la cabeza con seguridad en la dirección de la que proviene el sonido. Se tranquiliza o sonríe cuando oye las voces familiares y reconoce la de su madre. Gracias a su mímica, se puede saber si le gusta que canten. Aparecen también las primeras reacciones al lenguaje humano y empieza a gorjear como respuesta (gorjea como réplica al hablar humano).

Una fuente importante a través de la cual obtiene información sobre el mundo es el tacto. Comienza a descubrir los objetos con las manos cuando acierta a tocarlos. Cuando hagas los ejercicios con él, responderá con una sonrisa y cooperará en lo que significa obviamente para él un goce del movimiento y de los cambios de posición.

Durante el segundo y el tercer mes empiezan también a aparecer actividades que pueden considerarse como el principio del juego. Satisfacen su necesidad de ser activo y, al mismo tiempo, le desarrollan en cierto sentido.

Jugar es una expresión de las denominadas «actividades de autodesarrollo». En el segundo mes se inicia la observación de los diversos objetos, siguiendo su movimiento con los ojos. En el tercer mes toca los objetos con las manos, los agarra, juega con las manos. El bebé juega también con sus órganos vocales y comienza a gorjear en el tercer mes. Incluso el simple ondear de las manos y el pataleo constituyen un juego, puesto que le permiten aprender a usar los brazos y las piernas mediante esta actividad autodesarrolladora.

El número de esas actividades a las que tu hijo es capaz de entregarse depende en gran medida de las condiciones en que vive. Cuando pasan cosas a su alrededor y está rodeado de objetos, tiene más posibilidades de ser activo que cuando suceden pocas cosas y no se le ofrecen oportunidades de reaccionar. Tu tarea consiste en proporcionarle todo eso.

Entrenamiento de los movimientos de la cabeza

Objetivo: hacia el final del tercer mes, el niño está preparado para controlar voluntariamente los movimientos de su cabeza. Cuando está echado boca abajo o le ponen vertical, debería ser capaz de sostenerla durante algún tiempo. En todas las demás posiciones, echado boca arriba o cuando se le sienta o se le tiene en brazos, por ejemplo, debería ser capaz de girar la cabeza y seguir el movimiento de un objeto en todas las direcciones a mayor velocidad que antes. Todos los ejercicios que hemos descrito para el control de los movimientos de la cabeza en el recién nacido son aplicables al segundo y al tercer mes.

Una combinación de los ejercicios siguientes resulta especialmente apropiada.

EJERCICIO N.º 13

Ejercicio n.º 13. Seguir un juguete con los ojos y la cabeza. Coloca al niño boca arriba, con los pies hacia ti. Muéstrale un juguete de colores vivos u otro objeto atractivo y agítalo frente a él, a unos cuarenta centímetros de sus ojos, para que pueda seguirlo de izquierda a derecha y viceversa. Si acostumbra a descansar con la cabeza hacia la izquierda, vuélvesela hacia el centro y, luego, convéncele poco a poco para que la haga girar hacia la derecha. Al final del tercer mes, debería ser capaz de volver la cabeza a ambos lados desde cualquier posición.

Ejercicio n.º 14. Mantener la posición de la cabeza mientras lo tienen en brazos. Los ejercicios 1-5 para los recién nacidos se hacen más difíciles para el niño si no se le apoya tan firmemente la cabeza mientras se le tiene en brazos. Esto le obliga a sostenerla con mayor independencia. Cuando levantes al niño de costado (sobre todo cuando le levantes boca abajo), procura que su cabeza sobresalga más que antes de tu antebrazo, a fin de que, hacia el tercer mes, no se apoye en absoluto en éste. En la posición sentada, baja la mano con que le sujetas, esto es, no la coloques en el cuello, sino a medio camino de las paletillas. Si te inclinas hacia adelante con él en brazos o si te vuelves a izquierda y derecha, realiza estos actos cada vez con mayor amplitud y rapidez. A pesar de ello, el pequeño mantendrá la cabeza en posición correcta durante esos movimientos.

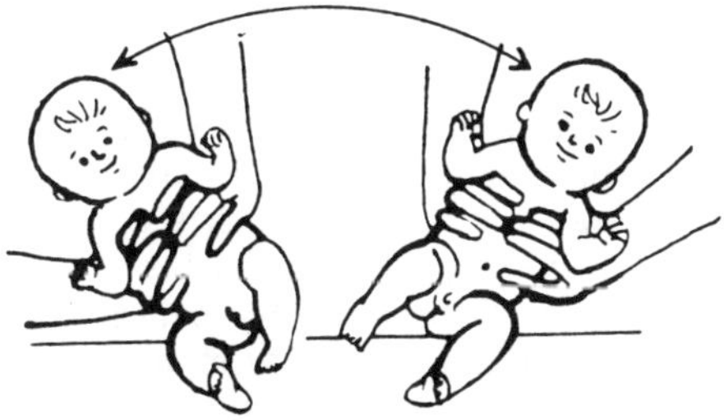

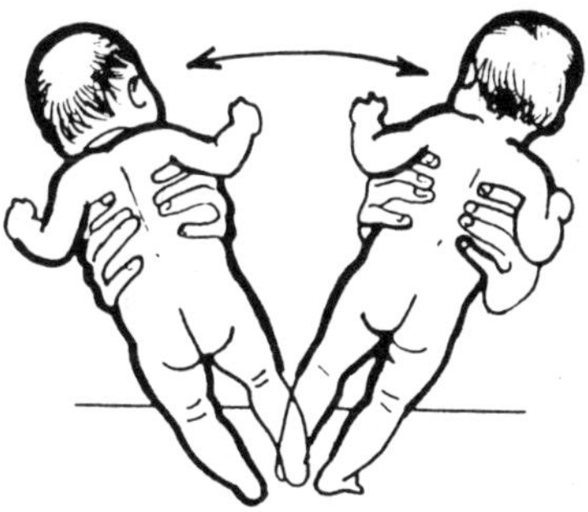

EJERCICIO N.º 15

Ejercicio n.º 15. Flexiones en las posiciones sentada y erguida. Para este ejercicio, has de aprender las nociones básicas sobre la manera correcta de sujetar a un bebé. Las necesitarás también, más adelante, para otros ejercicios. Los dedos y las palmas de la mano han de formar un ancho cinturón alrededor del pecho del niño, de tal modo que te permita sostenerlo con un mínimo de presión sobre el pecho, a fin de que respire fácilmente. Las palmas se unen por las muñecas justo sobre el esternón del pequeño. El pecho de éste descansa sobre tus palmas. Los dedos, dirigidos hacia atrás, se cierran ligeramente, y los pulgares apuntan hacia su barbilla. Si lo sujetas así y lo alzas hasta la posición horizontal, descansará sobre tus palmas como un disco. A partir de entonces, puedes abrir los dedos sin temor a que se caiga. Las manos del padre son más apropiadas para este tipo de sostenimiento. Muchas mujeres las tienen demasiado pequeñas y no abarcan todo el tronco del bebé, por lo que se verían obligadas a presionar las axilas y los costados, apoyar los pulgares en los hombros y clavar los dedos en la espalda.

En la mayoría de los casos, el niño ríe cuando hace estos ejercicios con el padre, pero es muy posible que llore cuando los hace con la madre.

Sujeta al niño como he descrito y siéntale casi sobre la mesa, dándote frente (en realidad, no dejas de sostener el peso de su cuerpo en tus manos). Inclínale primero a la izquierda, luego a la derecha. La inclinación ha de ser lo más marcada posible, mientras el chiquillo sea capaz de mantener la cabeza en línea recta con el tronco. Al final del segundo mes, haz el mismo ejercicio con el niño de pie. Sostén el peso de su cuerpo con las manos. Inclínale todo el cuerpo a la derecha y a la izquierda, lo más que te sea posible, mientras mantenga la cabeza erguida. Repite de cinco a seis veces la inclinación, hacia ambos lados.

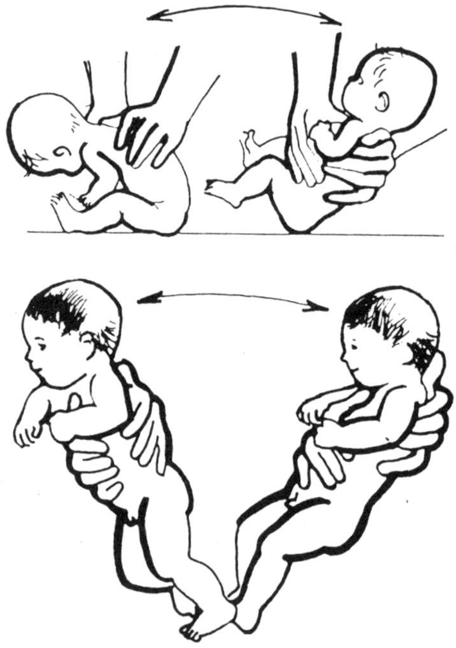

EJERCICIO N.º 16

Ejercicio n.º 16. Doblarse hacia adelante y hacia atrás, sentado y de pie. Forma otra vez con las manos un ancho cinturón, pero coloca la palma izquierda sobre la espalda del niño y la derecha sobre su pecho. Cruza ambos pulgares bajo la axila derecha. Las puntas de los demás dedos deben unirse bajo la axila izquierda. «Sienta» casi al niño sobre la mesa y dóblale bastante hacia adelante y (menos) hacia atrás. Al final del segundo mes, levántale por el mismo método y manténle erguido, haciendo que toque ligeramente el suelo con los pies. Inclínale de nuevo mucho hacia adelante y menos hacia atrás. Le resulta más fácil conservar la cabeza erguida cuando se inclina hacia adelante que cuando se inclina hacia atrás. Recuerda que sólo debes inclinarle, tanto hacia adelante como hacia atrás, en la medida en que continúe con la cabeza erguida. Repite el ejercicio de cinco a seis veces, hacia adelante y hacia atrás.

EJERCICIO N.º 17

Ejercicio n.º 17. Levantar la cabeza mientras está echado boca abajo. Coloca al niño sobre el vientre y ponle los brazos de manera que queden doblados y apretados contra el pecho o ligeramente bajo el pecho. En el segundo mes, suelen empezar a alzar un poco la cabeza. Si acostumbra a descansar con la cabeza ladeada, vuélvesela hacia abajo. El niño la levantará entonces. Déjale descansar boca abajo por lo menos cinco minutos. Si está contento, puede permanecer así inclinado más tiempo. Aunque tengas que persuadirle para que levante la cabeza, inclinando suavemente su nariz hacia el suelo, repite el ejercicio de cinco a seis veces. Si tampoco la levanta después de esto, ayúdale de la manera siguiente:

Coloca las manos bajo su pecho (con la palma contra éste) y álzaselo entre cinco y ocho centímetros, de manera que no toque el suelo. Así levantará la cabeza, al menos por un momento.

Ponle sobre una manta doblada o sobre una almohada dura, a fin de que la parte superior de su cuerpo quede en el aire y le sea imposible apoyar la cabeza en el suelo. La manta doblada reemplazará tu mano.

Sitúale ahora en una cama, de forma que la cabeza llegue al borde. No la dejará pasivamente sobre éste, sino que se servirá de los músculos del cuello y de la espalda para alzarla. Por precaución, sujétale por las piernas.

Una vez que levante la cabeza, ponlo con frecuencia boca abajo, especialmente cuando lo bañes.

En todos los ejercicios para activar el alzamiento de la cabeza cuando descansa sobre el vientre, es preferible ayudarle un poco presionándole suavemente en las nalgas y acariciándole la espalda, desde el cuello a las caderas.

Por último, recuerda siempre un principio muy importante. Si quieres que tu hijo levante la cabeza, ha de tener un motivo para ello. Nunca la alzará porque sí. Si lo hace, quiere ver algo interesante. Incítale con algo agradable, para que la vista recompense su esfuerzo.

Si está echado boca abajo sobre una mesa, arrodíllate frente a él y pon la cabeza a la altura de la suya. Llámale entonces para que te mire.

Siempre que pongas al pequeño boca abajo, sitúale de forma que mire hacia el centro de la habitación, donde hay más probabilidades de que ocurra algo interesante. Si todo lo que ve es una esquina o la monotonía de una pared, bajará muy pronto la cabeza. Retira todo cuanto obstaculice su visión. Si colocas un juguete frente a él para obligarle a mirarlo, no olvides que es incapaz de seguir mirando una cosa durante mucho rato.

Ejercicio n.º 18. Volver la cabeza mientras yace boca abajo. Coloca al niño sobre el vientre, como en el ejercicio 17.

a) Desde una distancia de cincuenta a noventa centímetros, mueve un juguete o tu cabeza de izquierda a derecha, con una rapidez y en un ángulo tal que pueda seguir el movimiento con los ojos y la cabeza.

b) Mueve el juguete o la cabeza arriba y abajo, para que el niño levante y baje la suya.

c) Traza círculos con el juguete o con la cabeza, en el sentido de las agujas del reloj y en sentido contrario, a fin de que el pequeño haga movimientos más complicados.

Prueba primero el ejercicio 18 a. Es el más fácil para el segundo mes. Los ejercicios 18 b y 18 c resultan más apropiados para el tercer mes.

Ejercicio n.º 19. Mover la cabeza cuando se le lleva en brazos en diversas posturas. Toma al niño en tus brazos y manténle ergui- La espalda y la cabeza deben estar más altas que tu antebrazo. El niño se apoya así contra tu estómago y puede mirar a su alrededor con mayor facilidad. Pasea por la casa, el jardín o un parque con el niño en esta posición. Observará lo que le rodea con interés, mantendrá la cabeza alta y verá cosas interesantes en todas las direcciones. Llevarle en esta postura le activa. Llevarle en brazos echado boca arriba, en cambio, le incitará más bien a dormir.

EJERCICIO N.º 20

Ejercicio n.º 20. Alzar la cabeza apoyándose en una pelota. Levanta al niño por las axilas, de espaldas a ti, y apóyale el pecho, no el vientre, contra una pelota ligera, de unos veinte a cincuenta centímetros de diámetro. Las piernas tocan el suelo. El bebé levantará bien alta la cabeza y mirará en torno suyo. Muévele hacia adelante y hacia atrás sobre la pelota, inclínale hacia la derecha y hacia la izquierda. Adelantará su cuerpo con los cambios de posición y mantendrá la cabeza erguida. Además, agitará enérgicamente las piernas. Este ejercicio es beneficioso para el conjunto del cuerpo. Todos los movimientos serán más vivos si colocas un juguete de colores vivos frente a él. Asegúrate de que se apoya sobre el pecho. Si tiene el vientre sobre la pelota, tal vez se sienta indispuesto o se haga pis.

Movimientos de los brazos y las manos

Objetivo: al comienzo del tercer mes, los movimientos de los brazos y las manos son todavía reflejos, pero, al final del mismo, empiezan a convertirse en deliberados, controlados voluntariamente. Hacia el final del tercer mes (o a principios del cuarto), el niño comienza a asirse una mano con la otra y a observar sus movimientos. La fuerza con que aferra se debilita gradualmente, al tiempo que aumenta la fuerza de sostén del brazo. Durante el segundo mes, debería aprender a extender los brazos cuando descansa boca abajo y a apoyarse en los codos y, en el tercer mes, a apoyarse en los brazos extendidos.

Entrenamiento para dirigir la mano hacia un objeto y asirlo deliberadamente

Muéstrale (colocándolos a su alcance) varios objetos de colores vivos, a fin de estimular lo que se llama el complejo de excitación y que se expresa por vivos movimientos de todo el cuerpo, en especial de los brazos. Esto conduce a veces accidentalmente una o las dos manos hasta el objetivo, tocándolo e incluso asiéndolo. Cuanto más se estimulan esos toques y esas presas incidentales, más pronto perderán los movimientos su caracter casual y se irán convirtiendo poco a poco en deliberados y conscientes.

Ejercicio n.º 21. Asir un objeto cuando se lo colocan en la mano. Enriquece el ejercicio descrito para el recién nacido poniendo mano del niño no sólo uno de tus dedos, sino también otros objetos apropiados, por ejemplo, el mango del sonajero, una cinta, un trozo de manguera, un trozo de plástico o de papel, etc. Coloca los objetos en la mano del bebé de modo que le sea fácil agarrarlos. Entrénalo para que agarre y suelte los objetos, no para que los sostenga durante mucho tiempo.

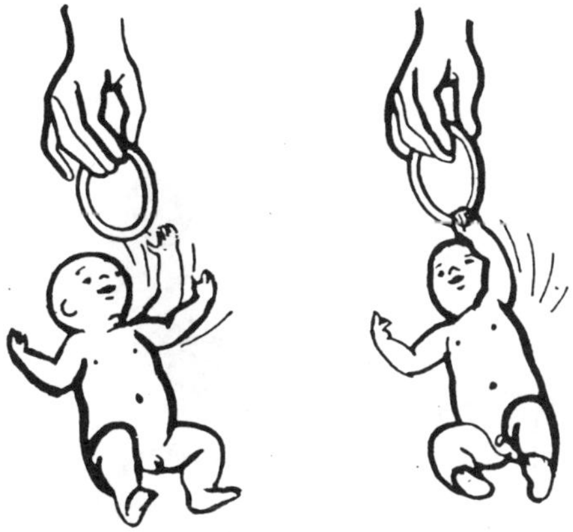

EJERCICIO N.º 22

Ejercicio n.º 22. Colocar objetos al alcance de los movimientos de la mano. En el segundo mes, cuando el niño abre los puños con frecuencia o cuando los afloja al tocar un objeto, deja de ponerle éste directamente en la mano. Sostenlo de manera que «llegue» a tocarlo en los movimientos espontáneos del brazo y a aferrarlo.

Ejercicio n.º 23. Presa activa y movimientos pasivos del brazo. Ofrece tus índices al bebé. Cuando los agarre, mueve sus brazos en varias direcciones: adelante, atrás, a ambos lados. Durante esos movimientos el niño ha de sostenerse a sí mismo.

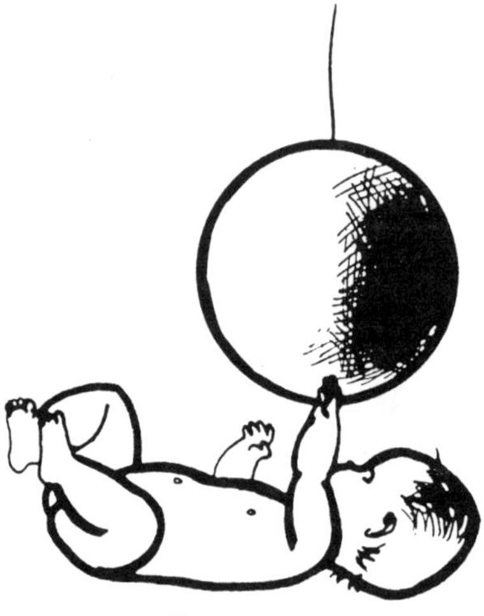

EJERCICIO N.º 24

Ejercicio n.º 24. Dirigir la mano hacia un objeto grande. Cuelga de una cuerda, de diez a quince centímetros por encima del pecho del niño, una pelota grande (de veinte a veinticinco centímetros) y de colores vivos. Durante el segundo y el tercer mes, las manos se limitarán a chocar contra ella, pero, hacia el final del tercer mes, el pequeño dirigirá lentamente hacia el objeto la mano abierta y lo tocará. Otros juguetes hinchables (por ejemplo, un animal o un neumático de los que se usan para nadar) servirán también para este propósito. La ventaja de este tipo de juguetes reside en que, al ser de buen tamaño, existen más probabilidades de toques accidentales que si son pequeños.

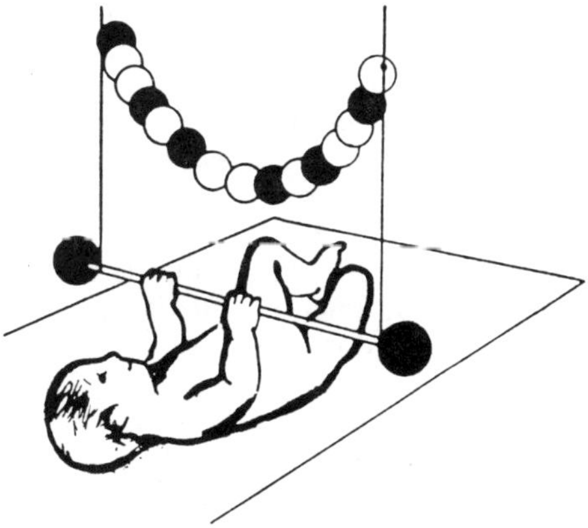

EJERCICIO N.º 25

Ejercicio n.º 25. Toques accidentales y presa en un trapecio. Suspende una varilla de metal, de alrededor de 1,25 centímetros de grosor por cuarenta centímetros de largo, de dos trozos de cuerda, dejándola a unos quince centímetros por encima del pecho del bebé, paralela a sus hombros. Recubre ambos extremos de la varilla con globos de goma, algodón o tela. Al mover los brazos, el niño tocará el trapecio y sin duda acabará por aferrarlo y sujetarlo. Pronto empezará a moverlo en diversos sentidos. Si atas a las cuerdas de las que cuelga el trapecio una tercera, en la que habrás ensartado varios objetos coloreados, el niño sacudirá mucho el trapecio, porque esto hará moverse los objetos, provocando un ruido que le atrae.

EJERCICIO N.º 26

Ejercicio n.º 26. Llevar la mano a un objeto más pequeño y asirlo. Cuelga una cuerda con pelotas, anillas, cubos, discos, recipientes pequeños, sonajeros y otros objetos similares a unos quince centímetros de altura, cruzando el pecho del niño. Al principio, al mover los brazos, los tocará por casualidad y los asirá, pero, al final del tercer mes, tenderá la mano hacia ellos de modo deliberado. La ventaja de suspender horizontalmente los objetos está en que el niño los tocará con frecuencia sin que se balanceen, como ocurre cuando se cuelgan verticalmente. Dale la oportunidad de asir objetos de varios tipos, redondos y cuadrados, duros y blandos, macizos y huecos.

Para aprovechar la presa como preparación para la suspensión, dale la oportunidad de agarrar algo capaz de soportar en parte su peso. Aunque la fuerza de la presa se debilita durante el segundo y el tercer mes, esos ejercicios tienen un propósito, puesto que la debilitación de la presa no proviene de la debilitación de los músculos, sino que éstos se fortalecerán cuanto más los utilice en este período. Insisto una vez más en que el propósito principal de mi entrenamiento no consiste en el fortalecimiento de los músculos. Lo que pretendo es desarrollar toda la personalidad del niño.

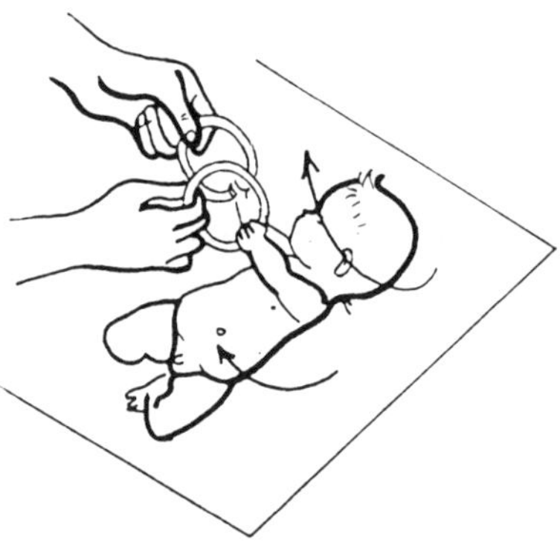

EJERCICIO N.º 27

Ejercicio n.º 27. Volverse de lado con ayuda de anillas. Coloca al niño frente a ti, echado de espaldas. Pon en cada una de sus manos una anilla (por ejemplo, el arco de un sonajero estropeado, una anilla de goma, etc.), o sírvete de tus índices. Tan pronto como cierre las manos en torno a ellos, empuja la anilla de su mano derecha para hacerle volverse hacia la izquierda y luego la de la mano izquierda para hacerle volverse hacia la derecha. Oblígale a volverse a cada lado de cinco a seis veces.

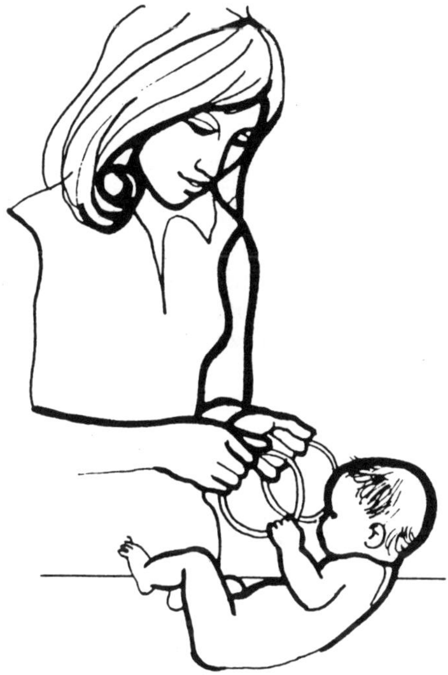

EJERCICIO N.º 28

Ejercicio n.º 28. Izarse a la posición de sentado con ayuda de anillas. Empieza como en el ejercicio 27. Sujeta las anillas con los índices y ponlas en las manos del niño. Cuando las haya asido, tira suavemente de él hasta llevarle a la posición de sentado. Sostén las anillas con una sola mano y coloca la otra detrás de su cabeza, para protegerla si la deja caer. Si se cuelga de tus dedos, te darás cuenta de cuándo se debilita su presa y podrás sujetar rápidamente sus manos con el índice y el pulgar de una de las tuyas. Este ejercicio es apropiado para los niños a finales del tercer mes. El pequeño debe ejercitar la fuerza de su presa al comienzo del ejercicio, antes de llegar a sentarse. Le facilitarás las cosas sentándote con él en el suelo y apoyándolo sobre tus muslos, que colocarás en una posición ligeramente elevada, desde la cual podrá sentarse con mayor facilidad. Cuanto más fuerte sea la presa del niño, menos tendrás que levantar las rodillas del suelo, y su posición se irá haciendo gradualmente más horizontal.

La posición básica para fortalecer el empuje de los brazos es boca abajo, como describiremos a continuación. Si le dejas a menudo sobre el vientre, estimularás en mayor grado el empuje de los brazos y los fortalecerás. Hacia el final del tercer mes, la mayoría de los niños se sostienen ya sobre los brazos, sin que el pecho se apoye en el suelo, en la postura del «caballo que pasta». Conviene entonces colocar algunos juguetes frente a él. Empezará a tratar de alcanzarlos con una mano, lo que le hará ejercitar más aún el fortalecimiento de la otra, al tener que soportar ésta todo el peso de la parte superior del cuerpo. Los empujes son más fáciles si se apoya sobre una superficie inclinada, con la cabeza hacia arriba, y resultan más difíciles con la cabeza hacia abajo.

Ejercicios corporales

Objetivo: hacia el final del tercer mes, tu hijo debe ser ya capaz de adoptar la postura del «caballo que pasta» y de volverse deliberadamente desde la posición boca arriba hacia un costado, es decir, debe haber aprendido a controlar los movimientos de la parte superior de su cuerpo.

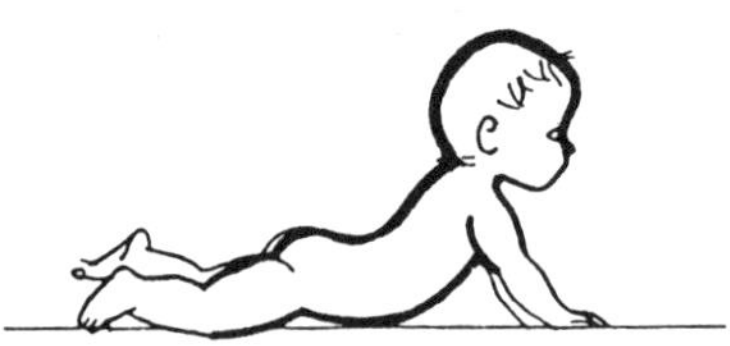

EJERCICIO N.° 29

Ejercicio n.° 29. Descansar sobre el vientre. La posición sobre el vientre es importante. Siendo al mismo tiempo una postura y un ejercicio, el niño debería acostumbrarse a ella desde los primeros días de su vida. Colocarlo frecuentemente boca abajo: a) le mantiene en estado activo, esto es, se trata de una postura activadora; b) le proporciona una preparación excelente para una postura corporal correcta (esta posición fortalece los músculos de la espalda y el cuello, que suelen ser débiles en los seres humanos; la debilidad de una persona se transparenta por regla general en la debilidad de esos músculos; un anciano enfermo, cansado y triste, hunde la cabeza y los hombros); c) constituye la fase inicial de la orientación. El pequeño ve cosas más interesantes cuando descansa sobre el vientre que cuando se apoya en la espalda. Deberías empezar tan pronto como te sea posible a situarle boca abajo y mantenerle así siempre que puedas. Incluso le convendría dormir en esta posición. De este modo, corre menos peligro de asfixiarse que boca arriba, puesto que los vómitos fluirán libremente de su boca y no penetrarán en los pulmones, como puede ocurrir cuando está acostado en esta última postura. Algunos autores afirman que debería estar siempre sobre el vientre, pero no hay que exagerar. En mi opinión, conviene tenerle así el mayor tiempo posible, sin olvidar que a los niños les gusta cambiar de posición y que hay que ayudarle a descansar también boca arriba y de costado.

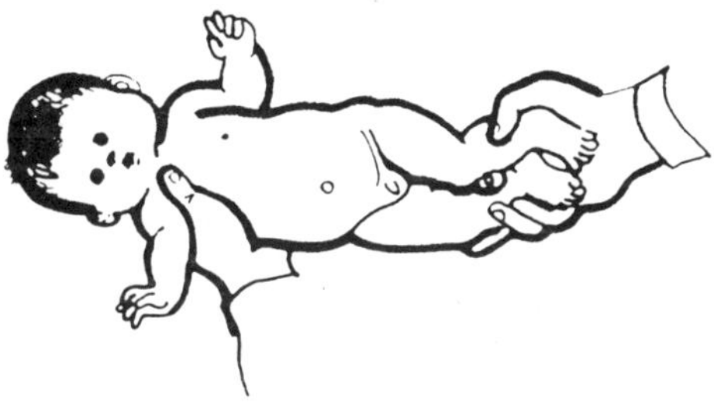

EJERCICIO N.º 30

Ejercicio n.º 30. Levantarle de costado. Pon el niño boca arriba, con las piernas hacia ti. Coloca la mano izquierda bajo sus talones y sujétale el pie derecho por el empeine con el índice y el pulgar (el índice estará entre ambos empeines). Pon la mano derecha bajo su paletilla izquierda y hazle girar 90° hacia la izquierda, hasta dejarle de costado. Debe quedar descansando sobre el costado izquierdo, apoyándose en la palma de tu mano derecha. Álzale hasta una altura de diez a veinte centímetros, sosténle en posición horizontal de dos a tres segundos y bájale de nuevo. Al levantarle, mantendrá la cabeza en posición horizontal. Cambia después el punto de sujeción. Sujétale por los pies con la mano derecha, coloca la izquierda bajo su paletilla derecha, hazle girar 90° a la derecha y álzale otra vez hasta la posición horizontal. Este ejercicio es apropiado para los niños entre los dos y los seis meses. A partir de los cuatro meses, se puede complicar colocando la mano que sostiene el pecho más hacia el costado. De este modo, el bebé tendrá que controlar una parte más extensa de su cuerpo. Repite el ejercicio hacia ambos lados de tres a cinco veces.

Ejercicio n.º 31. Alzarle desde la posición sobre el vientre. Este ejercicio es similar al anterior. La única diferencia está en que hay que colocarle boca arriba y hacerle girar hasta que descanse con el vientre y la cara hacia abajo, siempre apoyado en tu mano. Al levantarle en el aire en esta postura, arqueará la espalda y levantará más la cabeza a medida que vaya creciendo y cuanto más se le ejercite. Es un ejercicio de extensión muy eficaz, que fortalece los músculos de la espalda y del cuello. Los niños más pequeños colocan las manos frente a ellos cuando se encuentran en esta postura. Los mayores las alzan y las extienden hacia adelante. Repite el ejercicio de tres a cinco veces a cada lado, haciéndole rodar sobre el costado derecho y el izquierdo.

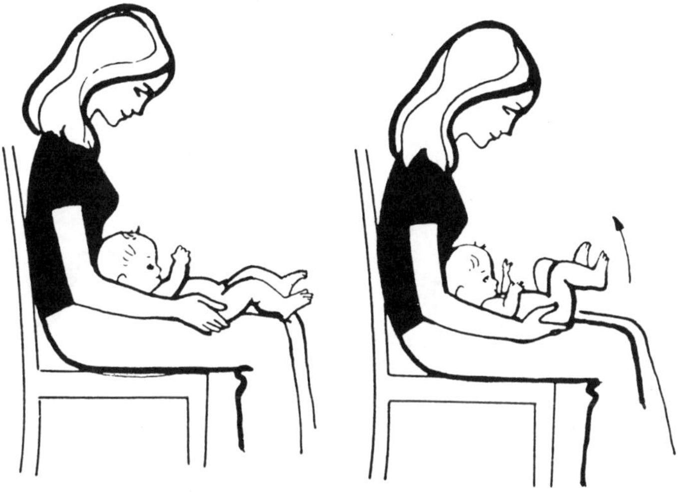

EJERCICIO N.º 32

Ejercicio n.º 32. Levantar las piernas. Forma una copa con las manos como si fueras a beber en una fuente. Sienta al niño sobre ellas, de manera que su espalda descanse sobre tus brazos y la cabeza se apoye en el hueco de tus codos. Mueve las manos para alzar con ellas las caderas y bajar las piernas del niño. Advertirás que el pequeño toma parte en el movimiento, empujando las piernas hacia el vientre. El ejercicio fortalece los músculos del vientre y hay que repetirlo de diez a quince veces. Es apropiado para el segundo y el tercer mes.

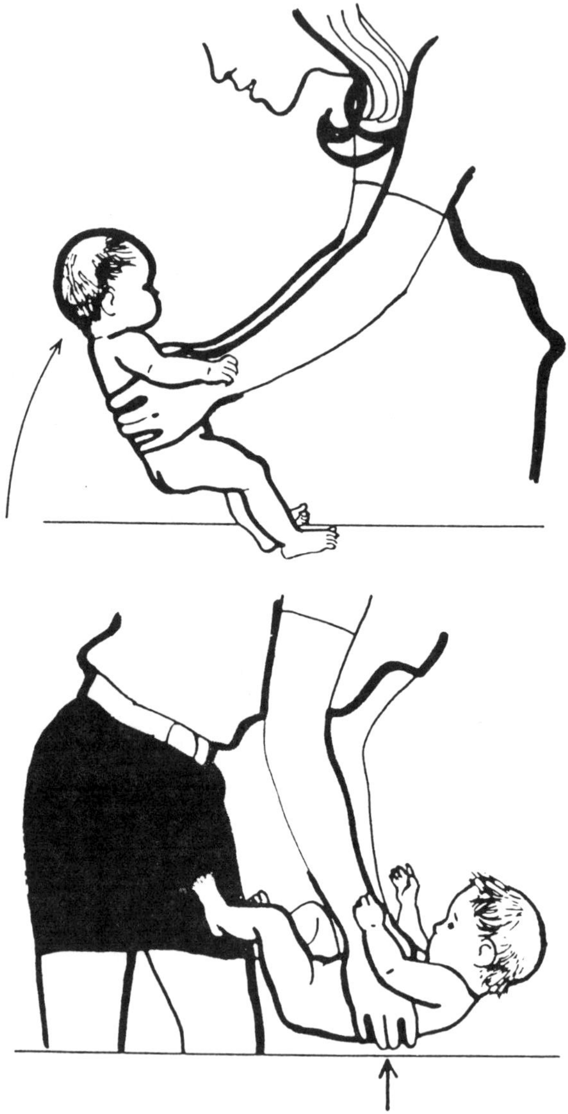

EJERCICIO N.º 33

Ejercicio n.º 33. Levantar al niño hasta la posición vertical y colocarle sobre la espalda. Ya he insistido en que levantar al niño supone un buen ejercicio para fortalecer los músculos del tronco. Al levantarle cuando descansa sobre la espalda, sujetándole por debajo de los brazos y elevándole hasta la posición vertical con la cabeza alta y hacia ti, se tensan los músculos de su estómago, pecho y cuello, como verás observando estas partes de su cuerpo desnudo. Dado que un niño de dos meses no puede ejercer la tensión muscular necesaria en esta postura, la cabeza caerá hacia atrás y las piernas colgarán flojamente. Por lo tanto, habrá que alzar al niño en esta posición de modo diferente si tiene dos, tres o cuatro meses. A los dos meses, tómalo por las axilas, levanta la parte superior de su cuerpo 45° y déjale las piernas apoyadas en el suelo. En la mayoría de los casos, tendrás que sujetar la parte superior de su cabeza con los índices. Esta posición inclinada hace más fácil para los músculos del estómago, el pecho y el cuello soportar el peso de las piernas y la cabeza que la posición horizontal. A continuación, álzale más aún, hasta que los pies se despeguen del suelo, y ponle en posición vertical. Devuélvele después a su posición original, inclinándole en el aire 45°, apoyándole las piernas en el suelo y haciéndole recorrer los 45° restantes hasta descansar sobre la espalda.

A los niños de tres a cuatro meses se les puede alzar en posición horizontal. Hay que erguirles cuando están a unos diez centímetros del suelo. Para acostarlos de nuevo boca arriba, se les inclina primero 90°, hasta llegar a la posición horizontal, y sólo entonces se les acuesta. Empieza a utilizar este modo de alzar y acostar a tu hijo cuando el pequeño sea capaz de mantener la cabeza y las piernas en posición horizontal, durante al menos un segundo, cuando le levantan sujetándole por las axilas desde la posición boca arriba. Levántale y acuéstale de tres a cuatro veces.

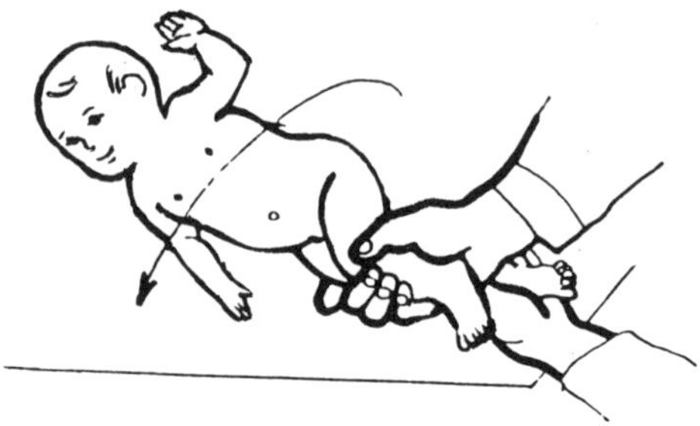

EJERCICIO N.º 34

Ejercicio n.º 34. Volver al niño de lado y sobre el vientre. Colócale boca arriba, con las piernas hacia ti. Sujétale una pierna con cada mano. Crúzale las piernas, es decir, la derecha sobre la izquierda, y empuja la izquierda hasta que el chiquillo ruede sobre el costado izquierdo y quede boca abajo. Si le cruzas las piernas deprisa, girará fácilmente, sin ningún esfuerzo. Si lo haces con más lentitud, tendrá que esforzarse y contribuir en mayor proporción. Tan pronto como sepa hacer este ejercicio, bastará con que le vuelvas de costado para que complete el giro por su cuenta. Cuando hagas girar al niño sobre el hombro izquierdo para ponerle boca arriba de nuevo, presiónale el brazo izquierdo, que se halla extendido, contra el cuerpo y empuja su mano derecha contra el hombro derecho. Ten cuidado de no lastimarle el brazo o el hombro. Hazle girar a la derecha y la izquierda de cuatro a seis veces.

Ejercicios de las piernas

Objetivo: estimular la extensión de las piernas, el empuje y el pataleo. La extensión de las piernas se debilita gradualmente, pero estos ejercicios son los precursores de los movimientos deliberados de las mismas.

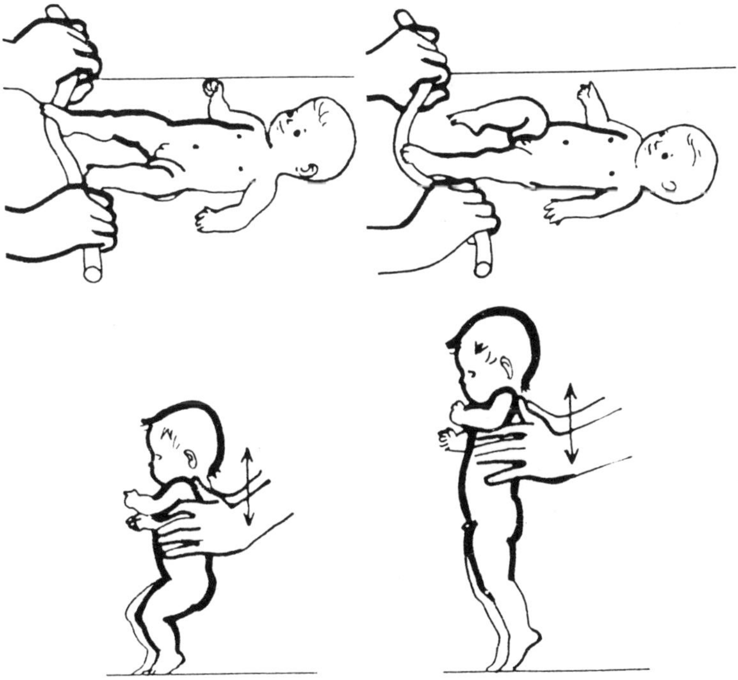

EJERCICIO N.º 35

Ejercicio n.º 35. Empujar con las piernas. Coloca las palmas de las manos, el mango de un cucharón, un trozo de manguera de goma, un libro o cualquier otro objeto similar contra los pies del niño, acostado boca arriba. Pronto empezará a extender y doblar las piernas rítmicamente. Presiónale los pies lo suficiente para que ejerza una fuerza mediana cuando rechaza tu mano. Hazlo así de veinte a treinta segundos. El ejercicio se puede realizar también sosteniéndole de pie por las axilas y permitiéndole «saltar» en esta posición. Has de sostener su peso con las manos y los pies del bebé tocarán sólo el suelo, no se apoyarán en él. El ejercicio efectuado de este modo no debe prolongarse más allá de diez a quince segundos.

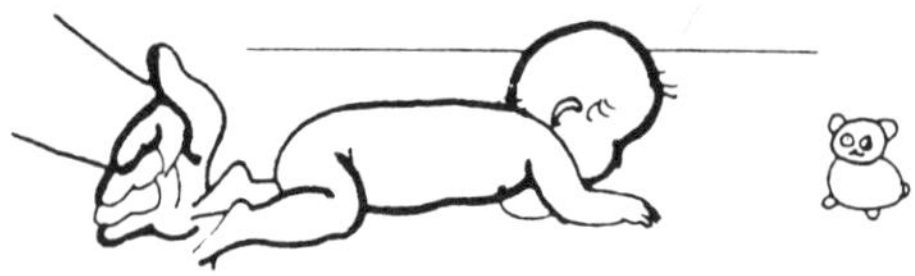

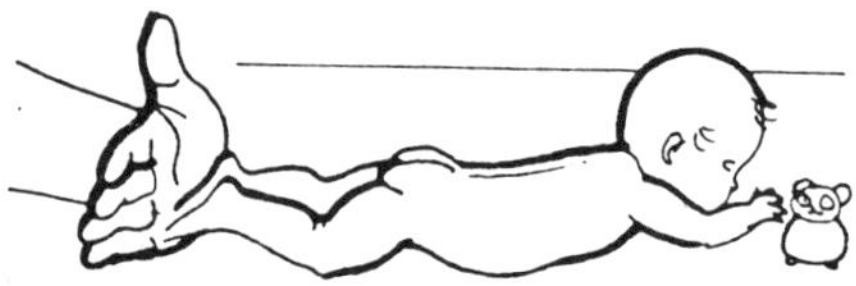

EJERCICIO N.º 36

Ejercicio n.º 36. Empujar con las piernas. Pon al niño boca arriba o boca abajo, con las piernas flexionadas, y apoya la palma de la mano contra sus pies. Cuando él empuje, no permitas que tu mano retroceda. De este modo, avanzará sobre el vientre o la espalda a partir de tu mano. Sólo podrá empujar si tiene las piernas ligeramente dobladas. Si lo están demasiado, no será capaz de impulsarse. Avanzar así boca arriba no es conveniente cuando hace poco que ha comido. El ejercicio ha de durar de treinta a cuarenta segundos.

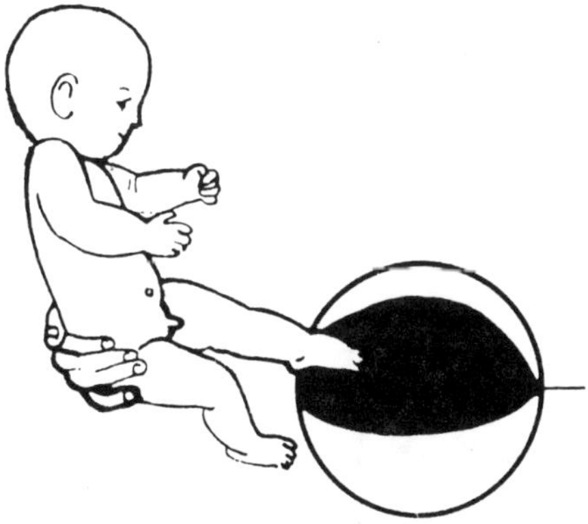

EJERCICIO N.º 37

Ejercicio n.º 37. Dar patadas a una pelota. Coloca al niño boca arriba. Pon la palma de la mano bajo sus nalgas y álzale ligeramente las caderas, de modo que levante las piernas, separando los talones del suelo. Sostén con la mano una pelota de colores vivos (diámetro: de veinte a veinticinco centímetros) o sujétala a un trozo de cuerda. Mueve el balón para que toque las piernas desnudas y alzadas del niño. Este contacto le incitará en seguida a extenderlas y doblarlas, a patalear contra la pelota. El pataleo se repetirá a intervalos regulares. El ejercicio dura de un minuto a un minuto y medio.

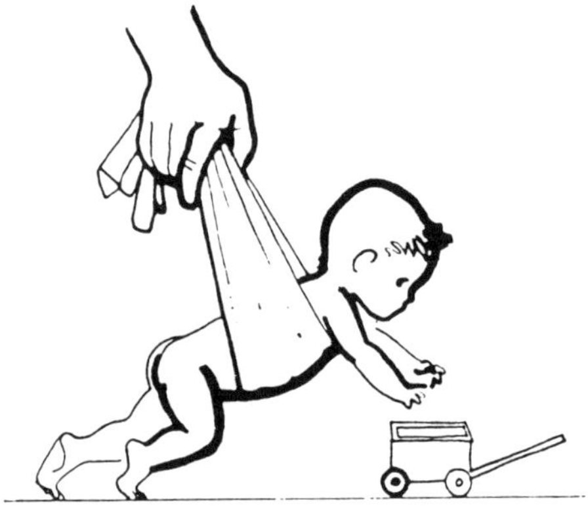

EJERCICIO N.º 38

Ejercicio n.º 38. Impulsos y empujes con el niño suspendido. Dobla una tela para formar una tira de diez a doce centímetros y medio de ancho. Rodea al pequeño con esta tira, de manera que el vientre y el pecho queden en el centro. Une ambos extremos de la tira y sostenlos con una mano, justo encima de su espalda. Ízale unos diez centímetros por encima del suelo. Adoptará entonces la postura para gatear y extenderá y agitará las piernas como si estuviese efectivamente gateando. Inténtalo durante treinta-cuarenta segundos.

Desarrollo de la percepción sensorial

La vista

Objetivo: hacia el final del tercer mes, el niño puede aprender a seguir con los ojos un objeto en movimiento y empezar a establecer la coordinación entre la vista y el movimiento de las manos.

Los ejercicios mediante los cuales el niño de dos a tres meses aprende a seguir con los ojos diversos objetos han sido ya descritos en este capítulo, en la sección dedicada a los movimientos de la cabeza. Me limitaré aquí a añadir algunas instrucciones que te serán de gran utilidad.

Atraerás mejor su atención si te sirves de objetos de colores vivos, brillantes, que se muevan lentamente, difieran en varios aspectos o aparezcan y desaparezcan rítmicamente.

El bebé se interesa más por los objetos sobre los que puede influir.

Enséñale a seguir con los ojos los objetos móviles incrementando la velocidad y la amplitud de su movimiento. Al principio, el pequeño no girará la cabeza más que 60°. Después, llegará hasta los 180°. Ve incrementando también la dificultad de los movimientos de la cabeza. Es más fácil girar la cabeza a los lados que alzarla y bajarla; y resulta más difícil todavía seguir los movimientos de un objeto que traza círculos, o curvas aún más complicadas.

Enséñale a mirar y a seguir objetos desde diversas posiciones: echado boca arriba, boca abajo o de pie. Enséñale a fijar la vista y a seguir el objeto cuando es él quien se mueve, por ejemplo, cuando le llevas en brazos. Naturalmente, mientras se está moviendo, le resulta más fácil mirar los objetos estacionarios, más difícil mantener los ojos en los que se mueven también, sobre todo cuando se mueven en dirección opuesta, por ejemplo, cuando le trasladas hacia la derecha y los objetos van hacia la izquierda.

Procura asegurarte de que el niño disfruta siempre de las oportunidades suficientes de ver cosas interesantes. Distribuye varios objetos atractivos por la habitación y ponle boca abajo, en una posición en que tenga la posibilidad de ver algo, aunque sin estar en ese momento dentro de su campo de visión. Pero recuerda que los objetos acaban por perder su interés.

No se puede desarrollar la vista aisladamente, sino en estrecha relación con los demás sentidos. Por lo tanto, procura que tu hijo no sólo vea, sino que también oiga, toque, guste, etc. Ha de terminar por comprender que el sonajero que ve emite un cierto sonido, que el biberón estimula las sensaciones gustativas, y otras combinaciones similares.

El objeto más interesante y más importante para el niño es el ser humano. Actúa sobre todos los sentidos del bebé, que debería estar en contacto frecuente con la gente.

Hemos descrito los ejercicios que forman la base para la coordinación entre la vista y los movimientos de la mano en la sección dedicada al desarrollo del movimiento en general. Son los 21, 22, 23, 24, 25 y 26.

El oído

Objetivo: hacia el tercer mes, el niño debería aprender a escuchar, a permanecer tranquilo cuando oye sonidos nuevos. Al final de los tres meses, debería haber logrado además una cierta coordinación entre el oído, la vista y los movimientos de la cabeza, haber aprendido a buscar y encontrar con la vista la fuente de los sonidos interesantes.

Contribuye a que tu hijo consiga dar los tres pasos siguientes:

1. Tiene que aprender a conectar lo que ve y lo que oye, descubrir que lo que ve es también la fuente del sonido. Este aprendizaje se lleva a cabo entre el segundo y el tercer mes.
2. Tiene que aprender que, cuando oye un sonido interesante, puede ver también el objeto que lo emite.
3. Tiene que aprender que, cuando oye un sonido interesante, el objeto que lo causa se encuentra en la misma dirección de la que procede el sonido.

He aquí cómo puedes ayudarle en los pasos dos y tres.

Ejercicio n.º 39. Volver la cabeza hacia un sonido que proviene del límite de su campo de visión. Agita un sonajero u otro juguete sonoro, manteniéndolo en el extremo del campo de visión del niño. Pronto empezará a volver los ojos, e incluso la cabeza, para mirar en esa dirección (segundo mes). En lugar del objeto, puedes también enseñarle tu cara, llamándole desde el borde de su campo de visión. Más tarde, sitúa el objeto o tu cara ligeramente fuera de su campo de visión y ve alejándolos paulatinamente. El principio más importante es que el objeto permanezca en el punto en que se originó el sonido.

EJERCICIO N.º 40

Ejercicio n.º 40. El escondite. Para enseñarle a volver la cabeza hacia la fuente de un sonido, puedes también suscitar una simple relación social. Coloca al pequeño boca arriba, llámale desde el lado derecho y trata de atraer su atención moviendo la cabeza y las manos. Al principio, el niño volverá la cabeza a un lado y al otro. Cuando te encuentre, sonríele, háblale. Al cabo de un rato, escóndete de nuevo y llámale, esta vez desde la izquierda. Al final del tercer mes, volverá la cabeza en la dirección correcta a la primera llamada.

Las sensaciones (percepción cinestésica, gusto, etc.)

La mayor parte de los juegos mencionados en los ejercicios 13-40 aportan un buen número de estímulos táctiles y cinestésicos. Durante esos ejercicios, tomas al niño por diversas partes de su cuerpo y le levantas de varias maneras. Recuerda siempre que debes sujetarle con suavidad y delicadeza a fin de no causarle sensaciones desagradables. Cuando hagas con él los ejercicios, cámbiale con frecuencia de posición. No olvides que debes moverle lentamente. Los movimientos rápidos molestan a los niños de dos meses. Después, puedes aumentar gradualmente la velocidad. Protestará si tocas su cuerpo desnudo con las manos frías o si le depositas desnudo sobre la frialdad de un plástico o de una goma. Al mismo tiempo, sin embargo, conviene que le vayas endureciendo, para lo cual le pasarás por el cuerpo una esponja empapada en agua más fría después del baño, cada vez más fría a medida que se vaya acostumbrando. Y sus sentidos del gusto y del olfato se desarrollarán con los buenos alimentos y con gran cantidad de aire puro.

El desarrollo del juego

Objetivo: durante el segundo mes, el niño fija los ojos en los objetos y, hacia el final del tercero, será capaz de asirlos, sentando así las bases para el juego de la manipulación. En el tercer mes, empezará a jugar con sus órganos vocales, mediante el gorjeo. El niño gorjea cuando está de buen humor. Esto constituye un síntoma directo de su estado de buena salud y de satisfacción, especialmente al comienzo del gorjeo. Por consiguiente, hay que tener en cuenta esta regla importante: si quieres que empiece a gorjear, procura que esté en buena forma física y de buen humor.

Gorjear constituye un signo de actividad. Los niños inactivos o que ejercen muy poca actividad de autodesarrollo gorjean raras veces.

Si quieres que tu hijo gorjee, estimúlale y actívale a partir de todo cuanto le rodea. Para que el gorjeo se desarrolle, has de recompensarlo, lo mismo que ocurre con cualquier otra actividad. Por lo tanto, para que el niño continúe gorjeando y se perfeccione en este aspecto, tiene que oírse a sí mismo, y las personas presentes han de premiarle, hablando o gorjeando a su vez.

Como ya he dicho, un niño gorjeará más si recibe la recompensa de una réplica vocal por parte de los padres, y menos cuando la réplica vocal no sigue inmediatamente a su gorjeo. Este lazo inmediato entre tu reacción y su gorjeo no sólo le inducirá a continuar, sino que establecerá un contacto social. Hacia el final del tercer mes, se consigue a veces de él una respuesta directa ya sea con un gorjeo o por cualquier otra reacción vocal. Contéstale de nuevo. De este modo, empezarás a «hablar» con él. Ya no se tratará exclusivamente entonces de jugar con los órganos vocales. Ahora jugará con otra persona. Es el comienzo del juego social.

El desarrollo de las emociones

Durante mucho tiempo se ha creído que las emociones estaban condicionadas por la herencia, que querer a los hijos era algo absolutamente natural y que el amor de los hijos por sus padres era natural también. Sin embargo, la observación y las investigaciones han demostrado que el desarrollo de las emociones depende más del medio ambiente y que éstas son tan flexibles como cualquier otro fenómeno psicológico. Las experiencias con los niños han puesto de relieve que el amor, el odio y la repulsión están sometidos a estimulación y que las actividades emocionales toman forma en los primeros días de la vida del niño.

Mi meta consiste en provocar el buen humor del bebé y en mantener ese buen humor durante todo el período de vigilia. Tu contacto con el niño debe incluir estímulos agradables. En el segundo mes, estos estímulos darán como resultado su primera sonrisa y, en el tercero, sonrisas frecuentes o risas cada vez que entre en contacto contigo o con otras personas.

Cómo estimular y conservar el buen humor del niño

En primer lugar, naturalmente, hay que tener en cuenta sus necesidades biológicas básicas. Comprueba si se encuentra en buen estado de salud, si está bien alimentado, pero no con exceso, si duerme lo suficiente y si la atmósfera es lo bastante cálida y libre de estímulos perturbadores.

Como ya he dicho, no se debe limitar su libertad de movimientos y de expresión. Los niños manifiestan su protesta llorando cuando ven sus movimientos obstaculizados por unos pañales o una ropa incómoda, cuando se les deja demasiado tiempo en la misma posición (descansando siempre boca arriba) o cuando permanecen excesivamente en el mismo lugar, en la cuna, por ejemplo. Procura eliminar esas causas innecesarias de insatisfacción y comprueba si la habitación del pequeño está lo bastante caliente para que pase desnudo el mayor tiempo posible, con todo el espacio preciso para que se mueva con entera libertad.

El niño necesita muchos estímulos para mantenerse activo. No permitas que se aburra y revele su aburrimiento fijando una mirada vacía en un solo punto o moviendo la cabeza del mismo modo, una y otra vez. El pequeño quiere ver algo, oír algo, hacer algo. Necesita cambios frecuentes.

Recompensa su buen humor proporcionándole contactos frecuentes con un adulto que sea capaz de jugar con él constructivamente.

¿Cómo crear una buena relación emocional entre el niño y las situaciones, las cosas, las personas? Mencionaré un experimento psicológico muy conocido. Se dio a un niño de un año un conejito de juguete, al que empezó a mecer y acariciar. Durante el experimento, sonaba una campanilla cada vez que el chiquillo tocaba el conejo. El ruido le sobresaltaba. Muy pronto traspasó su miedo al conejo y se echaba a llorar cada vez que lo veía. Más adelante, se le enseñó el animalito a distancia. Al mismo tiempo, se le dio un trozo de chocolate. Poco a poco, repitiendo la operación, fue posible ir acercando el conejo, hasta el punto de que dejó de asustarle. Al cabo de un cierto tiempo de recompensarle así de manera sistemática, empezó a acariciar de nuevo el juguete.

Te aconsejo vivamente que no repitas este experimento con tu hijo. Supone un sistema demasiado drástico de establecer relaciones. Lo he mencionado tan sólo para demostrar cómo se puede crear y alterar la actitud emocional infantil con respecto a los objetos.

Es importante que el niño conserve sentimientos positivos en lo que se refiere a los cuidados básicos que se le prodigan, como los actos de alimentarle, cambiarle los pañales, bañarle o acostarle. Hay muchos padres que perturban a sus hijos porque acompañan estos actos con estímulos desagradables. El error más corriente consiste en perturbar sus relaciones con los alimentos dándole la comida demasiado caliente o con una tetina que tiene el agujero demasiado grande y le hace atragantarse, o forzándole a comer demasiado deprisa, sin permitirle tragar con la rapidez suficiente, o metiéndole en la boca trozos demasiado grandes, sosteniéndole con excesiva fuerza mientras come, dándole de comer con nerviosismo o cambiándole la dieta a menudo.

La perturbación de las relaciones del niño con el alimento puede llegar hasta el punto de que se eche a llorar tan pronto como ve los preparativos de la comida. Se creará la misma resistencia frente al baño utilizando el agua demasiado caliente o demasiado fría, permitiendo que le entre jabón en los ojos o secándole con rudeza.

Si quieres que tu hijo acepte unos procedimientos, situaciones, personas u objetos determinados y que adopte una actitud emocional positiva, será prudente que los combines con estímulos placenteros. Los buenos cuidados y el amor del padre y de la madre establecen, claro está, una relación emocional positiva entre el bebé y las demás personas. Hacia la sexta semana, tu hijo empezará a reaccionar a tu presencia con una sonrisa y con expresiones crecientes de apego, afinidad y alegría. Las actitudes emocionales positivas frente a las situaciones se crean, por ejemplo, dejando al niño desnudo mientras se le cambian los pañales, o jugando o haciendo algunos ejercicios con él en esos momentos. Pronto comenzará a sonreír cuando advierta que están a punto de mudarle.

En el segundo mes, algunos niños se comportan como si supieran que les basta con llorar durante los momentos de vigilia para que su madre les acune. En realidad, se trata de un simple reflejo condicionado, que se origina cuando la madre acuna al bebé cada vez que llora, con lo cual recompensa el llanto, con el resultado de que el chiquillo llorará cada vez más. Aprende a distinguir cuándo llora por una causa específica y cuándo lo hace porque quiere simplemente que le acunen. Dejará pronto de llorar por este motivo si no reaccionas en esos casos a su llanto.

Cómo cultivar los hábitos

Objetivo: en el segundo y el tercer mes empieza a fomentar en tu hijo el hábito de mantenerse activo durante los períodos de vigilia, de dormir tranquilo y de alimentarse de la manera más regular posible. Hacia el final del primer mes, debe aprender a dormir de nueve a diez horas seguidas durante la noche y cuatro veces durante el día, en intervalos de hora y media a dos horas. Entre ellos, ha de permanecer despierto cinco veces, de una hora a hora y media. Hay que darle de comer cinco veces diarias, cada tres horas, y, durante la noche, dos veces durante el segundo mes y una sola en el tercero. No olvides, sin embargo, que cada niño tiene sus necesidades individuales en cuanto al sueño, la vigilia y la alimentación. Las normas que doy en este libro están destinadas al niño «medio». La mayoría requieren adaptaciones, de acuerdo con sus necesidades particulares.

Quiero subrayar de nuevo la conveniencia de aceptar un sistema de *compromiso*, un ritmo regular de alternancia del sueño, la vigilia y la alimentación, en lugar de fijar un horario rígido, como se hacía con los métodos antiguos, que insistían en que se siguiese ese horario al minuto, ignorando y perturbando las necesidades propias de cada niño. El sistema de las autodemandas, el más moderno, propone que el niño determine por sí mismo cuándo quiere comer, cuándo quiere dormir o estar despierto, lo que le permitirá vivir a su ritmo individual. Ahora bien, incluso quienes proponen esta teoría reconocen que muy pocas madres son capaces de determinar el ritmo personal de sus hijos y que, aplicado por otras menos disciplinadas, el sistema se convierte con frecuencia en un horario anárquico de sueño, vigilia y alimentación.

El sistema de compromiso se basa en el establecimiento de un horario de acuerdo con las normas que hemos expuesto, con ligeras adaptaciones a las necesidades individuales del niño y reservando la posibilidad de modificaciones ocasionales conformes a dichas necesidades. Por ejemplo, si un día se despierta más temprano o parece más cansado de lo usual, hay que acostarle antes de lo que aconseja el horario.

La vigilia y el sueño están también influidos por factores externos. Son los siguientes:

El niño aprenderá a dormir más profundamente si aprende a ser activo mientras está despierto. Si le mantienes ocupado de la manera apropiada en los períodos de vigilia, se sentirá agradablemente cansado cuando le acuestes, se dormirá en seguida y dormirá bien.

No se te ocurra pensar, sin embargo, que cuanto más activo sea cuando está despierto, más profundo será su sueño. Las actividades demasiado intensas inmediatamente antes de acostarle aumentarán el proceso de excitación, que hace más difícil la inhibición propia del sueño. El niño tropezará entonces con dificultades para dormirse, dormirá nerviosamente y, por regla general, se despertará antes. Hay que excitarle, «sacarle de sus casillas», alrededor del segundo cuarto de período de vigilia. Después, las actividades deben hacerse paulatinamente más tranquilas.

Y no pienses que tu hijo dormirá mejor cuanto más tiempo permanezca despierto. Los períodos largos de vigilia estimulan también el proceso de excitación y retardan el efecto de inhibición del sueño. Si el período de vigilia es demasiado largo, dormirá mal, nerviosamente, y se despertará con anticipación. Se precisa ser un buen observador para decidir cuándo hay que acostarle. Los períodos de vigilia se van prolongando poco a poco en función del desarrollo del pequeño. Por lo tanto, sería una mala idea alargarlos de acuerdo con tu propia conveniencia.

El niño no debe permanecer mientras está despierto en el mismo lugar en el que duerme. Reserva la cuna únicamente para dormir. A partir del tercer mes, ha de pasar todos sus períodos de vigilia fuera de la cuna, en una cama, en su corralito, etc.

Siempre que te sea posible, acuesta a tu hijo en el mismo lugar (en el dormitorio por la noche, en el lugar más ventilado de la casa durante el día). Y siempre, también en la medida de lo posible, en las mismas condiciones. La regularidad facilita la emergencia de la inhibición propia del sueño.

No hay que perturbar de modo inconsiderado al niño mientras duerme. Sin embargo, no conviene acostumbrarle a dormir en un silencio absoluto y en la oscuridad total. Tampoco es aconsejable habituarle a dormirse en condiciones especiales, acunándole, meciéndole en brazos, cantándole o bien proporcionarle la presencia de una persona en particular.

Ahora bien, siempre que sea posible, hay que habituarle a dormir con aire fresco, limpio. Es el mejor camino para inducir el sueño. A partir del segundo mes, conviene hacerle dormir al aire libre durante el día, incluso en invierno, en un parque, en un patio o, por lo menos, frente a una ventana abierta. Habrá quien se muestre en desacuerdo conmigo, pero mi consejo se basa en la experiencia.

En el primer año de la vida del niño, los períodos de vigilia, sueño y alimentación alternan regularmente durante el día. Algunos especialistas afirman que conviene darle de comer cuando despierta. Con ello, dicen, estará bien descansado y alimentado, es decir, llenará todos los requisitos para una vigilia activa y un buen sueño posterior. Una segunda escuela piensa que la alimentación va seguida por un período de depresión, por lo cual es mejor acostar al niño después de comer. Nuestra investigación ha demostrado que a la mayoría de los niños se les aplica esta segunda regla. Por lo tanto, recomiendo lo que hacen la mayoría de las madres, dar de comer a sus hijos y acostarles después, es decir, alimentarles al final del período de vigilia.

Enseres y juguetes durante el segundo y tercer mes

Durante los primeros dos meses de su vida, el mejor lugar para tener al niño, tanto de día como de noche, es un moisés. No ocupa demasiado espacio y lo puedes llevar contigo a la cocina, dejarlo de noche junto a tu cama o tenerlo en el lugar en que te encuentres.

Ya en el tercer mes, y sobre todo en el cuarto, el moisés resulta demasiado pequeño, e incluso peligroso si se trata de un niño muy vivaz. Se necesita entonces una cuna normal.

Toma una pieza de gomaespuma de 2,5 a 5 cm de grosor y de la anchura suficiente. Colócala sobre la mesa y cúbrela con un pañal o con una sabanilla. La gomaespuma es suave y cálida, y no sólo te servirá para mudar al niño sobre ella, sino también para jugar con él y ejercitarle. También puedes poner la gomaespuma sobre una cama, con lo cual dispondrá de más espacio.

Una pelota de plástico de colores vivos, de 20 a 25 cm de diámetro, te será práctica al mismo tiempo para los ejercicios y para el juego.

Prepara un marco de madera con tres listones y colócalo sobre el niño, de forma que los listones verticales queden a derecha e izquierda de sus hombros, y el listón horizontal paralelo a los mismos, a una altura de unos setenta y cinco centímetros. En los

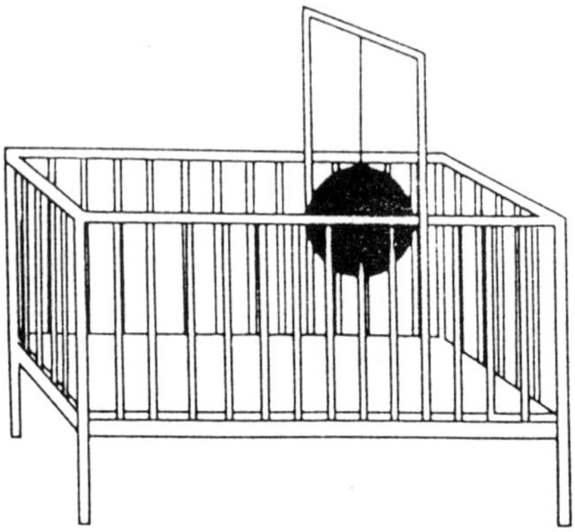

primeros dos meses, sujétalo a su cesto. Del tercero al cuarto, colócalo donde el niño pueda jugar fuera de la cuna, sobre tu cama, por ejemplo. La clase de juguetes que cuelgues de ese marco depende de los objetos que tengas en casa y de tu propia inventiva. Después de los seis meses retira el dispositivo. Para entonces, ya sabrá jugar con los juguetes que le dejen en el suelo. Fíjate bien en que los objetos que cuelgues sobre el niño no representen ningún riesgo. El niño que sabe ya darse la vuelta puede verse peligrosamente enredado en ellos.

Cuelga del marco un trapecio que tenga una barra de treinta a cuarenta centímetros de largo. El trapecio debe estar a unos quince centímetros sobre el pecho del niño. Recubre ambos extremos de la barra con globos de goma o con algodón en rama, cubierto a su vez con plástico. Ata un trozo de cuerda con varios juguetes y sonajeros a las cuerdas que sostienen el trapecio, de modo que queden a unos quince centímetros de los ojos del bebé. Esto le estimulará a intentar movimientos más vivaces.

Los juguetes destinados a ejercitar su sentido de la observación han de ser de colores vivos, brillantes, razonablemente grandes y de formas variadas. Cuélgalos de cuarenta a setenta y cinco centímetros sobre el niño o sostenlos en la mano, agitándolos para llamar su atención. Prueba con una manzana de color rojo intenso, con adornos de Navidad, ovillos de lana, pelotas, banderines o flores. No le presentes el mismo objeto durante mucho tiempo. Cuanto más varíes, mayor será su interés.

Los juguetes para estimular el tacto y la presa serán similares a los anteriores, pero más pequeños, a fin de que le resulte fácil asirlos y sobre todo que no representen para él ningún peligro. Para los niños de dos a tres meses, han de estar atados a una cuerda extendida horizontalmente, a unos quince centímetros sobre su pecho. Entre ellos, se incluirán cubos de colores, pelotas, cilindros, anillas, botones, cintas o trozos de manguera de goma.

7

Ejercicios para los niños de cuatro a seis meses

Durante el segundo trimestre de su vida, el niño realiza un gran progreso en el desarrollo de sus movimientos. Si le ejercitas con regularidad y estás pendiente de sus necesidades, te darás cuenta sin duda de que tu hijo empieza a diferenciarse de los niños a los que se prestan menos cuidados y menos atención. Se mostrará más maduro en su comportamiento.

En el cuarto mes, el niño disfruta ya de un buen control sobre los movimientos de la cabeza. Cuando yace boca arriba, no sólo la levanta, sino que la echa hacia atrás y mira hacia arriba y la vuelve a todos los lados, en todas las posiciones. Puede dominar incluso movimientos de cabeza más complicados, es decir, echado boca arriba, levanta la cabeza, apoya la barbilla contra el pecho y se mira los pies.

Consigue asimismo un gran progreso en lo que se refiere al movimiento de los brazos y las manos. La capacidad de presa y la manipulación tienen mucha importancia para el desarrollo del juego y del pensamiento. Las describiré, pues, en conexión con el desenvolvimiento de esas funciones. Ahora me ocuparé sólo del movimiento general de brazos y manos y del desarrollo de la fuerza de presa y de la fuerza de empuje del brazo.

Como ya he dicho, la fuerza de presa se debilita poco a poco durante el tercer mes. Pero aumenta de nuevo en el cuarto hasta el punto de que tu hijo será capaz de asirse a tus dedos tendidos e izarse hasta quedar sentado. Al principio, lo hará con los brazos extendidos, pero luego empezará a flexionarlos y a impulsar la cabeza hacia adelante. En el quinto mes, flexionará los brazos lo bastante para conseguir casi sentarse sin ayuda. En el sexto mes, se incorporará no sólo hasta sentarse, sino incluso hasta ponerse de pie. A los seis meses, los niños entrenados se sujetan con tal fuerza que son capaces de sostenerse colgados por un momento o permanecer de pie en una escala.

Cuando los niños de tres meses descansan sobre el vientre, se apoyan en los brazos extendidos, al principio abiertos y luego verticales (como el «caballo que pasta»). En el cuarto mes, cuando aprende a tender la mano hacia los objetos, lo intenta también cuando se encuentra boca abajo. Apoya el peso de la cabeza y del pecho sobre un brazo y agarra y manipula el objeto con la otra mano. Así fortalece los músculos del cuello y de la espalda, de modo que, hacia el quinto mes, descansará sobre el vientre y asirá el objeto con ambas manos. Los músculos dorsales sostendrán entonces su pecho y su cabeza. Hacia el final del sexto mes, algunos niños aprenden ya a gatear. El trabajo principal lo efectúan entonces los brazos. También hacia esta época, empezará a recoger las rodillas bajo el vientre, hasta lograr una posición de las mismas en que los brazos han de aplicar una gran cantidad de energía.

Los músculos del tronco empiezan a fortalecerse en el segundo trimestre de la vida del niño, permitiéndole realizar movimientos más complejos. Hay que conceder la prioridad al desarrollo de los músculos dorsales y cervicales, ya que tienen una gran importancia para la adopción de una buena postura. En el quinto mes, el chiquillo suele ser capaz de descansar sobre el vientre, extender los brazos y las piernas, levantar bien alta la cabeza y arquear la espalda, es decir, de jugar al «avión». Se trata de un ejercicio excelente para fortalecer los músculos de la espalda y del cuello, no sólo en los niños, sino también en los adultos.

Los músculos del estómago y el pecho ganan gradualmente en fuerza, hasta el punto de que, en el cuarto o el quinto mes, el niño puede colgarse de tus dedos, levantar la cabeza y las piernas y casi sentarse. No permitas que tu hijo permanezca mucho tiempo sentado a esta edad. Aunque sea capaz de jugar al avión, sus músculos dorsales no son todavía lo bastante fuertes, ni su columna vertebral está lo bastante desarrollada para permitirle estar sentado.

En el tercer y cuarto mes, el niño puede girar desde la posición boca arriba hacia ambos lados, hasta darse la vuelta por completo y quedar sobre el vientre y, en el quinto o sexto mes, se pondrá de espaldas sin ayuda.

En cambio, tardará en controlar el movimiento de las piernas. Hay dos tipos de movimientos de las piernas, los generales y los delicados. En el cuarto mes, probablemente dará patadas a una pelota colgada sobre él (movimiento general). En el quinto mes, empezará a tocarla suavemente con los pies, a palparla y a sujetarla con ellos (movimientos delicados). Durante este período, los pequeños suelen jugar con una pelota grande suspendida sobre ellos, sosteniéndola con las manos por algún tiempo, después con ambas piernas, luego con una mano y una pierna, etc. El fortalecimiento de los músculos del estómago y de los muslos capacitará gradualmente al bebé de cuatro meses para alzar las piernas y tocarse las rodillas con las manos y, en el quinto mes, a sujetarse un pie con las manos y llevárselo a la boca. Un niño de cinco meses que descanse boca abajo puede colocar una pierna bajo su vientre o, por lo menos, doblarla bastante. A los seis meses, logrará doblar ambas rodillas, por regla general inclinando la cabeza hacia abajo y levantando las nalgas. Si se tienden los dedos a un niño de cinco a seis meses, suele ser capaz de izarse hasta quedar sentado, incluso hasta ponerse de pie, apoyándose en las piernas. Si se apoya el pecho de un niño de cuatro a seis meses sobre una pelota, se impulsará con gran fuerza con las piernas y casi llegará a saltar hacia adelante.

Al cuarto mes, puedes poner ya a tu hijo en un columpio elástico, siempre, claro está, que tenga las articulaciones de la cadera normales. Después de algunos intentos (alrededor de una semana), aprenderá a saltar sin problemas. Se ha de poner el asiento de tal forma que no se apoye en las piernas, sino que toque sólo ligeramente el suelo con los pies, lo bastante para dar un pequeño «salto». (En realidad, no aprende a saltar en el columpio. Sólo lo hará poco a poco en el segundo año de su vida.)

A esta edad, el movimiento constituye una de las necesidades biológicas y psicológicas básicas del niño. Si le das la oportunidad de ejecutar movimientos vívidos, cooperará en forma muy activa y expresará su goce de manera muy obvia, vocalmente, de manera que, cuando aprenda a utilizar el columpio elástico, sin duda lo reclamará con alegría.

El desarrollo de la percepción sensorial le permite orientarse mejor en su ambiente, lo cual se facilita gracias a una coordinación más precisa entre sus sentidos. Como ya he mencionado, puedes enseñar a tu hijo a volver los ojos hacia la fuente de un sonido en su tercer y cuarto mes.

En el cuarto y el quinto mes, los niños aprenden a alcanzar con precisión los objetos y a manipularlos. Esto desarrolla la coordinación de la vista, el tacto y el movimiento y forma la base de la percepción de la profundidad, de las propiedades físicas de los objetos y muchas otras de sus características, como la forma, el tamaño, la superficie o el peso.

En cl scgundo trimcstrc, cl niño cmpczará a distinguir las caras y sus expresiones. Reconocerá a su madre entre las demás mujeres y adoptará una expresión diferente cuando ella le sonría o frunza el ceño. Por su conducta en el sexto mes, sabrás que tu hijo ha aprendido a establecer la diferencia entre los sonidos sutiles, ya que será capaz de identificar tu voz y pondrá una expresión diferente según le hables con cariño o enfadada.

El número de actividades de autodesarrollo aumenta en el segundo trimestre, y el niño comienza a jugar más y de manera más variada.

En el tercer mes, mueve las manos espontáneamente y, si se ase una con la otra, lo hace por casualidad, lo mismo que si agarra otro objeto cualquiera. Al comienzo del cuarto, el asirse las manos deja de ser accidental y se hace más deliberado. El niño empieza a jugar con sus manos durante largos períodos. Se coge las manos, se toca los dedos individualmente, los entrelaza, por ejemplo. Hacia el final del cuarto mes, se inspeccionará las manos, abriéndolas y cerrándolas ante sus ojos y agarrándoselas. Esto le enseña a controlar el movimiento de las manos con la vista, lo que desarrolla su coordinación visual y motora. Descubre sus manos y aprende a diferenciarlas de los demás objetos.

Empieza también a descubrirse poco a poco a sí mismo. Un mes más tarde, toma conocimiento de sus miembros inferiores. Como ya hemos dicho, empieza por tocarse las rodillas. Después levanta las piernas, sujetándoselas con las manos, las palpa y se mete el pie en la boca, ya que, en esta época, la boca es un órgano tan importante de cognición como la vista o el oído.

Poco después de haber descubierto sus manos y sus piernas, comenzará a tocar cuidadosamente los objetos con las manos y los pies, siempre que tenga éstos desnudos con frecuencia. Primero los tocará con los dedos, luego con las palmas o los pies. Cada disminución de la velocidad del movimiento a esta edad es una señal de que el niño lo va controlando.

Veamos cómo se comporta un bebé de cuatro a cinco meses cuando se cuelga un juguete sobre él. Por el modo en que su mano se acerca al objeto, puedes juzgar no sólo hasta qué punto ha aprendido a controlar sus movimientos, sino también cómo empieza a comprender el objeto, su forma, su posición, su distancia. En las primeras fases de aproximación, dirigirá la mano hacia el objeto ligeramente cerrada y sólo la abrirá cuando lo toque. En la fase siguiente, tenderá la mano completamente abierta. Sólo más tarde la abertura de los dedos se subordinará a la forma del objeto.

Después del sexto mes, volverá la mano para adaptarla a la posición y a la forma del objeto. La tenderá en distinta posición, por ejemplo, cuando trate de alcanzar una varilla vertical o una varilla horizontal. Por el modo en que el bebé procura alcanzar un objeto, se puede decir el grado en que ha reconocido la forma, el tamaño y la posición del mismo y de qué modo esas sensaciones afectan a la posición de la mano que tiende. Los movimientos adaptativos anticipatorios indican no sólo el desarrollo de los conceptos de espacio y forma, sino también el de la inteligencia en general.

Incluso en un niño pequeño, se puede calibrar su inteligencia por el modo en que toma los objetos en sus manos.

Al principio, el bebé sostiene el objeto con una sola mano y lo inspecciona. Mueve esa mano, altera la posición del objeto y su distancia y observa los cambios. Al cabo de un rato, se le cae el objeto, ya que, a esta edad, todavía es incapaz de controlar la relajación de la presa. En el quinto y el sexto mes, empieza a sujetar los objetos con ambas manos a la vez. Pasado un momento, una de las manos lo suelta, lo ase otra vez, etc. Este soltar accidental y asir deliberado se convertirán pronto en un traspaso intencionado del objeto de una mano a otra, lo que supone un paso importante en el desarrollo de la manipulación.

El traspaso intencionado de una mano a otra se inicia en el sexto mes. En este estadio, sin embargo, significa sólo el comienzo de la relajación deliberada de la presa. Hay que entrenar constantemente al niño en esta relajación, ya que, incluso a los doce meses, existen pequeños que son incapaces, por ejemplo, de meter un cubo en un recipiente. Sostendrán el cubo sobre él, pero no abrirán la mano.

La transferencia de un objeto de una mano a otra proporciona también al bebé un mejor conocimiento del objeto, ya que, durante el traspaso, hará girar el objeto en distintas posiciones, lo asirá de diversas maneras e incluso modificará a veces su forma.

La capacidad de manipular permite al niño todo tipo de experiencias. Aunque también las adquiere en contacto con la gente, mientras come, le bañan y en otras ocasiones, la experiencia ganada con la manipulación es especialmente valiosa, porque el chiquillo la logra mediante sus propias actividades, por experimentación. Controla por sí mismo la adquisición de la experiencia.

Supongamos que tu hijo ve cómo le preparas el alimento y que se lo das un poco después. Si repites varias veces la operación delante de él, considerará la preparación de su alimento como señal de que ha llegado la hora de comer. Pero durante esta experiencia, el niño ha permanecido pasivo. No ejerce ninguna influencia sobre la preparación del alimento ni sobre la alimentación en sí.

Un juego en el que entre la manipulación es una cuestión muy distinta. Supongamos que tu hijo presiona accidentalmente un muñeco de goma sonoro y que el juguete hace ruido. Después de algunas presiones accidentales más, establecerá la conexión entre la presión y el sonido y pronto empezará a apretar el juguete a propósito. Creará deliberadamente la causa (presión) para obtener el resultado (sonido). Cuando advierte la conexión entre la causa y el efecto, su actividad deja de ser manipulación mecánica. Irá acompañada por el despertar del pensamiento.

O sea, los juegos de manipulación y otras actividades de autodesarrollo son una escuela del pensamiento. Y dado que esas actividades consisten en su mayoría en movimentos, yo creo que el pensamiento empieza con la moción.

Tu hijo manifiesta su estado físico y psicológico expresando sus sensaciones. En los primeros tres meses, si permanece tranquilo mientras está despierto, se puede deducir que está bien cuidado. Más tarde, la señal de que está bien cuidado será su buen humor y su actividad. En el segundo trimestre, un niño en buena salud, feliz, sonreirá con frecuencia, reirá alegremente y en alto cuando entre en contacto con las personas a las que conoce bien. Gritará o murmurará y, por regla general, se ocupará con algo u observará algo con interés. Si está bien cuidado, llorará muy pocas veces en el segundo trimestre. Durante este período, el bebé empieza a establecer un contacto muy estrecho con su entorno social, sobre todo con sus padres. Distinguirá a sus parientes cercanos de los extraños. Recibirá a los primeros con alegría y observará gravemente a un visitante desconocido. Hacia el sexto mes, su relación con las personas más íntimas se hace tan fuerte que una interrupción súbita de la misma puede provocar perturbaciones graves en su equilibrio físico y mental. Tal es el motivo de que soporte mejor entrar en una guardería a los tres meses que a los seis.

Los contactos sociales de los niños de cuatro meses son todavía pasivos. Los contactos activos comienzan a establecerse en el sexto mes. El niño procura atraer la atención hacia sí mismo emitiendo un sonido o tocando a su madre y esperando a ver cómo reacciona ella a sus avances.

Empieza a comprender también algunos gestos y expresiones mímicas de las personas que le rodean. Hacia el final del sexto mes, algunos niños reaccionan ya específicamente a ciertas palabras. Por ejemplo, cuando su madre nombra determinados objetos, miran hacia ellos, lo que significa que la comprensión entre ambos se hace más fácil cuando sólo un pequeño número de personas se ocupan de él. Si hay demasiadas personas a su alrededor o cambian con excesiva frecuencia, se siente confuso ante tantas expresiones individuales y se le hace más difícil establecer relaciones emocionales profundas.

En el segundo trimestre, se refuerzan muchos hábitos. Por regla general, el niño dormirá toda la noche de un tirón y no reclamará ningún alimento durante ella. Puede ya adquirir el hábito de alternar los períodos de sueño y de vigilia durante el día a intervalos regulares y comer también a intervalos regulares. Los niños de esta edad suelen dormir alrededor de diez horas durante la noche y tres veces durante el día, unas dos horas en cada ocasión. Comen cinco veces diarias, cada cuatro horas. Adquieren cierta regularidad en los movimentos del intestino y la vejiga, cosa que algunas madres aprovechan para la educación de la higiene. Pero también pueden haberse creado algunos malos hábitos, por ejemplo, despertarse a menudo de noche, chuparse el dedo, armar jaleo por motivos sin importancia, comer lentamente, dormirse sólo en condiciones especiales, etcétera.

Movimientos de la cabeza

Objetivo: el niño tiene que aprender a mover la cabeza en todas las direcciones y en todas las posiciones, sobre todo inclinarla hacia atrás cuando descansa boca abajo y llevar la barbilla hacia el pecho cuando está boca arriba.

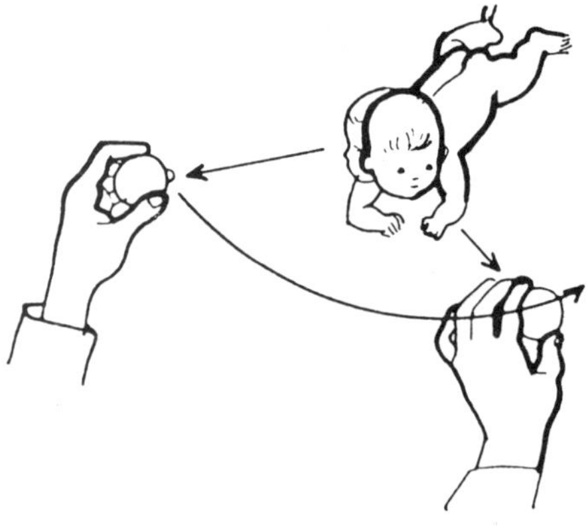

EJERCICIO N.º 41

Ejercicio n.º 41. Mirar objetos que se mueven en el aire, echado boca abajo. Coloca al niño boca abajo sobre una mesa, de manera que su cabeza sobrepase ligeramente el borde de la misma. Enséñale algún objeto de colores vivos. Muévelo desde el suelo (para que incline la cabeza hacia abajo) hasta ponerlo por encima de él, a fin de que eche la cabeza hacia atrás para seguirlo. Puedes complicar el ejercicio moviendo también el objeto a la derecha y a la izquierda, de modo que mueva la cabeza al mismo tiempo.

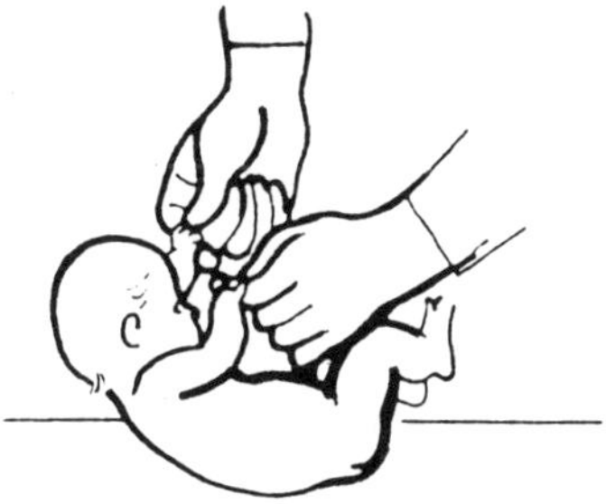

EJERCICIO N.º 42

Ejercicio n.º 42. Levantar la cabeza cuando está echado boca arriba. Acuesta al niño de espaldas, tiéndele los índices y, cuando los agarre, tira de él ligeramente. Esto le obligará a levantar la cabeza, llevar la barbilla hacia el pecho y, al mismo tiempo, flexionar los brazos y extender las piernas. Puedes mostrarle también alguno de sus objetos favoritos y moverlo hacia sus pies. Levantará también la cabeza y llevará la barbilla al pecho.

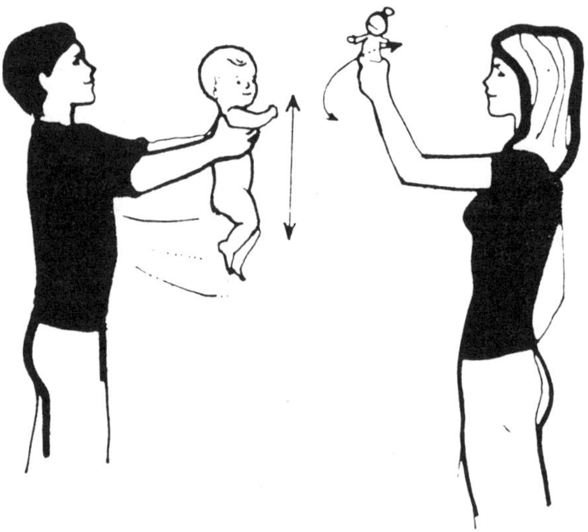

EJERCICIO N.º 43

Ejercicio n.º 43. Observar un objeto móvil moviendo el cuerpo. Este ejercicio se combina con el de cabeza mencionado anteriormente. Por ejemplo, el padre puede hacer algunos de los ejercicios corporales que ya hemos expuesto, mientras que la madre le muestra algún juguete interesante en movimiento. Al mirar el objeto, el niño moverá la cabeza y compensará con ella el movimiento del juguete y el de su cuerpo.

Movimientos de los brazos: desarrollo de la fuerza de presa y de empuje

Objetivo: hacia el sexto mes, la fuerza de agarre del niño será sin duda lo bastante grande para sostenerle cuando se tira de él hasta ponerle de pie. Un niño que se ejercita regularmente será capaz de mantenerlo durante por lo menos un segundo cuando se cuelga de una anilla y se apoya en las piernas. Su fuerza de empuje ha de ser la adecuada para permitirle arrastrarse con ayuda de los brazos por los menos unos sesenta centímetros y sostenerse sobre las rodillas (a cuatro patas).

Ejercicio n.º 44. Asirse a un trapecio mientras está echado boca arriba. Ya hemos descrito el trapecio al exponer los ejercicios para los niños de dos a tres meses. A los seis, se utilizará para ejercicios más complicados. En el segundo trimestre, el niño se agarrará a él con confianza creciente y empezará a impulsarse a sí mismo hacia arriba. Al empujar, levantará las piernas vigorosamente. También empezará a volverse de costado y a ponerse boca abajo con ayuda del trapecio. Si colocas a tu hijo de manera que el trapecio quede longitudinal a él, lo sujetará con las manos y los pies y, a veces, se alzará en el aire. Si descansa sobre el vientre, lo asirá con una o las dos manos y, al mismo tiempo, inclinará hacia atrás la cabeza completamente.

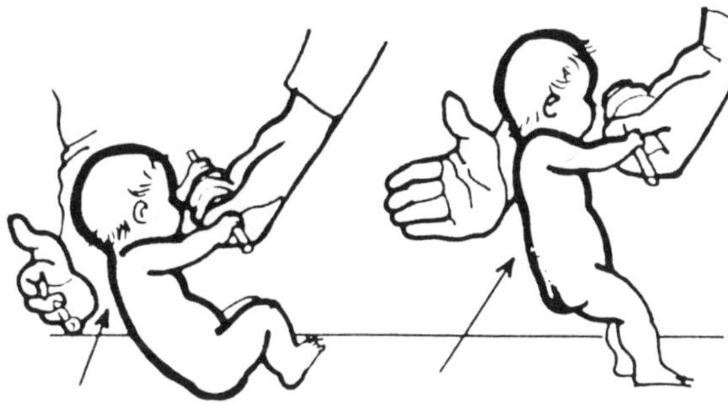

EJERCICIO N.º 45

Ejercicio n.º 45. Alzarse hasta quedar sentado y de pie. Tiende los índices a tu hijo de cuatro meses. Una vez que se aferre a ellos, tira de él hasta dejarle sentado. Hacia el quinto y sexto mes, la presa será lo bastante firme para servirte de una cuerda, un trozo de manguera de goma, una varilla o una anilla, en lugar de los dedos. Observa siempre estas dos reglas: protege su cabeza, sin tocarla, para evitar el riesgo de una posible caída y no le dejes permanecer sentado. Acuéstale de nuevo cada vez. Cuando haya aprendido a mantener la presa sobre un objeto durante todo el trayecto hasta quedar sentado, puedes complicar el ejercicio acostándole sobre el costado derecho y tirando de él hasta que quede sentado sobre el lado derecho. A continuación, colócale sobre el costado izquierdo y repite la operación. (Cuando esté echado de lado, las piernas del niño deben formar un ángulo recto con su cuerpo.) En el quinto mes, muchos niños no sólo contribuirán activamente a sentarse, sino que continuarán hasta ponerse de pie. El ejercicio dará mejor resultado si le descruzas las piernas y si tienes cuidado de que no resbalen hacia adelante. El pequeño se apoyará entonces en ellas y se levantará por sí mismo. No tires de él hacia arriba mientras se cuelgue pasivamente con las manos. Estará maduro para este ejercicio cuando sea capaz de impulsarse por sí mismo hacia arriba con los brazos, con éstos formando un ángulo máximo de 45 grados.

EJERCICIO N.º 46

Ejercicio n.º 46. Suspensión con las piernas apoyadas en el estómago de un adulto. Siéntate, si te es posible en la cama, y sienta al niño en tu regazo, dándote frente y apoyando los pies en tu estómago. Tiéndele los índices. Cuando los agarre, tira de sus manos suavemente. Presionará entonces las piernas contra tu estómago y se impulsará hacia arriba. Se mantendrá con las nalgas hacia fuera o se pondrá de pie, con el vientre hacia fuera. Oblígale a sentarse de nuevo y vuelve a tirar de él.

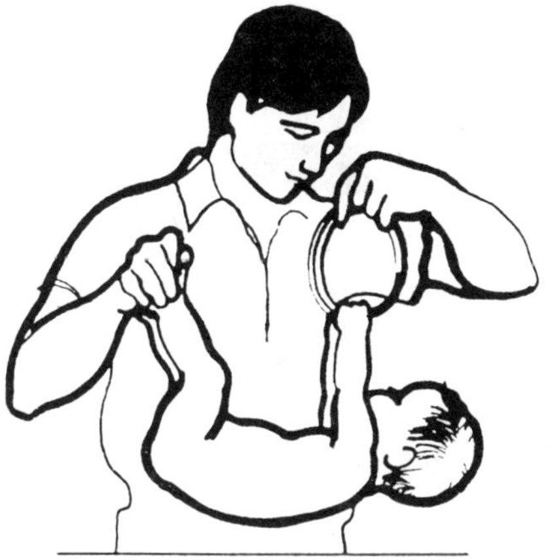

EJERCICIO N.º 47

Ejercicio n.º 47. Suspensión combinada. Cuando tu hijo sepa mantener su presa con la fuerza suficiente para sostenerse sin peligro, sujetándose a tus dedos cuando le atraes hacia ti desde la posición sentada a la posición de pie, intenta la suspensión combinada. Apoya el niño de espaldas en una almohada blanda y tiéndele dos dedos de una mano. Cuando los agarre, sujétale por las piernas con la otra mano y álzale alrededor de diez centímetros por encima de la almohada, de manera que la cabeza y el tronco queden horizontales. Probablemente el niño será capaz de sostener con sus propias manos la mitad del peso de su cuerpo. El resto del peso recaerá en la mano con la que sujetas sus piernas. Durante el quinto mes, emplea sólo este ejercicio como un test, comprobando por medio de él, una o dos veces por semana, los progresos que ha hecho. Si en el sexto mes consigue realizarlo sin esfuerzo, aplícalo con mayor frecuencia. Más adelante, complica el ejercicio sustituyendo tus dedos por una anilla o varilla. Para mayor seguridad, haz que su padre ponga una mano detrás de la cabeza del bebé.

EJERCICIO N.º 48

Ejercicio n.º 48. Observación de lo que le rodea por encima de un obstáculo. Tu hijo utilizará más los brazos si esto le permite observar algo por encima de una barrera, por ejemplo el borde del cochecillo o del baño. No le tengas echado siempre boca arriba en el coche. Baja la capota, ponle boca abajo y coloca un colchoncillo debajo de él para que pueda sujetarse al borde y observar lo que pasa a su alrededor a medida que avanzáis.

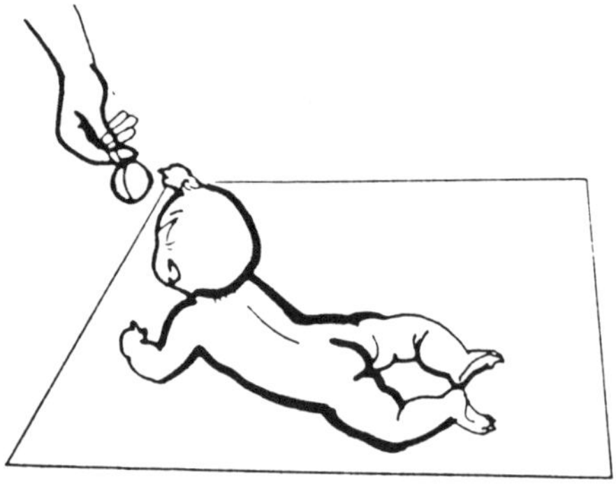

EJERCICIO N.º 49

Ejercicio n.º 49. Asir los juguetes (que están más altos que él) estando echado boca abajo. Coloca al niño sobre el vientre y cuelga un juguete a quince o veinte centímetros sobre él. Tendrá que apoyarse con fuerza en un brazo e impulsarse si quiere alcanzar el juguete con el segundo y manipularlo en el aire. Varía la posición del niño o la del juguete para que alterne los dos brazos.

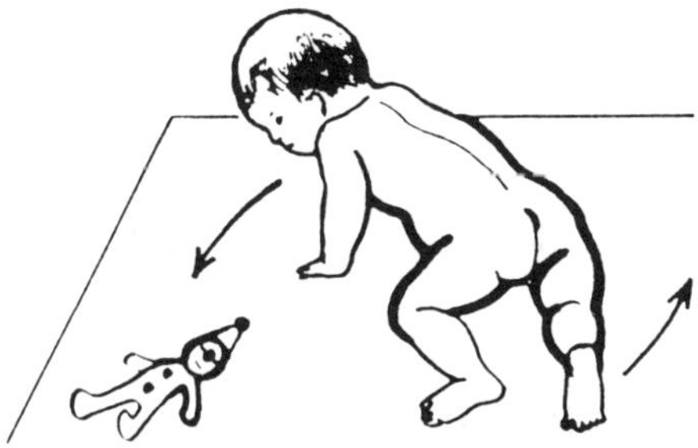

EJERCICIO N.º 50

Ejercicio n.º 50. Girar cuando descansa boca abajo. Pon al niño boca abajo y sitúa un juguete a veinte o treinta centímetros de distancia. Al intentar apoderarse de él, empujará alternativamente con los brazos y las piernas y girará unos 90° sobre su vientre. Así aprenderá a girar como las agujas de un reloj, sirviéndose de ambas manos, y cambiará la posición y el lugar que ocupan sus piernas, hasta dejarlas en el que ocupaba antes la cabeza. El ejercicio le servirá de preparación para aprender a gatear y trepar.

EJERCICIO N.º 51

Ejercicio n.º 51. El pino horizontal. Siéntate cómodamente en el suelo o en una cama y pon al niño atravesado sobre tus muslos. Su cuerpo debe llegar lo bastante lejos para que pueda apoyarse en los brazos. Anímale a que abandone tus muslos de la manera que sea. Moviendo los brazos, empujando con las piernas y con movimientos similares, irá trepando por ellos (este ejercicio está destinado a los niños de seis meses). Puedes ponerle igualmente sobre un colchón o una manta enrollados, pero su cuerpo debe quedar bastante fuera del borde, y ha de mantener el tronco erguido apoyándose en los brazos.

Movimientos del tronco

Objetivo: los músculos dorsales y cervicales han de hacerse lo bastante fuertes para que el niño, cuando descansa boca abajo, levante la cabeza y el pecho sin apoyarse en los brazos (avión). Cuando está boca arriba, debe ser capaz de alzar las piernas lo suficiente para agarrarse los pies y metérselos en la boca. También ha de saber darse la vuelta cuando yace de espaldas, hasta quedar sobre el vientre, y cuando yace boca abajo, hasta quedar boca arriba. En el sexto mes, debe ser capaz, cuando se halla boca abajo, de flexionar una pierna y atraer la rodilla bajo el vientre. Algunos niños pueden hacerlo con ambas rodillas y alzarse hasta quedar a cuatro patas. También ha de poder mantenerse en pie sujetándose a algo que haya frente a él, sin balancear las caderas.

Nota: La mayoría de los ejercicios siguientes son muy difíciles, incluso para los padres. Es el padre quien debe encargarse de hacerlos con el niño.

Ejercicios de la totalidad del tronco

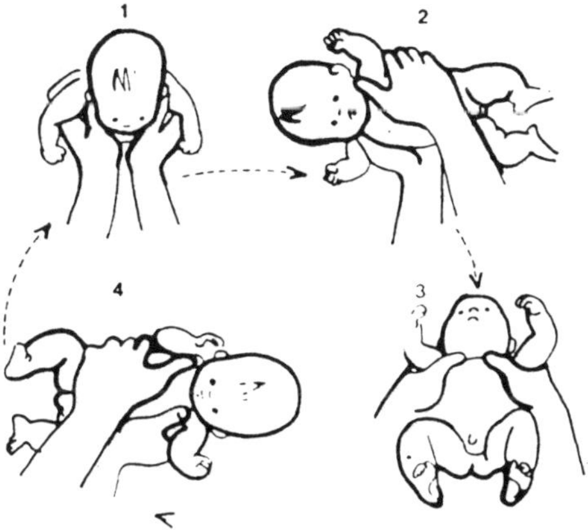

EJERCICIO N.º 52

Ejercicio n.º 52. Círculos. Coloca al niño boca arriba, sujétale justo por encima del pecho, levántale y dale suavemente la vuelta en el aire hasta que quede boca abajo, con la cabeza hacia ti. Realiza un movimiento circular semejante al de las agujas de un reloj que estuviera horizontal. Hazle girar primero hacia la izquierda, con el cuerpo siempre horizontal, pero con el lado derecho hacia abajo. La cabeza debe hallarse frente a tu hombro izquierdo, los pies frente a tu hombro derecho. Sigue haciéndole girar, siempre horizontal, pero con la espalda hacia abajo y las piernas hacia tu cabeza. Durante el último movimiento circular, el niño sigue horizontal, con el costado izquierdo hacia abajo, la cabeza en dirección de tu hombro derecho y las piernas en dirección de tu hombro izquierdo. Por último, vuelve a la posición inicial, con la cabeza del pequeño hacia la tuya y su vientre hacia abajo. Repite todo el movimiento en dirección contraria a las agujas del reloj. Hazlo dos veces a cada lado. Al principio, puedes hacer el ejercicio más fácil dándole la vuelta al niño, no en posición horizontal, sino inclinado, con la cabeza hacia arriba y las piernas hacia abajo. Este ejercicio afecta a todos los músculos del cuerpo.

Ejercicios de los músculos dorsales

Ejercicio n.º 53. Descansar boca abajo y jugar. A esta edad, la posición boca abajo es el ejercicio principal para fortalecer los músculos de la espalda y el cuello. Lo mejor es tener al niño durante el día tres veces más tiempo boca abajo que en las demás posturas. Después de cada ejercicio en que se haya sentado, puesto de pie o colgado, ponle boca abajo y déjale mucho más tiempo en esta posición. He de repetir una vez más que conviene acostumbrarle a yacer sobre el vientre desde los primeros días y convertir esta posición en placentera para él por todos los medios posibles.

EJERCICIO N.º 54

Ejercicio n.º 54. El avión. Pon al niño boca abajo y coloca algún juguete interesante frente a él, pero fuera de su alcance. Tratará de alcanzarlo y, cuando esté lo bastante excitado, extenderá los brazos y las piernas, arqueará la espalda y hará el avión. Al cabo de veinte o treinta segundos, coloca el juguete más cerca para que pueda conseguirlo.

EJERCICIO N.º 55

Ejercicio n.º 55. Subir y bajar al niño en posición vertical, sosteniéndole por debajo de los brazos. Pon al niño boca arriba sujétale suavemente por el pecho y álzale bien alto en posición horizontal, con el vientre hacia abajo y la cara hacia ti. El niño te mirará entonces desde arriba, arqueará la espalda, estirará las piernas y extenderá los brazos (haciendo el avión) y, en la mayoría de los casos, reirá alegremente. Flexiona los brazos y acércale a tu cara, manteniéndole en la misma posición, y elévale de nuevo. Álzale y bájale varias veces. El acercarse y alejarse de la cara del padre, que le habla placenteramente, hace al niño feliz y le permite disfrutar con el ejercicio.

Esta clase de ejercicios incluye también diversas maneras de transportar al bebé en que éste coopera de manera activa sin dejarse llevar pasivamente, como cuando te limitas a mecerle en tus brazos. Ocuparse de un niño no significa siempre proporcionarle la mayor comodidad posible. El exceso de comodidad le conduce a la pasividad y la pereza, echándole a perder. Nuestro propósito es hacer al niño más activo. Por lo tanto, será una buena idea ponerle de vez en cuando dificultades y hacerle sentirse incómodo.

Un niño que goza de buena salud suele disfrutar superando los obstáculos y espera verse alabado y admirado cuando lo consigue. No olvides que, a pesar de que vivimos en una época de gran progreso técnico, que proporciona a la gente el mayor confort, sigue siendo necesaria la existencia de personas robustas. El objetivo principal de los deportes es superar los obstáculos y fortalecer la salud y el carácter. En mi opinión, la pereza puede llevar a la degradación moral y física y, en último término, al ocaso de nuestra civilización.

Ejercicio n.º 56. Llevar al niño en los antebrazos. Dobla los brazos frente a ti, con las palmas de las manos hacia arriba y los codos pegados a los lados. Coloca al niño boca abajo sobre tus antebrazos, con el pecho sobre el derecho y las piernas sobre el izquierdo. Tus brazos le servirán de soporte y el pequeño descansará en ellos como en una repisa. Arqueará entonces la espalda, levantará la cabeza y mirará a su alrededor. Paséale por la casa durante unos minutos o al aire libre, de forma que tenga siempre algo que ver.

EJERCICIO N.º 57

Ejercicio n.º 57. Llevar al niño bajo el brazo en posición horizontal. Imagina que transportas una alfombrilla enrollada bajo el brazo. Sujeta al bebé de la misma manera, bajo el brazo izquierdo, de tal modo que quede horizontal, boca abajo, con la cabeza hacia adelante y las piernas hacia atrás. Paseáte de nuevo con él en esta posición. No protestará por ello. De hecho, es casi seguro que le guste la postura. Puedes hacer el ejercicio más difícil colocándole de lado, con el vientre apoyado contra ti o contra tu brazo, al que el niño se aferrará. Si quieres llevarle así, aunque boca arriba, hazlo sólo de cinco a ocho segundos, ya que este ejercicio exige un gran esfuerzo de los músculos abdominales.

Ejercicios de los músculos abdominales

EJERCICIO N.º 58

Ejercicio n.º 58. Columpiarle. Pon al niño acostado boca arriba y levántale, sujetándole por el pecho, hasta la posición horizontal por encima de tu cabeza, con la espalda hacia arriba y la cara hacia ti. Baja luego lentamente los brazos, sin doblarlos, y desciéndele a tu lado, hasta dejarle también en posición horizontal, pero con la espalda hacia abajo. En esta posición, flexionará las piernas y tensará los músculos del estómago. Repite el levantarle y bajarle dos o tres veces. Luego, deja al niño boca arriba para que descanse un período más largo y acaricia suavemente sus manos para que abra los puños, ya que por regla general los cerrará durante este ejercicio.

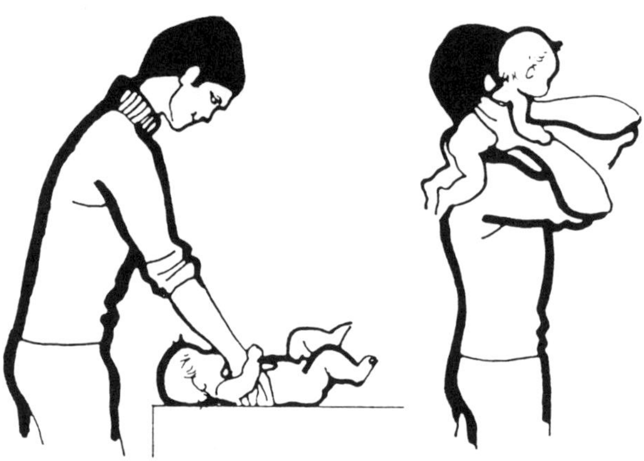

EJERCICIO N.º 59

Ejercicio n.º 59. Voltereta hacia atrás. Coloca al niño boca arriba, con la cabeza en tu dirección. Sujétalo poniendo las manos alrededor de su pecho y álzale hasta dejarle encima de tu hombro, de manera que primero le hagas pasar de una posición horizontal, con la cara hacia arriba, a la posición vertical, con la cabeza hacia abajo. Tus brazos estarán entonces extendidos hacia adelante. Levanta entonces más aún al niño hasta la posición horizontal, con la cara hacia abajo y hacia afuera, y los pies junto a tu hombro derecho. Levanta los brazos. Por último, pon al niño sobre tu hombro. Ahora, no sólo la parte superior de tus brazos estará alzada hacia adelante, sino que tus antebrazos se doblarán hacia atrás. Efectúa a continuación una voltereta semejante hacia adelante y déjale de nuevo boca arriba, frente a ti. Haz lo mismo dos o tres veces como máximo. Es preferible que sea el padre quien se encargue de este ejercicio. Con cuatro dedos extendidos hacia afuera sobre la espalda del niño formará una amplia superficie de soporte, con lo que resultará más fácil y más seguro.

Ejercicios para los músculos de los costados

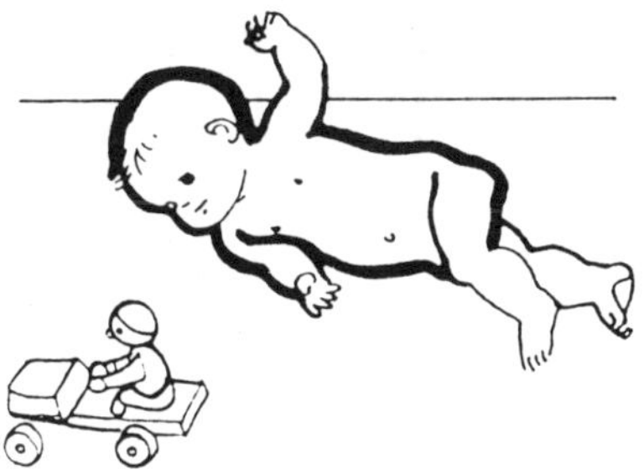

EJERCICIO N.º 60

Ejercicio n.º 60. Rodar en forma independiente. Durante el cuarto y el quinto mes, el niño suele aprender a rodar para volverse desde la postura boca arriba a la postura boca abajo y, más tarde, a realizar el movimiento contrario. Si tu hijo no sabe todavía volverse para ponerse boca abajo cuando está de espaldas, ayúdale cruzándole las piernas, empujándole por las nalgas, tirando de sus brazos, etc., como hemos descrito en los ejercicios para los niños de dos a tres meses. Harás el ejercicio más fácil si le colocas de forma que quede en un ligero desnivel (alrededor de 15 a 20°). Cuando estéis al aire libre, aprovecha cualquier desnivel natural del suelo. En el interior, sírvete de una manta, por ejemplo. En casa, puedes lograr también la inclinación levantando uno de los lados de una cama y sujetándola con una silla. A los niños les gusta rodar por un desnivel. A veces cambian de la postura boca arriba a la postura boca abajo con tal ímpetu que siguen rodando por inercia hasta quedar de nuevo de espaldas. Incluso puede ocurrir que vayan a dar con la cabeza contra el suelo. Por lo tanto, cuando tu hijo ruede hacia abajo, protégele la cabeza con la mano. Para animar al niño a que ruede, muéstrale un juguete a la distancia apropiada para que sólo pueda alcanzarlo poniéndose boca abajo. Enséñale a rodar hacia ambos lados.

EJERCICIO N.º 61

Ejercicio n.º 61. Vuelta de campana lateral. Coloca al niño de costado, dándote la espalda, de manera que la cabeza quede a tu derecha y los pies a tu izquierda. Pon la mano derecha en el costado izquierdo (en la parte superior) del chiquillo, y la mano izquierda a su costado derecho (en la parte inferior). Álzale primero hasta la posición horizontal, luego hazle girar en el sentido de las agujas del reloj, con los pies hacia arriba. Continúa girando y bájale hasta dejarle sobre el costado izquierdo, con los pies a tu derecha y la cabeza a tu izquierda. Las piernas del niño han trazado, por consiguiente, un semicírculo, como las agujas de un reloj que pasasen de las 9 a las 12 y de las 12 a las 3. A continuación, hazle dar la vuelta de campana hacia el otro lado, en sentido contrario a las agujas del reloj. No hagas nunca este ejercicio más de dos o tres veces al día. Después de cada uno de ellos, el niño debe descansar. Ayúdale a relajarse con un masaje muy poco enérgico (frótale suavemente las manos y el tronco).

Movimientos de los miembros inferiores

Objetivo: a esta edad, el niño debería aprender a tensar las piernas y a sostenerse de pie durante un breve instante, apoyándose en algo (sostenimiento estático de las piernas a corto plazo). Asimismo, debería ser capaz de flexionar y extender rítmicamente las rodillas (danza rítmica). Por último, debería aprender a agarrar objetos de mayor tamaño (una pelota o un globo, por ejemplo), tanto con las piernas como con las manos, además de los movimientos básicos para gatear.

Para desarrollar la tensión de las piernas a corto plazo, ten siempre presentes estos principios ortopédicos. No dejes que el niño permanezca de pie, con todo el peso de su cuerpo sobre las piernas, más que un breve momento, y sólo después de que un ortopedista haya comprobado que las articulaciones de las caderas del pequeño se hallan en buenas condiciones. No permitas al niño ponerse de pie a menos que sea capaz de levantarse por sí mismo. Recuerda que se trata de enseñarle a ponerse de pie, no a continuar así. A esta edad, cargar prolongada y estáticamente el peso sobre los miembros inferiores no favorece en nada el crecimiento del esqueleto. En cambio, la carga ligera y rítmica (saltar en el columpio elástico o patalear contra un balón mientras permanece acostado) contribuye al desarrollo de los huesos de las extremidades inferiores. Nunca dejes que el niño se ponga de pie sobre un colchón blando, ni siquiera por corto tiempo, puesto que el empeine suele torcerse en esos casos. Es mejor hacer este ejercicio sobre un suelo duro.

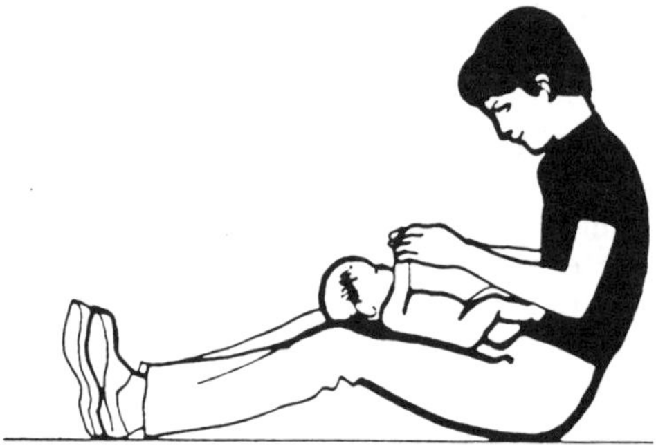

EJERCICIO N.º 62

Ejercicio n.º 62. Mecer. Siéntate en el suelo, con las piernas extendidas. Acuesta al niño boca arriba sobre tus piernas, de modo que las suyas se apoyen en tu estómago y la cabeza se apoye en tus rodillas. Entonces tiéndele los índices. Cuando se agarre a ellos, reclínate lentamente y alza bien alto las piernas. El niño quedará de pie sobre tu estómago. Luego siéntate de nuevo hasta que descanse otra vez sobre tus muslos. Durante este movimiento de balanceo (echarse y sentarse alternativamente), el niño pasará de la posición sentado a la posición de pie y viceversa. Alterna el acostarte y el sentarte alrededor de diez veces.

Ejercicio n.º 63. Ponerse de pie desde la posición sentada. Sienta al niño frente a ti, con las piernas flexionadas y paralelas y sujetándose a tus índices. Cuando alces los brazos, el niño se impulsará a sí mismo y se pondrá de pie. Déjale permanecer así de dos a tres segundos. Después, siéntale de nuevo. Haz que el sostenimiento del tronco en la posición erguida sea gradualmente más difícil, poniendo los dedos frente a él de manera que tenga que levantar los brazos formando ángulo. Una vez que logre permanecer estable en esta posición, coloca los dedos de modo que sus brazos queden completamente tendidos frente a él. Por último, pon los dedos a la altura de sus caderas. Se sostendrá entonces por sí mismo con los brazos casi a los costados. Cuanto más bajos tenga los brazos el pequeño al ponerse de pie, sin oscilar las caderas, más difícil le resultará el ejercicio. Insisto una vez más en que no se debe permitir que el niño permanezca de pie, con todo su peso sobre las piernas, por más de dos o tres segundos. Realiza el ejercicio de cinco a seis veces.

Ejercicio n.º 64. Ponerse de pie desde la posición sentada asiéndose a una anilla o a un palo. Este ejercicio es exacto al número 63, con la sola diferencia de que, en lugar de tus dedos, tiendes al niño un palo, una anilla, un trozo de manguera de goma, etc. Sostén el utensilio con una mano y protégele contra una caída de espaldas con la otra. Repite de cinco a seis veces.

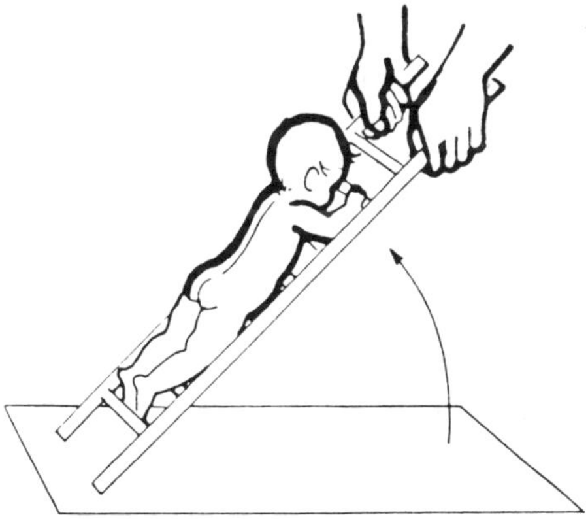

EJERCICIO N.º 65

Ejercicio n.º 65. Transferencia desde la posición echada a la suspensión erguida. Construye tú mismo una escala de un metro y medio aproximadamente de largo por sesenta centímetros de ancho, con los peldaños separados por intervalos de cinco a diez centímetros y de 1,25 cm de grueso. También puedes usar el lateral de una cuna de madera. Coloca al niño sobre la escala tendida en el suelo (recubre con tela los peldaños, para que no se haga daño). Pon sus piernas en el primer o en el segundo escalón y déjale que se agarre a uno de los escalones superiores. Levanta primero la escala unos 30° y déjala otra vez en el suelo. Si el niño no protesta (en general, les gusta el ejercicio), levántala más alto. Por último, alza la escala hasta 80 o 90°, de modo que el niño quede en suspensión de pie sobre la escala. Sujeta la escala con una mano y protege al niño con la otra. Este ejercicio es apropiado para niños de cinco a seis meses.

EJERCICIO N.º 66

Ejercicio n.º 66. Suspensión en posición erguida. Una vez que el niño domina todos los ejercicios anteriores, ponle de pie junto a uno de los laterales de su cuna durante tres-cinco segundos. Por regla general, los niños se sujetan a algo (como en el caso de la escala) si son capaces de tensar las piernas y sostenerse con las manos. En los niños de cinco a seis meses, este ejercicio se limitará a ser una práctica para determinar en qué punto se encuentran en cuanto a la robustez de las piernas y sólo debe hacerse dos o tres veces al mes. Únicamente al llegar al sexto mes se convertirá en un ejercicio regular diario, cuando el niño sea capaz de sostenerse por sí mismo junto a los laterales de su cuna.

Desarrollo del salto rítmico

Ejercicio n.º 67. Saltos rítmicos sosteniéndole bajo los brazos. Toma al niño por debajo de los brazos y manténle erguido sobre la mesa o sobre tu regazo. Déjale bajarse hasta quedar acuclillado y ayúdale a levantarse de nuevo izándole ligeramente. Alterna las flexiones hacia abajo y las extensiones hacia arriba, hasta que el niño empiece a saltar casi por sí mismo. Soporta su peso en la medida de lo posible, a fin de permitirle elevarse con el mínimo esfuerzo.

EJERCICIO N.º 68

Ejercicio n.º 68. Saltar en un columpio elástico. Durante el cuarto mes, ya puedes poner a tu hijo en el asiento de un columpio como el que se describe en el apartado «Juguetes y enseres». Colócale un par de pañales entre las piernas, con objeto de separarlas bien. El asiento ha de estar lo bastante alto para que toque sólo ligeramente el suelo con los pies (el columpio tiene una cadena para regular la altura del asiento con respecto al suelo). El niño está preparado para el columpio elástico cuando es capaz de permanecer sentado por lo menos durante diez minutos con la cabeza alta y la espalda erguida. Debe estar descalzo para saltar, a fin de que sienta el suelo con los pies y también para ayudarle a colocar el pie en el suelo en la postura correcta. Pon una manta doblada en el suelo, bajo sus pies. Al principio, no le dejes saltar más de tres a cinco minutos, una o dos veces al día. Una vez que haya aprendido a saltar, puedes prolongar el ejercicio hasta cinco-diez minutos y, en el sexto mes, de diez a quince minutos.

En el primer momento, el niño se sentirá inhibido y probablemente permanecerá inmóvil, mirando a su alrededor con curiosidad. Al fin y al cabo, hasta ahora había permanecido la mayor parte del tiempo acostado y, de pronto, se ve erguido sin que nadie le sostenga. Además, puede ver de repente lo que le rodea desde abajo, desde el suelo. En la mayoría de los casos, la inhibición se desvanecerá al cabo de uno a tres días. Se habrá acostumbrado a la novedad y empezará activamente a tratar de ver lo que puede hacer en las nuevas circunstancias, en primer lugar tocando el suelo con los pies.

Transcurridos de tres a cinco días, comenzará a impulsarse hacia arriba, primero con un pie, luego con los dos. Al principio aterrizará sobre la pierna extendida, después amortiguará el salto. Entre el sexto y el octavo día, aprenderá a aterrizar sobre la pierna flexionada y a enlazar con el salto siguiente. Será entonces cuando empiece el verdadero salto. Después de diez o quince días, saltará tan bien que, después del salto, será capaz de volverse 180° para mirar hacia cualquiera que le llame. Y cuanto mejor salte, más feliz se sentirá. Reirá en voz alta, a carcajadas, e incluso chillará. Su alegría proviene del hecho de que, con un mínimo de energía, logra movimientos extraordinariamente arduos. Puede también orientarse respecto a lo que le rodea con poco esfuerzo, ya que le está permitido girar hacia todos lados. Por último, el ritmo en sí, la alternancia suave entre el esfuerzo muscular y la relajación, constituye una fuente más de sensaciones placenteras. No obstante, tan pronto como aprende a gatear, su interés por el columpio desaparece, ya que el gatear supone una fuente mucho más rica de orientación. Puede gatear hacia cosas interesantes, inspeccionarlas y palparlas desde todos lados.

A veces, los padres actúan en contra de un desarrollo saludable de sus hijos al dejarles en el columpio durante largos períodos de tiempo para verse libres un rato de ellos. Incluso se da el caso de niños que se duermen en el asiento. Quizá tu hijo desee quedarse más tiempo en el columpio de lo que yo recomiendo, pero ten en cuenta que un exceso reducirá sus fuerzas y puede afectar el aprendizaje de la postura correcta, ya que supone una carga demasiado pesada para su débil columna vertebral y para sus músculos dorsales y cervicales, que poseen comparativamente escasa fuerza. Por lo tanto, será mejor que te atengas al tiempo señalado y que, después de cada sesión de saltos, hagas descansar al niño boca arriba durante dos o tres veces más tiempo, como mínimo, del que duró la sesión de saltos.

Desarrollo de los juegos con las piernas

EJERCICIO N.º 69

Ejercicio n.º 69. Agarrarse los pies. Si tienes a tu hijo desnudo con la frecuencia suficiente, cuando esté boca arriba, empezará a levantar las piernas en el tercer mes, se tocará las rodillas con las manos en el cuarto y se agarrará los pies con las manos y se los llevará a la boca en el quinto.

Si no alza las piernas espontáneamente y las deja en un reposo pasivo, coloca una manta doblada tras su espalda y levántale las piernas, de modo que las rodillas no toquen la manta. Entonces levantará las piernas, cada vez más altas, aun en el caso de que retires la manta. Lograrás el mismo efecto poniéndole sobre una cama, de forma que sus rodillas y sus espinillas descansen sobre el borde. Cuando las rodillas pierdan apoyo, levantará las piernas y las llevará hacia el vientre.

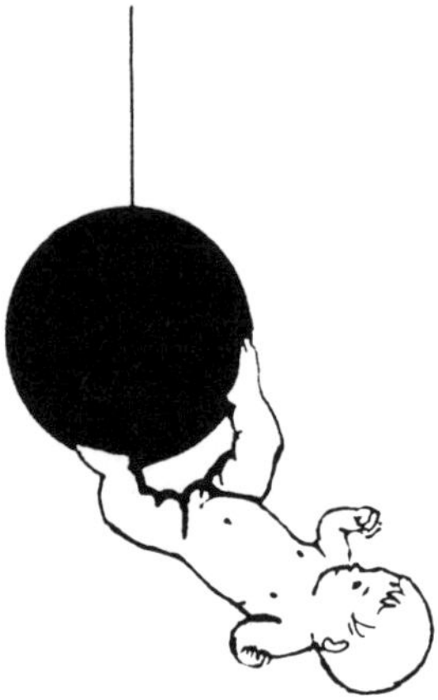

EJERCICIO N.º 70

Ejercicio n.º 70. Sostener una pelota con las piernas. Sostén una pelota de buen tamaño sobre las rodillas del niño o cuélgala. Del segundo al tercer mes, la pateará. En el cuarto, la tocará y la palpará con los pies. Del quinto al sexto, la aferrará y la soltará, empujará la pelota con las piernas en dirección a las manos y la sujetará alternativamente con las manos y los pies, la mayor parte del tiempo con ambos. Puedes utilizar también un neumático en lugar de la pelota, o bien, diversos juguetes hinchables, cajas de cartón y cosas por el estilo.

EJERCICIO N.º 71

Ejercicio n.º 71. Palpar objetos con los pies. Si dejas al niño descalzo con frecuencia, empezará a usarlos para palpar, empezando sin duda por los barrotes de su cuna. A fin de facilitar el tacto con los pies, cosa muy importante para fortalecer los músculos que darán lugar a un empeine bien formado, dale a sus pies las mismas oportunidades que le das a sus manos. Fija varias cintas y diversos objetos (pelotas, por ejemplo) a una tabla y sitúala de modo que el niño la toque fácilmente con los pies. Pon la tabla al extremo de la cama y coloca al niño bajo ella, a fin de que pueda palpar los objetos con la pierna ligeramente flexionada. Lo mejor es servirse de un armazón (una escala), con barrotes horizontales de alrededor de 1,25 cm de diámetro. El niño palpará los escalones y, observándole, te darás cuenta de cómo forma el arco correcto al flexionar los dedos.

Desarrollo de las percepciones sensoriales

Objetivo: tu hijo ha de ser capaz de determinar la fuente de los sonidos, no sólo los fuertes, sino también los débiles. Tiene que aprender a reconocer las voces de las personas allegadas y distinguir entre los diversos tonos, a fin de reaccionar de manera diferente a las entonaciones aprobatorias y a las entonaciones severas. Hacia los seis meses, aprenderá también a reconocer algunas palabras, dirigirá los ojos hacia uno o dos objetos cuando oiga pronunciar sus nombres. También, hacia el sexto mes, ha de aprender a calcular visualmente la posición y la distancia de los objetos cercanos y a expresar esta facultad mediante movimientos seguros de las manos hacia ellos. Será capaz también de distinguir visualmente entre objetos similares por sus detalles, de reconocer a las personas por sus rostros y los objetos por varias características menudas.

EJERCICIO N.° 72

Ejercicio n.° 72. Buscar la fuente de un sonido. Este ejercicio se puede combinar con varios juegos y manipulaciones, por ejemplo, con el juego del escondite. Coloca al niño en tu regazo. El padre se esconderá detrás de una mesa, un aparador o una puerta y le llamará. Cuando el niño mire en la buena dirección, la madre le alabará y el padre se mostrará y le sonreirá. El padre puede también tocar una campanilla, ocultándose en diversos rincones, variando la intensidad del sonido y tratando de suscitar una reacción en el pequeño mediante una llamada en voz baja dando palmadas.

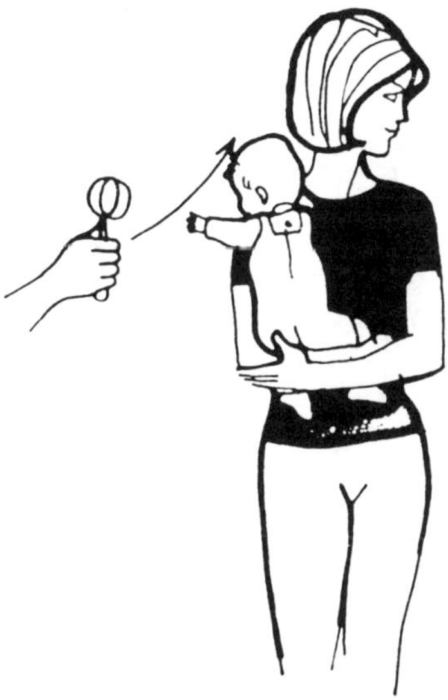

EJERCICIO N.º 73

Ejercicio n.º 73. Distinguir entre los sonidos que actúan como señales y los que no lo hacen (los que anuncian o no algo). Toma al niño en brazos. El padre se esconde detrás de una mesa, donde el niño no le vea. Golpea entonces un vaso para que tintinee y cuando el niño se vuelve hacia él, extiende la mano con un juguete interesante, lo menea e incluso hace algún ruido con él. Al cabo de ocho a diez segundos, retira el juguete. De quince a veinte segundos más tarde, el padre golpea una tabla. Cuando el niño mira hacia la mesa, no ve nada. Transcurridos otra vez de quince a veinte segundos, el padre golpea de nuevo el vaso y le muestra otro juguete por encima del borde de la mesa. Repetid ambos sonidos de diez a quince veces diarias. Después de tres a cinco días, el niño se volverá hacia la mesa sólo cuando oiga el tintineo del vaso. No se volverá al oír golpear la tabla. Puesto que el volver la cabeza hacia la mesa al percibir el sonido de la tabla no recibe ninguna recompensa, se ha creado en él la llamada inhibición diferencial con respecto a dicho sonido. Ha aprendido a distinguir entre un sonido que actúa como señal y otro que no lo hace. El éxito de este ejercicio depende de que no se cambien las condiciones: el niño sentado en el regazo de su madre, la mesa en el mismo lugar, etc.

EJERCICIO N.º 74

Ejercicio n.º 74. Diferenciar entre una entonación de voz aprobatoria y una entonación severa. Te sugiero que aproveches para esto las situaciones cotidianas, a fin de que el niño aprenda a distinguir entre las voces y las expresiones faciales cariñosas y las severas. Naturalmente, por regla general le hablas con cariño y le sonríes. Sin embargo, cuando hace algo que no debería hacer (por ejemplo, trata de golpear la cuchara con la que le estás dando la comida o tirar del mantel), alteras el tono de tu voz y le hablas con enfado, modificando al mismo tiempo la expresión de tu cara. Ahora bien, existen también algunas situaciones artificiales que son educativas. Por ejemplo, pon una cuchara y un cuchillo delante del niño. Si tiende la mano hacia la cuchara, aliéntale con palabras cariñosas. En cambio, si intenta apoderarse del cuchillo, háblale con voz severa. Dile: «¡Eso no se toca!», frunce el ceño y retira el cuchillo para dejarlo fuera de su alcance.

Ejercicio n.º 75. Rimas y canciones combinadas con movimientos rítmicos. Es una buena idea cantarle al niño, desde los primeros días, canciones populares sencillas y canciones infantiles y, a partir del cuarto o quinto mes, recitarle algunos versos poco complicados y de ritmo marcado. Al niño le gusta el ritmo y la entonación, aunque no comprenda las palabras. Subraya el ritmo haciendo al mismo tiempo con él algunos movimientos. Acúnale acompasadamente en tus brazos, mueve sus manos siguiendo el ritmo, sus pies, todos sus miembros. También puedes enseñarle a distinguir la clase de canción que cantas. Cuando es una canción alegre, sonríele, canta más fuerte y haz movimientos más vivos. Si se trata de una nana, canta más bajo y haz movimientos más lentos, más suaves. Dale la oportunidad de oír cantar y recitar versos desde cerca y desde lejos. El niño debe oír la misma canción entonada por ti, por su padre, por su abuela o por otras personas allegadas. Así se acostumbrará a distinguir las voces. Estos ejercicios le facilitarán la comprensión del habla humana.

Examinaremos más tarde el modo de enseñarle a comprender las palabras, cuando entremos en el estudio del lenguaje.

Antes de pasar a describir un ejercicio destinado a desarrollar la vista del niño, he de insistir en un principio importante, válido también para los demás sentidos. La visión no se desarrolla por el simple hecho de mirar, sino que ha de estar en conexión con los demás sentidos, en particular el tacto. Al niño no le basta ver para diferenciar entre una bola y una anilla. Necesita también pensar y gozar de cierta experiencia.

Un adulto sabe por experiencia que una anilla de metal brilla uniformemente, mientras que una bola puede ser más brillante en algunos lugares que en otros. Sabe también que una bola aparece siempre como un círculo, cualquiera que sea el ángulo desde el cual se la mira. Una anilla, en cambio, toma a veces la apariencia de una elipse. Por consiguiente, el adulto distingue la bola del aro, no sólo por la vista, sino también por la experiencia y el razonamiento. De modo que, a partir del cuarto mes, cuando el niño aprende a asir los objetos deliberadamente, conviene desarrollar su visión permitiéndole comparar los estímulos visuales con los táctiles y cinestésicos, con las sensaciones gustativas y olfativas. Una de las condiciones básicas para el desarrollo de la vista en el segundo cuatrimestre de la vida consiste, pues, en la manipulación de los objetos.

Ejercicio n.º 76. Manipular objetos de varias formas geométricas. Dale al niño objetos de diversas formas, colores y tamaños, para que juegue con ellos. Los más apropiados son distintos sonajeros, redondos, cilíndricos, etc., o cadenas con eslabones cuadrados y cilíndricos. Cuelga esos juguetes ante él durante el cuarto y el quinto mes. Los observará, los asirá, los moverá, los palpará y les dará vueltas en las manos, verá lo que puede hacer con ellos y observará cómo cambia su color, su brillo, su sombra y su forma cuando los manipula. En el quinto y el sexto mes, colócalos frente a él cuando está echado boca abajo. Ponlos unas veces cerca y otras más lejos, en distintas posiciones, para que los vea desde distintos ángulos y distancias y los coja para aprender a juzgar visualmente las distancias. Al principio, el niño juzgará sólo por el contacto directo y la manipulación, con lo cual ganará mucho en experiencia, lo que le permitirá más tarde determinar a distancia si un objeto es plano o no. Si los objetos que el bebé manipula son cuadrados, cilíndricos, triangulares o esferoidales, obtendrá una mayor cantidad de experiencias valiosas. Desarrollará su sentido de las formas geométricas primordiales y se acostumbrará a los conceptos ópticos básicos, porque conseguirá una experiencia intensiva sobre las direcciones horizontal y vertical, los ángulos rectos, las superficies planas, cilíndricas y redondas. Encontrará sin cesar a su alrededor objetos que se componen de las formas geométricas básicas. El «palpado» de las formas puede iniciarse muy pronto, cuanto antes mejor, ya que esto le facilitará las cosas más tarde, cuando entre en la escuela, sobre todo en lo que se refiere a las capacidades técnicas.

Ejercicio n.° 77. Diferenciación de los objetos de acuerdo con su apariencia. Si tu hijo tiene un pato de goma viejo, que ya no suene, cómprale otro semejante, pero que suene. Dale los dos. Durante el quinto y el sexto mes, aprenderá a distinguir los objetos sólo con la vista, fijándose en las pequeñas diferencias de color y dibujo. Preferirá entonces el juguete nuevo, puesto que le causa mayor placer. Se pueden introducir algunas variantes en este ejercicio. Por ejemplo, con un niño de seis meses, se jugará al juego siguiente: coloca frente a él dos cajas pequeñas (que se diferencien sólo ligeramente). Mete siempre dentro de una de ellas algo interesante y deja siempre la otra vacía. Después de algunas tentativas, el niño elegirá siempre la primera, para ver lo que contiene. Idea otras versiones. El principio es siempre el mismo: ofrecer al niño dos objetos casi similares, uno de los cuales le reserva una recompensa y el otro no. El niño aprenderá a distinguirlos con la vista.

Lo mismo que aprende a distinguir entre varios objetos por sus pequeñas diferencias ópticas, puede aprender a diferenciarlos por el tamaño o por otras características. Prueba, pues, a esconder un objeto interesante en una caja más grande, o en otra igual, pero que pones a mayor distancia.

El desarrollo de la experiencia y el pensamiento a través de los juegos

Objetivo: del cuarto al sexto mes, puedes ayudar a tu hijo a:
1. Asir objetos variados.
2. Jugar con sus manos.
3. Dirigirse hacia los objetos de diversas maneras.
4. Asir los objetos en formas más complejas.
5. Manipular objetos de distintas maneras.
6. Reconocer una mesa y manipular un objeto sobre ella.
7. Actuar con un objeto sobre otro objeto.
8. Aprender a distinguir entre varios materiales.

Enseñar al niño a asir los objetos

En el ejercicio 76 (manipulación de objetos de distintas formas), me referí al modo en que la manipulación de los objetos favorece el desarrollo de la percepción visual. Para que comprendas por qué debes entrenar a tu hijo en el asimiento de los objetos, voy a describir cómo se desarrolla esta capacidad durante el primer año de la vida del niño. En el tercer mes, el pequeño tiende la mano cerrada hacia el objeto y sólo la abre para asirlo después de tocarlo. En el cuarto y el quinto mes, se acerca al objeto con la mano abierta, preparada para agarrarlo. A esta edad, ase los juguetes con los dedos juntos, con el pulgar paralelo al índice. En el quinto y el sexto mes, empieza a colocar el pulgar en oposición a los demás dedos.

Este proceso de la moción de presa se desarrolla de modo gradual. Al principio, el niño coge el objeto con toda la mano, más tarde sólo con los dedos. Poco a poco, va pasando de la palma de la mano a la punta de los dedos. En el quinto y el sexto mes, el bebé sujeta ya los objetos más pequeños exclusivamente con los dedos, al principio doblados, luego extendidos. En el octavo y el noveno mes, el meñique y el anular dejan de participar en el movimiento de presa y, hacia el noveno mes, el niño toma los objetos sólo con el pulgar y el índice. Del décimo al duodécimo mes, se interesa enormemente por las miguitas y los hilos, que recoge con los dedos en forma de pinza.

Ejercicio n.º 78. Asir objetos variados. El objetivo del ejercicio 76 era desarrollar la «diferenciación entre los cuerpos geométricos», mientras que el de éste consiste en enseñar al niño a asir distintos objetos, que difieren no sólo en su forma, sino también en otros aspectos físicos. Da a tu hijo la oportunidad de asir:

Objetos rígidos y largos (sonajeros, cucharas, cucharones).

Objetos rígidos y planos (platos, tapaderas, discos).

Objetos rígidos macizos y huecos (cubos, pelotas, vasos, cajas, cuencos).

Objetos flexibles (juguetes de goma, trozos de gomaespuma, tubos de goma).

Objetos plegables y arrugables (telas, papel, plástico).

Esos objetos han de ser fáciles de limpiar, no frágiles, sin bordes agudos ni puntas. Para mayor seguridad, envuelve el mango del cucharón con una funda de goma o de tela limpia. El principio del ejercicio es que el niño ha de aprender que se toma una varilla de distinta forma que un plato o una tela y que el objeto se comporta de distinta manera una vez asido. Por ejemplo, no es lo mismo un papel que un cubo. El simple asir los objetos le proporcionará experiencia con los diversos materiales.

Enseñar al niño a jugar con sus manos

Cuando el niño descubre que puede influir directamente sobre el movimiento de su mano y poner en movimiento el sonajero por medio de ella, la tiende deliberadamente hacia los objetos y los ase. Por lo tanto, será una buena idea ayudarle a descubrir sus propias manos lo más pronto posible.

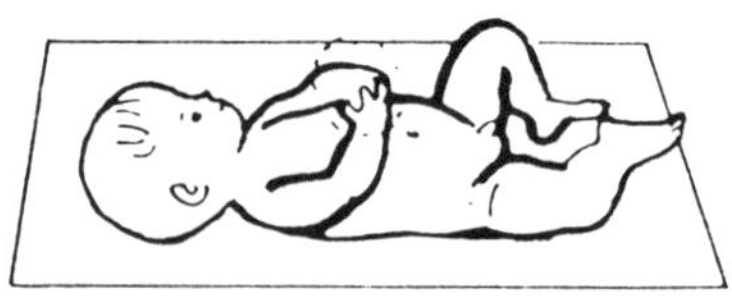

EJERCICIO N.º 79

Ejercicio n.º 79. Asirse una mano con la otra. Toma suavemente al niño por las muñecas y acércale las manos una hacia la otra, hasta que se toquen. Si las frotas una contra otra como cuando uno se las lava, pronto una de ellas asirá uno de los dedos de la otra.

Inicia este ejercicio al final del tercer mes. En la mayoría de los casos, hacia el cuarto, habrá aprendido a asirse las manos solo, aunque lo hará todavía sin control visual. Se trata de un juego muy importante para el desarrollo infantil, pero lo aprenderá muy despacio si lleva unas mangas demasiado largas y si tiene demasiada ropa alrededor del pecho, ya que esto impedirá que sus cortos brazos se acerquen lo suficiente el uno al otro.

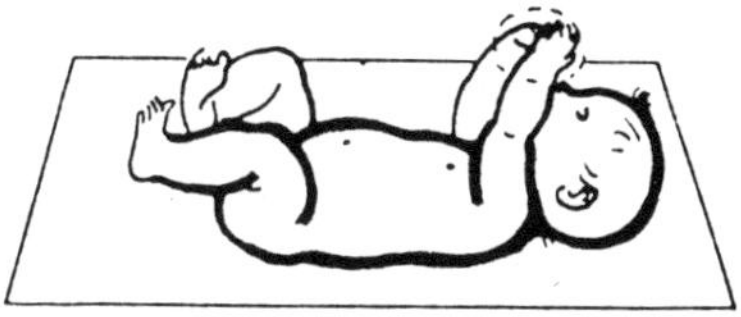

EJERCICIO N.º 80

Ejercicio n.º 80. Jugar con las manos frente a los ojos. Cuando el niño sepa ya jugar con las manos sin control visual —en el cuarto mes—, alza sus manos unidas de manera que las vea. Así le ayudarás a descubrir sus manos con los ojos. El juego con las manos suele desaparecer durante el quinto mes.

Tender la mano hacia los objetos de manera más compleja

Ejercicio n.º 81. Tender la mano hacia objetos que se ofrecen desde distintas direcciones. Primero, colócate frente al bebé y preséntale desde allí objetos interesantes. Después, y gradualmente, ofrécele otros desde la derecha o la izquierda, desde arriba o abajo, desde ángulos diversos, etc. Al principio, enséñaselos desde cerca, luego vete alejando, de modo que el niño tenga que alcanzarlos tanto con el brazo doblado como totalmente extendido. Muéstraselos también para que tienda hacia ellos el brazo derecho y el brazo izquierdo.

Ejercicio n.º 82. Tender la mano hacia objetos en movimiento. Mueve lentamente un objeto interesante frente al niño, siempre al alcance de sus manos. Seguirá el movimiento no sólo con los ojos y la cabeza, sino también con los brazos. No abuses de la paciencia del pequeño. Es suficiente que siga el objeto con los brazos de uno a dos segundos. Luego, permítele cogerlo.

Ejercicio n.º 83. Tender la mano hacia un objeto estacionario cuando el niño está en movimiento. Siéntate con el niño ante la mesa y pon sobre ella un objeto interesante. Con el niño en posición sentada, gira poco a poco a la derecha y a la izquierda. Para asir el objeto, tendrá que compensar con la mano el movimiento que estás haciendo con él.

Ejercicio n.º 84. Tender la mano hacia varios objetos en distintas posiciones. Ofrécele juguetes interesantes cuando se halla en tas posiciones, no sólo echado boca arriba, sino también de costado o boca abajo o mientras está sentado en tu regazo. Puedes complicar el ejercicio pidiendo, por ejemplo, a su padre que lo levante en el aire en posición horizontal o vertical y ofreciéndole el objeto en esta posición fuera de lo común.

Ejercicio n.º 85. Tender la mano hacia objetos en combinación con otros movimientos del cuerpo. En el sexto mes, ofrece al niño juguetes de modo que tenga que incorporar otros movimientos al de alcanzarlo, por ejemplo, volverse boca arriba o boca abajo cuando está de costado, o girar a la derecha o la izquierda, cuando está boca abajo. Esto le enseñará a combinar el tender la mano hacia los objetos con otros movimientos, como el giro, la flexión y la extensión. Es importante efectuar este entrenamiento desde el sexto al duodécimo mes, cuando tendrá que aprender a combinar movimientos parciales con movimientos más amplios y complejos.

EJERCICIO N.º 86

Ejercicio n.º 86. Tender la mano hacia objetos por encima de obstáculos. En el sexto mes, cuando el niño domina ya por completo el proceso de guiar directamente la mano hasta el objeto visto, enséñale a hacerlo indirectamente, esto es, a evitar los obstáculos. Mete un objeto atractivo en un cajón o en una caja menos interesantes, que no ejerzan sobre él ninguna atracción por sí mismos. Si quiere tocar el juguete, verá que no puede hacerlo directamente, sino que habrá de superar la pared y emplear la mano de la manera apropiada. Puedes colocar la caja de modo que el niño haya de meter la mano en ella por arriba, por la derecha o por la izquierda. Si trata de resolver la situación mediante movimientos de la mano, es señal de que empieza a comprender las relaciones espaciales.

Maneras de asir complejas

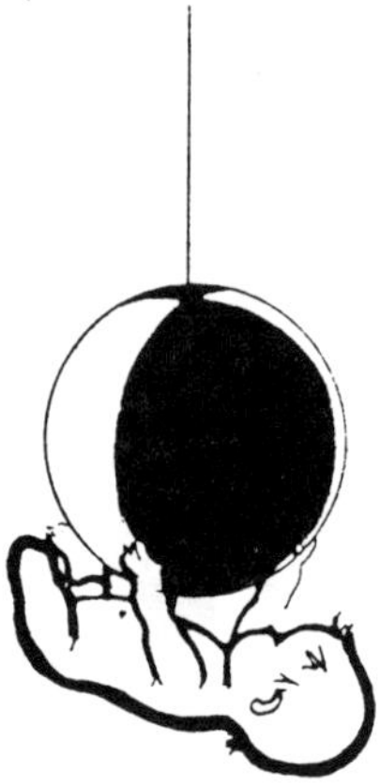

EJERCICIO N.º 87

Ejercicio n.º 87. Asir objetos grandes con ambas manos. El niño ha de manejar una pelota grande o algo similar. En los primeros tres meses, empezará a golpearla, luego la tocará suavemente. Hacia el quinto mes, aprenderá poco a poco a asirla presionándola con ambas palmas. Dale la pelota varias veces. El objetivo se consigue cuando tiende ambos brazos y extiende los dedos. Esto demuestra que ha definido la pelota como un objeto grande, que es imposible asir con una sola mano.

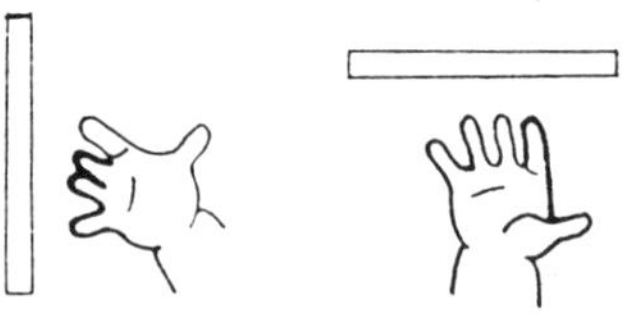

EJERCICIO N.º 88

Ejercicio n.º 88. Asir un objeto alargado en diversas posiciones. Ofrece al niño un objeto alargado (un cucharón, por ejemplo), primero en posición vertical, luego horizontal y luego inclinada. En el quinto mes, aprenderá a dirigirse hacia él con la mano abierta. Sólo cuando esté próxima al objeto, volverá a cerrarla. En el sexto mes, adaptará la posición de la mano mientras realiza el movimiento de aproximación. Por el movimiento de su mano, el bebé indica que ha captado la posición del cucharón antes de asirlo y que está adaptando por adelantado la posición de su mano. Puedes ofrecerle también una cinta, un trozo de manguera de goma, un plato o cualquier otro objeto, para enseñarle a captar su posición y asirlos de manera distinta.

EJERCICIO N.º 89

Ejercicio n.º 89. Asimiento asimétrico con ambas manos. Dale un bidoncillo vacío o una taza de plástico, a fin de que la mano izquierda agarre el asa y tenga que presionar la derecha contra el lateral de la taza. Dáselo después en sentido inverso, para que la mano derecha agarre el asa y la izquierda presione el lateral de la taza. Esto le enseñará a asir simultáneamente cosas distintas con ambas manos, una tarea que resulta difícil para un chiquillo de seis meses.

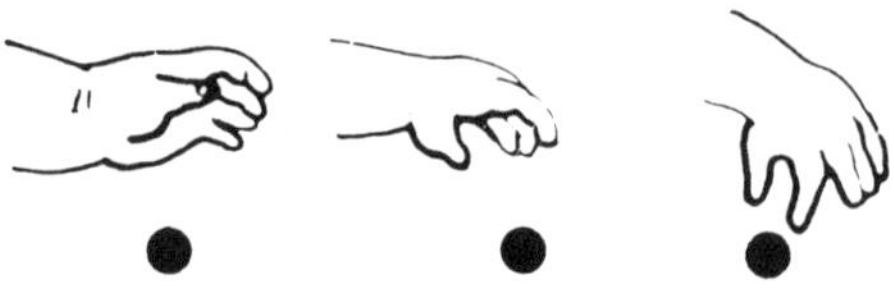

EJERCICIO N.º 90

Ejercicio n.º 90. Asir objetos que estén posados. Es más difícil para el niño asir un objeto que esté posado que asirlo cuando se lo ponen en la mano o se lo tienden. Siéntate con él ante la mesa y coloca varios objetos frente a él, al principio grandes (animales de goma, cubos), luego más pequeños y más planos (cucharas, tapaderas, un cucharón, un plato). En el quinto y el sexto mes, recogerá los objetos de la mesa colocando toda la mano sobre ellos y asiéndolos con los dedos, por lo cual le es imposible levantar de la mesa monedas y otros objetos similares, pequeños y planos.

Manipulación simple de objetos

Ejercicio n.º 91. Palpar objetos con ambas manos. Dale al niño una anilla de celuloide, una sarta de anillas, un tarrito y otros objetos por el estilo que sean fáciles de asir con ambas manos. El niño sujetará el objeto con ambas manos, pero, ocasionalmente, soltará la presa de la derecha o la de la izquierda y tomará el objeto por otro lugar y de manera diferente. Al mismo tiempo, observará visualmente sus manos y los objetos. Así investigará los objetos simultáneamente con la mano y con los ojos.

EJERCICIO N.º 92

Ejercicio n.º 92. Transferir los objetos de una mano a otra. Da al niño objetos similares a los del ejercicio 91. Entonces el niño soltaba el objeto de una mano durante un momento y lo volvía a asir de nuevo, pero su acto era puramente reflejo. Poco a poco, sin embargo, soltará el objeto con una mano de manera intencionada y lo asirá de nuevo y, al mismo tiempo, lo soltará con la otra mano. Es decir, transferirá intencionalmente el objeto de una mano a otra.

Ejercicio n.º 93. Volver un objeto en la mano e inspeccionarlo. Dale al niño un cubo decorado con dibujos sencillos u otro objeto que aparezca distinto según el lado del que se mire. Lo sostendrá en la mano, lo volverá y observará el cambio de dibujos o colores. Con frecuencia, se lo pasará de una mano a otra, pero, antes de ponerlo en la otra mano, lo volverá para que quede en ella en distinta posición.

Ejercicio n.º 94. Mover objetos dentro de un recipiente. Toma un tubo transparente, mete dentro de él una o dos bolas de colores y tapa el tubo. El niño moverá el tubo y le dará vueltas para que las bolas rueden de un extremo al otro y para que vayan hacia adelante y hacia atrás. Conseguirás el mismo efecto con una caja transparente que tenga tapa. El niño observará también la caja y la moverá de modo que las bolas rueden a un lado y al otro. Para que sea capaz de observar los movimientos, tiene que aprender a mover la caja despacio y suavemente.

Reconocer una mesa y manipular objetos sobre ella

En el segundo trimestre conviene familiarizar al niño con las mesas, ya que los juegos sobre ellas difieren de manera considerable de los realizados echado boca arriba o boca abajo.

EJERCICIO N.º 95

Ejercicio n.º 95. Palpar el borde de la mesa. La primera vez en que te sientes con tu hijo ante una mesa (sin que esté cubierta por un tapete o un mantel), le intrigará sobre todo su borde. Hazle palpar ese borde y se mostrará en seguida interesado por él.

EJERCICIO N.º 96

Ejercicio n.º 96. Golpear la mesa y deslizar las manos por ella. Una vez que se ha familiarizado con el borde de la mesa, empezará a investigar el resto. La palpará, dará palmadas sobre ella y la frotará con los brazos, como si quisiera cepillar algo que hubiera encima. Puedes ayudarle golpeando tú la mesa y dando palmadas para que te imite.

Ejercicio n.º 97. Dar palmadas sobre la mesa alternativamente con la mano derecha y con la izquierda. Al principio, el niño dará palmadas sobre el tablero con ambas manos a la vez. Siéntate con él a la mesa, toma sus manos con las tuyas y da palmadas alternando la izquierda y la derecha. Los niños suelen aprender a hacer esto en el séptimo mes, pero algunos lo consiguen en el sexto.

Enseñar al niño a actuar con un objeto sobre otro objeto

Ejercicio n.º 98. Golpear un objeto pequeño contra otro mayor. Cuando el niño se ha acostumbrado ya a la mesa y a dar palmadas sobre ella, dale un cubo o cualquier otro juguete. Lo asirá y empezará a golpear la mesa con él. Cuanto mayor sea el ruido que haga, más fuertes serán sus golpes. A partir de ese momento, tendrás que enseñarle que le está permitido golpear la mesa de la cocina, pero no la del cuarto de estar.

EJERCICIO N.º 99

Ejercicio n.º 99. Golpear un objeto en un lugar preciso. En el ejercicio anterior, el niño golpeaba toda la superficie de la mesa a su alcance, sin ningún propósito determinado. Enséñale a hacerlo en el punto que desea. Dale un cubo pequeño y coloca otro de mayor tamaño frente a él. Quítale el cubo pequeño y golpea con él el cubo grande. Pronto intentará imitarte. Ayúdale sujetando su mano y obligándole a golpear un cubo con otro. Esto le enseñará a dirigir los golpes en una dirección determinada. Ve reemplazando el cubo pequeño por otros objetos y el grande por una caja. El niño golpeará los primeros contra la segunda.

Ejercicio n.º 100. Cambiar de lugar los objetos a través de la mesa. Enseña al niño a mover los objetos que hay sobre la mesa. Te imitará y hará deslizarse los objetos sobre ella. Toma su mano y haz que ejecute movimientos de deslizamiento. Pasivo al principio, pronto comprenderá de qué se trata y los empujará él mismo. Prueba con un cucharón, por ejemplo. Este ejercicio sirve de preparación para otro, que consiste en enseñarle a mover un cubo con otro objeto, como el cucharón, es decir, a utilizar éste como un instrumento.

Enseñar al niño a distinguir entre los materiales

Ejercicio n.º 101. Presionar juguetes de goma. Dale a tu hijo algunos juguetes de goma sonoros. Descubrirá pronto que, al apretarlos, emiten diversos sonidos. Los juguetes de goma blandos son preferibles a los duros, puesto que, al presionarlos, cambiarán también de forma.

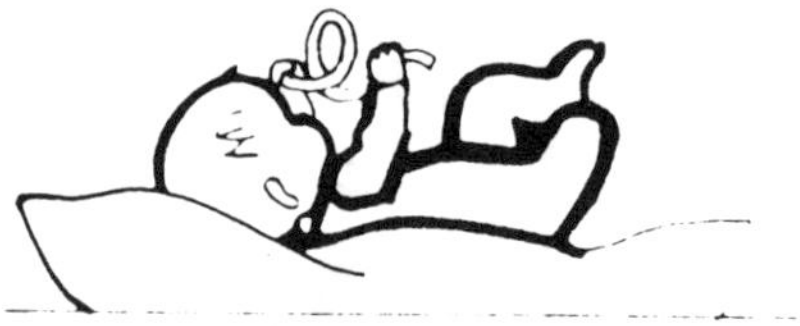

EJERCICIO N.º 102

Ejercicio n.º 102. Jugar con un tubo de goma. Si el niño toma un tubo de goma de unos sesenta centímetros de longitud, creará al moverlo diversas curvas, más o menos cerradas. Esos cambios de forma suscitarán su interés.

Ejercicio n.° 103. Jugar con una tela. Si le das al niño un pañal, una toalla o una pieza de ropa, empezará a arrugarlos, a extenderlos y a buscar otros medios de entretenerse con ellos.

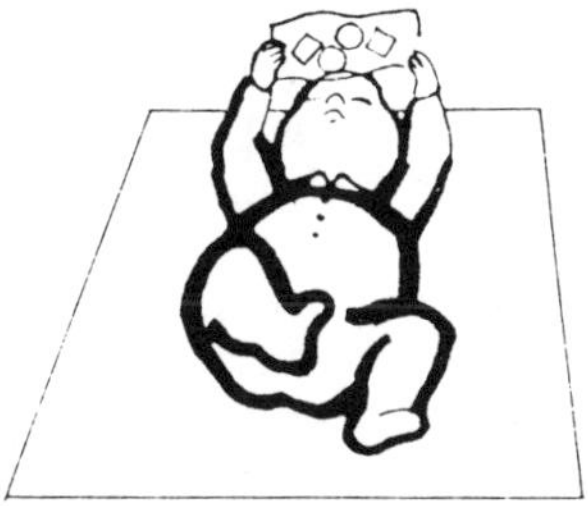

EJERCICIO N.° 104

Ejercicio n.° 104. Jugar con una bolsa de plástico. Mete varios objetos en una bolsa de plástico transparente (por ejemplo, avellanas y dados) y ciérrala. El niño apretará la bolsa, cogerá los diversos objetos que hay en su interior y los cambiará de posición. Los cambios en la forma de la bolsa, los movimientos de los objetos que hay en su interior y el ruido del plástico le excitarán y provocarán una intensa manipulación.

Ejercicio n.° 105. Arrugar y romper papel. Si le das al niño una hoja de papel limpio, pronto empezará a arrugarlo y a romperlo, lo que le mantendrá entretenido durante bastante tiempo.

Nota: El niño puede entregarse a algunos de estos juegos sin que estés presente, aunque, naturalmente, has de tener cuidado de no darle ningún objeto que pueda tragar, aspirar o estrangularse con él.

Desarrollo del pensamiento

Objetivo: en el quinto y el sexto mes, el niño empieza a reaccionar a las relaciones entre causa y efecto, por lo que se puede empezar a prepararle lentamente para el pensamiento abstracto, es decir, para reaccionar de distinta manera a ciertas características de los objetos, dependiendo, por ejemplo, de si son grandes o pequeños, redondos o cuadrados.

Ejercicio n.º 106. Reaccionar a la relación entre el acto y su efecto. Durante el quinto y el sexto mes, te aconsejo que comiences a crear situaciones en que la actividad del niño dé lugar a un resultado inmediato. Utiliza para ello juguetes sonoros. Al principio, el niño apretará accidentalmente el juguete, y éste emitirá su sonido propio. Después de varios éxitos por casualidad, acabará por sentirse atraído por la conexión entre su propio acto y la reacción del objeto. Empezará a apretar el juguete con el propósito de hacerlo sonar.

Cuando el niño de cinco a seis meses juega con el trapecio que he descrito, observarás que empieza a experimentar, variando a propósito sus movimientos. Sin duda moverá el trapecio suavemente, luego con fuerza, y observará la diferencia en los resultados. Los juguetes que facilitan una variedad de actividades y dan lugar a resultados observables tienen un valor educativo superior al de aquellos que sólo permiten una actividad, que da siempre el mismo resultado.

Si cuelgas sobre el bebé la bolsa de plástico que describimos antes y en la que metiste diversos objetos, la manipulará durante mucho tiempo, porque puede agarrarla de varias maneras, apretarla y frotarla, hacer cambiar de lugar los objetos que encierra, etc. Esto conduce a una extraordinaria variedad de resultados, ya que la bolsa suena al agitarla y cambia de forma. En cambio, se cansará pronto de jugar con una pelota suspendida sobre él, puesto que son pocas las cosas que puede hacer con ella.

A los niños les gustan los juegos que les permiten descubrir por su cuenta las causas de los resultados que obtienen. Tales juegos son también los más apropiados para mantenerles activos y para poner en marcha los procesos fundamentales. Es importante para el niño que su acto cree un resultado inmediato, ya que así se hará obvia la relación entre causa y efecto. Sólo hacia el final del primer año será capaz de apreciar la relación entre acción y reacción cuando esta última llega un poco retrasada.

Ejercicio n.º 107. Preparación para el razonamiento abstracto primario: jugar con objetos que se diferencian en una sola característica. Las experiencias han demostrado que el niño de seis meses es capaz de acciones que requieren en los adultos la facultad de trabajar con abstracciones. El juego siguiente prepara el terreno para el desarrollo de esta facultad. Da en diversas ocasiones a tu hijo varios objetos similares, que se diferencien en un solo aspecto, por ejemplo dos o tres cucharas y dos o tres cucharillas de la misma forma. El niño advertirá la diferencia y su atención recaerá sobre las grandes. Dale unos cuantos recipientes pequeños de plástico, que tengan la misma forma y tamaño, pero que sean de distinto color. Se sentirá atraído por la diferencia de colores. Utiliza otros objetos para hacerle fijarse en la diferencia entre largo y corto, grueso y delgado y en otras características. Despertando así su atención, crearás las bases del enfrentamiento con lo abstracto. La capacidad del niño de seis meses para abstraer y generalizar se halla íntimamente vinculada con el desarrollo del lenguaje.

Desarrollo del lenguaje, de las relaciones sociales y de las emociones

Objetivo: el desarrollo del lenguaje, de las relaciones sociales y de las emociones durante el segundo trimestre (y asimismo más tarde) están tan íntimamente entremezclados que no se pueden cultivar por separado. En el sexto mes, tu hijo aprenderá probablemente a pronunciar todas las vocales, algunas consonantes e incluso algunas sílabas sencillas. También aprenderá a buscar con la vista algunos objetos cuando tú los nombres. Empieza a crear una relación muy estrecha con las personas próximas a él y a diferenciar, a través de su comportamiento, entre ellas y el resto de la gente. Comenzará a establecer una relación activa con su entorno social. Llorará en raras ocasiones y, cuando esté en contacto con sus allegados, reirá con frecuencia en voz alta.

El gorjeo y el murmullo en el segundo trimestre

Ya he mencionado que el desarrollo del gorjeo y, más tarde, del murmullo depende de hasta qué punto se estimule a los niños a ser activos. Una condición más consiste en la satisfacción de sus necesidades biológicas básicas. Cuando el niño está descansado, bien alimentado y en buena salud, y cuando puede observar y oír algo interesante, moverá alegremente todo su cuerpo, incluidas las cuerdas vocales, y se complacerá en murmurar. El ejercicio siguiente estimulará el murmullo de tu hijo.

Ejercicio n.º 108. Estimulación del murmullo por simple contacto social. Cuando el niño esté de buen humor, alimentado y descansado, siéntate frente a él, inclínate en su dirección, sonríele, toca suavemente su barbilla, mejillas y cuello y murmúrale con voz cariñosa. La voz femenina resulta más efectiva, al ser más aguda que la de los hombres. Hacia finales del segundo mes, es probable que emita ya algún murmullo ocasional. Hacia el cuarto, serás capaz de arrancarle algún sonido de este tipo prácticamente cada vez que lo intentes. Alterna cinco segundos de murmullo con cinco segundos de silencio. En la mayoría de los casos, el niño murmurará a su vez durante el período de silencio. Recompénsale sonriéndole y acariciándole.

Para lograr que el niño murmure con frecuencia y aprenda por sí mismo a formar sílabas, lo mejor es que reacciones en la medida de lo posible frente a su murmullo espontáneo. Permite que te vea, sonríele e imita sus sonidos.

Ejercicio n.º 109. «Conversación». Cuando el niño empiece a murmullar a menudo, podrás «charlar» con él. Persuádele para que emita sonidos, como hiciste en el ejercicio 108. Cuando lo haga, imítale y en seguida guarda silencio. Cuando murmulle de nuevo, replícale otra vez. Charla con él de este modo con frecuencia, pero ten cuidado de no cansarle con este juego.

Ejercicio n.º 110. «Hablar a gritos». Una vez que el niño se ha acostumbrado a «hablarte» cuando estás cerca de él, intenta hacer lo mismo (durante el quinto y el sexto mes) desde una distancia mayor. Para que el pequeño te oiga, tendrás que gritar. Así aprenderá a gritar alternativamente contigo.

Los niños cuyas madres responden casi siempre a sus murmullos emitirán sonidos con mayor frecuencia que aquellos cuyas madres tienen menos tiempo disponible para ellos o que los niños criados en instituciones, donde las encargadas de su cuidado no disponen del tiempo suficiente para dedicar demasiado a cada niño en particular.

Del cuarto al sexto mes, el niño aprende a formar varias sílabas. Algunas de ellas son similares a las voces de los animales. Otras parecen pertenecer a diversas lenguas. Alrededor del quinto mes, aprende a gruñir, chillar, refunfuñar, ronronear, dar besos sonoros, sacar la lengua y expulsar el aire para emitir vibraciones, etc. Tararea melodiosamente y articula varias vocales, con combinaciones como «a-o-a-o» y otras por el estilo.

Alrededor del sexto mes, empezará probablemente a formar algunas consonantes. Las más frecuentes son: b, p, m, d, t, v (con el sonido que tiene en otros idiomas, no en español, próximo a la f). Algunos niños empiezan ya a esta edad a combinar las vocales con las consonantes para formar una sílaba. Balbucean.

Como he dicho, en el cuarto mes es conveniente repetir todas las expresiones vocales del niño. A partir del quinto mes, hay que empezar a diferenciar. Has de repetir los sonidos que se parezcan a los de vuestra lengua materna, pero pronunciados correctamente. Recompensa menos los que no pertenezcan a ella (por ejemplo, los gruñidos, los chillidos, los refunfuños, el chasquear los labios, los carraspeos). Sonríele a fin de no inhibir su placer en emitir sonidos, pero no repitas los de esa clase. Y deja poco a poco de recompensarlos, ni siquiera con una sonrisa. Así lo hacen la inmensa mayoría de las madres —de manera más o menos consciente—, debido a que prácticamente todos los niños del mundo emiten los mismos sonidos durante los primeros seis meses de su vida. Las diferencias en el balbuceo, de acuerdo con las diversas nacionalidades, aparecen hacia finales del noveno mes. Si empiezas a diferenciar ya en el quinto mes los sonidos emitidos por tu hijo, recompensando algunos y otros no, su repertorio irá incluyendo los primeros con mayor frecuencia, mientras que los segundos desaparecen. Esto significa que el niño comienza a imitar los sonidos de su lengua materna, siempre, claro está, que haya pronunciado ya espontáneamente algunos similares. Este estadio de modelación precede al de la verdadera imitación, que suele desarrollarse al final del quinto mes.

Veamos ahora cómo enseñar al niño a utilizar sus expresiones vocales como un medio de establecer el contacto social. Durante el quinto mes, empieza a murmurar y a tratar de suscitar deliberadamente reacciones de su entorno. Pronto descubrirá que dichas reacciones son de dos tipos. Sus murmullos no provocan ninguna reacción en el mundo en general, pero pueden causar un efecto considerable en las personas que le rodean. Esta experiencia es la condición indispensable para que comience a usar sus expresiones vocales como medio de establecer el contacto social. Hasta entonces, había reaccionado pasivamente en sus contactos con la gente. Por ejemplo, volvía la cabeza en la dirección desde la cual le llamabas. En el sexto mes, en cambio, empezará por regla general a servirse de su voz para establecer un contacto directo contigo. Cuando no le hagas caso, intentará llamar tu atención emitiendo sonidos. Se trata de un estadio importante en el proceso de socialización. Sin embargo, no es exclusivo de los seres humanos, ya que muchos animales atraen voluntariamente la atención hacia ellos. El murmullo emitido para llamar tu atención tiene el mismo propósito que el llanto primario, pero se distingue de él por el hecho de ser deliberado, no reflejo, y porque va dirigido a una persona específica, no a cualquiera.

Los juegos siguientes, destinados a los niños de cinco a seis meses, se proponen enseñar al bebé a servirse de su voz para conseguir objetivos sociales.

EJERCICIO N.º 111

Ejercicio n.º 111. Llamar a su madre. Cuando el niño tenga ganas de murmurar, colócate frente a él y cúbrete la cara con un paño. Si el niño murmura, destápate la cara, deja que te vea, sonríele y devuélvele el murmullo. Al cabo de un rato, tápate la cara otra vez. Pronto comprenderá el principio del juego y empezará a llamarte para que aparezcas.

Ejercicio n.º 112. Darle juguetes. Cuando el niño murmure, dale algún juguete interesante, déjale jugar con él un rato y quitáselo. Cuando murmure de nuevo, dale otro juguete. Procúrale juguetes después de que murmure de cinco a seis veces, en dos o tres ocasiones durante el día.

Ejercicio n.º 113. Levantar al niño como recompensa por sus murmullos. Cuando murmure, tómale por debajo de los brazos y álzale bien alto en el aire, sonríele y bájale de nuevo. Repite el ejercicio cuando murmure otra vez. Hazlo de cinco a seis veces. En lugar de levantarle, puedes también hacer cualquier otra cosa que le complazca.

La comprensión de las palabras (lenguaje pasivo)

Antes de que tu hijo pronuncie su primera palabra inteligible (lenguaje activo), tiene que aprender a *comprender* muchas palabras (lenguaje pasivo). Ha de crearse un inventario de palabras antes de emplear una de ellas activamente. También los adultos poseemos una reserva de palabras pasivas, que comprendemos al leerlas o al oírlas, pero que no incluimos en nuestro lenguaje hablado. Ese vocabulario es más amplio que nuestro vocabulario de palabras activas.

Cuando llamas a tu hijo de cuatro o cinco meses por su nombre y vuelve la cabeza en tu dirección, no está respondiendo a la palabra. Hubiera vuelto asimismo la cabeza al sonido de otro nombre o de otra palabra. Reacciona exclusivamente al sonido. La verdadera respuesta a la «palabra» aparece alrededor del sexto mes, siempre que el niño haya recibido la educación adecuada. Para explicar bien el significado de los ejercicios siguientes, expondré cómo surge la primera reacción infantil a una «palabra» (no a un sonido). Por ejemplo, si durante su quinto y sexto mes mira hacia el péndulo de un reloj de pared con interés, te aconsejo que acompañes su observación con estas palabras: «Reloj, tictac». Del sexto al séptimo mes, di las mismas palabras, en el mismo lugar y con la misma entonación, pero hazlo en un momento en que el chiquillo *no preste* atención al reloj. Cuando vuelva la cabeza y la mirada hacia el objeto nombrado, puedes considerarlo como prueba de que ha establecido la relación entre la palabra y el objeto y de que comprende el significado de la misma.

Ejercicio n.º 114. Volver la cabeza hacia un objeto, nombrado siempre en las mismas condiciones. Elige un objeto que interese mucho al niño, un reloj, una lámpara, un cuadro, una figurilla, una ventana. Ha de ser atractivo por su tamaño, su color, su brillantez, sus modificaciones (hace tictac, se enciende, se apaga). Debe ocupar

par siempre el mismo lugar. Sienta al niño cerca del objeto. Sostenle en una forma que le agrade especialmente. Concentra su mirada sobre el objeto. Luego, nómbralo con claridad, acompañando la palabra con alguna acción. Por ejemplo, dile «lámpara» y, al mismo tiempo, enciende y apaga la luz. Repítelo varias veces en las mismas condiciones: que sea la misma persona quien lo diga, con la misma entonación, con las mismas palabras, sosteniendo del mismo modo al niño.

Después, pregunta algunas veces: «¿Dónde está la lámpara?» en el momento en que el niño no mire hacia el objeto. Al principio, si vuelve la cabeza en su dirección, lo hará de una manera más o menos accidental. Gradualmente, sin embargo, su movimiento se convertirá en una reacción deliberada a la palabra «lámpara».

Ejercicio n.º 115. Volver la cabeza hacia un objeto nombrado en distintas condiciones. En el ejercicio 114, la reacción se produce enseguida si se mantienen las condiciones estables. Pero tan pronto como se altera alguna de ellas, la reacción del pequeño se hace insegura. Por ejemplo, lo más probable es que no reaccione si la pregunta proviene de su abuela, en lugar de formularla tú. El presente ejercicio está destinado a enseñarle a reaccionar aunque se modifiquen las condiciones. Empieza por sentarte en un punto distinto con respecto al objeto, obligando así al niño a girar la cabeza en otra dirección. Sostenlo de otra manera, por ejemplo no en brazos, sino sentado en tu regazo. Más tarde, puedes alterar la entonación de tu voz. Por último, pronunciarán la palabra el padre, la abuela u otra persona allegada. Sólo el *objeto*, en este caso la lámpara, ha de continuar siendo el mismo. Con esto se crea una asociación entre dos fenómenos fundamentales, la palabra y la lámpara. Los demás detalles perderán poco a poco su significación. Observarás que este ejercicio favorece también la capacidad infantil de abstracción.

Ejercicio n.º 116. Distinguir entre objetos nombrados verbalmente. No se debe intentar este ejercicio hasta que el niño domine los ejercicios 114 y 115, cosa que logrará, en general, durante el séptimo mes. Sirve para recompensar y perfeccionar las respuestas aprendidas con los dos ejercicios anteriores. Coloca sobre la mesa o en cualquier sitio en que estén dentro del campo de visión del niño dos o tres objetos que él conozca bien. Siéntale en tu regazo y pregúntale: «¿Dónde está el osito?» Una vez que haya mirado hacia el juguete, alábale por su respuesta y pregúntale: «¿Dónde está la lámpara?» Alterna las preguntas. Después de uno o dos minutos, cambia los objetos de lugar y pregúntale de nuevo. Elógiale y acaríciale a cada respuesta correcta. Si comete algún error, corrígele cariñosamente, diciendo: «No, eso no es la lámpara. Eso es el osito».

Desarrollo de las relaciones con las personas

Todas las actividades que he descrito favorecen unas relaciones emocionales más estrechas y más firmes entre el niño y sus padres. Hacia el quinto mes, será capaz de demostrar las diferencias entre las relaciones con sus padres y las que sostiene con otras personas allegadas, por una parte, y con los extraños, por otra. Preferirá siempre a sus padres a los demás, buscará *su* protección y su ayuda. Pero es obvio que al niño no le conviene rechazar a las demás personas ni temerlas. Si permites que tu hijo se apegue con exceso a ti, le crearás dificultades en su vida futura.

Ejercicio n.º 117. Acostumbrar al niño al contacto con otras personas. A partir del quinto o sexto mes, empieza a habituar a tu hijo a las visitas de tus amigos, parientes y vecinos y pídeles que juegen con él de dos a tres minutos, que lo tomen en sus brazos, lo paseen por la casa, le hablen, le enseñen juguetes u otros objetos o le hagan realizar algún ejercicio sencillo. Así se acostumbrará a las personas desconocidas, dejará de tenerles miedo y establecerá contacto con ellas. Naturalmente, has de estar presente en esos momentos, a fin de que establezca primero ese contacto a través de ti. Los niños que se habitúan a la gente exterior al círculo de su familia inmediata no temerán más tarde a los extraños, ni se negarán a reunirse con extraños y hablarles. Muchos adultos tienen menos éxito del que deberían tener porque se lo impiden sus inhibiciones con respecto a los contactos sociales. Si empiezas a acostumbrar a tu hijo a la gente a los cinco meses, se socializará con toda facilidad. Es importante para él habituarse no sólo a un contacto pasivo (es decir, que se limite a no protestar ante la simple presencia de una persona desconocida), sino a que el extraño haga algo con él y a reaccionar en este caso sin inhibiciones.

La creación de un humor feliz, placentero

El humor general de una persona está determinado no sólo por factores hereditarios, sino también por factores del medio ambiente. Quizá estos últimos sean los más importantes. Los seres humanos se muestran más receptivos a este respecto durante la primera época de su vida. Por consiguiente, la alegría de vivir, la necesidad de ser activo y el optimismo dependen en gran medida del medio ambiente educativo al comienzo de la vida. Resumiré una vez más los medios para que el niño se sienta feliz y satisfecho.

Un buen humor exige la satisfacción de las necesidades biológicas y psicológicas del bebé. Entre ellas, hay que insistir sobre la necesidad de actividad. Ha de disponer de espacio, tiempo y medios para jugar o para ocuparse en pequeñas tareas, de manera que pueda hacer u observar algo por sí mismo. Un niño inactivo no cuenta con nada que le haga feliz y, por lo tanto, se sentirá solitario. Y existen todavía más probabilidades de que ría felizmente cuando juegue contigo o con otras personas allegadas.

El cultivo de los hábitos

El desarrollo de las pautas de sueño y de vigilia

Objetivo: hasta los seis meses dormirá probablemente de dieciséis a diecisiete horas diarias. De diez a once horas corresponden a la noche, las restantes son cuatro períodos de sueño de una y media a dos horas. Estará despierto cinco veces durante el día, en períodos de una y media a dos horas. Después del tercer mes, los períodos de vigilia diurnos se hacen más largos.

Incluso a esta edad, la vigilia y el sueño experimentan cambios y pueden ser influidos, para bien o para mal, por elementos exteriores. Si mantienes a tu hijo ocupado durante sus períodos de vigilia en la forma que he descrito en este capítulo, permanecerá activo mientras esté despierto y dormirá tranquilo. Existen grandes diferencias individuales en las necesidades de sueño de los niños. Por consiguiente, los estándares del sueño y de vigilia que incluimos anteriormente suponen sólo términos medios. Muchos niños tienen necesidades superiores o inferiores.

Te aconsejo que observes sin cesar a tu hijo y le acuestes tan pronto como veas los primeros síntomas de cansancio. Si le llevas a dormir en el momento oportuno, es casi seguro que se dormirá enseguida y lo hará tranquilo. En cambio, si prolongas el período de vigilia más allá de lo conveniente, se dormirá con dificultad, se despertará pronto y estará irritable y nervioso durante el próximo período de vigilia. Si continúas alargando los períodos de vigilia, acabará por acostumbrarse, pero su sistema nervioso se dañará, creándose incluso las condiciones que favorecen la aparición de las neurosis.

¿Cómo saber cuándo el niño está cansado?

No todos los niños demuestran su cansancio de la misma manera. Los padres suelen fijarse en los bostezos, el frotarse los ojos, la falta de movilidad, la negativa a jugar y otras señales por el estilo. Pero hay otro tipo de niños —los excitables— que manifiestan su fatiga volviéndose *más activos*. Un padre experimentado sabe comprender que tales actividades son relativamente primarias y que, por consiguiente, no expresan la frescura y la fuerza, sino que evidencian una inhibición activa debilitante. El bebé no puede controlarse y actúa más primitivamente.

Cuando un bebé está cansado:

Empieza a comportarse como lo hacía un mes o dos antes y no es posible estimular sus capacidades adquiridas hace poco.

Su humor se hace menos estable, su genio empeora y lo pone de manifiesto frente a un estímulo medianamente desagradable, al que ni siquiera reaccionaría estando descansado.

Sus actividades se vuelven rítmicas. Mueve rítmicamente la cabeza, los brazos o el cuerpo. Sus movimientos son menos variados, limitándose a repetir algunos de los más primitivos. Los niños mayores balbucean varias sílabas cuando están frescos. Cuando están cansados, gorjean rítmicamente, repitiendo todo el tiempo el mismo sonido.

Aparecen reflejos primitivos, resulta difícil estimular reacciones más complejas y el niño regresa a actividades primitivas, chuparse el dedo, por ejemplo.

Los movimientos y la postura del cuerpo se modifican. Si el niño descansa boca abajo, levantará muy poco la cabeza y la dejará la mayor parte del tiempo baja. Si tiene un juguete en la mano, no hará nada con él.

Un niño descansado coopera durante los ejercicios. Un niño cansado permanece pasivo, sin fuerzas, y demuestra muy poco o ningún interés.

Se le enrojece la zona de las cejas. Se frota los ojos y bosteza.

Puede también, como he dicho, mostrarse inquieto, mover todo el cuerpo de manera no deliberada, realizar una gran cantidad de movimientos sin un propósito visible. Muchos padres piensan, cuando ven así a su hijo, que está excitado y que no quiere dormir todavía. Pero si se le acuesta antes de que aparezca la inquietud, se dormirá fácilmente y dormirá en calma. En cambio, si la inquietud se apodera de él, tardará en dormirse, tendrá un sueño desasosegado y se despertará demasiado pronto.

Observa con atención a tu hijo y descubrirás otros síntomas a través de los cuales demuestra su cansancio. Cuando veas esos síntomas, detén todas las actividades y acuéstale. No esperes a que demuestre su fatiga llorando, gritando o protestando. Esto exigirá de él un esfuerzo extra y dañoso.

El aspecto educativo de la alimentación

Dar de comer al niño significa mucho más que meter el alimento en su boca. Supone un importante acto educativo, que se inicia en los primeros días de la vida. Los primeros reflejos condicionados nacen de la alimentación. A través de ella se establece la relación básica entre madre e hijo y constituye también la base para la aparición de las capacidades, las actitudes y los hábitos.

Por lo tanto, aliméntale cuando tiene hambre, está tranquilo y en buena salud. Concédele toda la independencia posible y no combines la alimentación con situaciones y estímulos desagradables: regaños, cólera, precipitación, imposición de la comida o castigos. Respeta el estado del pequeño. Si está cansado y tiene sueño, déjale dormir primero o, mucho mejor aún, no permitas que llegue a estar cansado y soñoliento. Y cuando esté enfermo, dale de comer con el máximo de consideraciones.

Estimula a tu hijo a que sea activo durante la alimentación mostrándole el biberón y dándoselo de manera que incline la cabeza y atraiga la tetina por sí mismo. Algunos niños sujetan el biberón con las manos. En el cuarto mes, a veces antes, se les puede enseñar a comer con una cucharilla. Si le metes la cucharilla mientras tiene aún la boca llena, dejará de abrirla cuando la vea y echará la mano a ella. No le abras nunca la boca con la cucharilla. En el sexto mes, ponle un pedazo de pan o de manzana en la mano, para enseñarle a meterse el alimento en la boca. Al principio, se limitará a chuparlo. Luego lo morderá.

Puedes enseñarle a comer sin mancharse casi desde el principio. Si le das de comer con cucharilla, ponle un babero, límpiale la cara cuando se manche, mantén la mesa limpia y convéncete de que si demuestras que una cara y una mesa sucias te resultan poco agradables crearás una actitud de rechazo frente a la suciedad.

El papel de los enseres y los juguetes

El corralillo ideal. En mi opinión, a los cuatro o cinco meses, hay que colocar al niño sobre un suelo limpio y cálido, cubierto con gomaespuma de unos noventa por ciento ochenta centímetros y unos cinco centímetros de espesor, con una sábana o una manta encima. Idealmente, el corralillo debería ser de madera, de unos sesenta centímetros de alto y lo bastante espacioso (90 x 90 x 180 cm). Si el padre o el abuelo son aficionados al bricolaje o un poco mañosos, pueden construirlo por sí mismos. Lo mejor es que sea desmontable. Los cuatro laterales servirán más tarde como escalas. Esas partes podrán ser utilizadas también como puentes, pantallas para colocar ante la chimenea o la estufa, barreras en los umbrales y para que el niño aprenda a andar (el niño se apoya en el borde y anda a lo largo de ellas). Puedes forrar las barras de uno de los lados con mangueras de caucho. Esa escala así forrada te será muy útil cuando se trate de enseñarle a trepar en el tercer trimestre. Los barrotes no deben estar separados más de cinco centímetros.

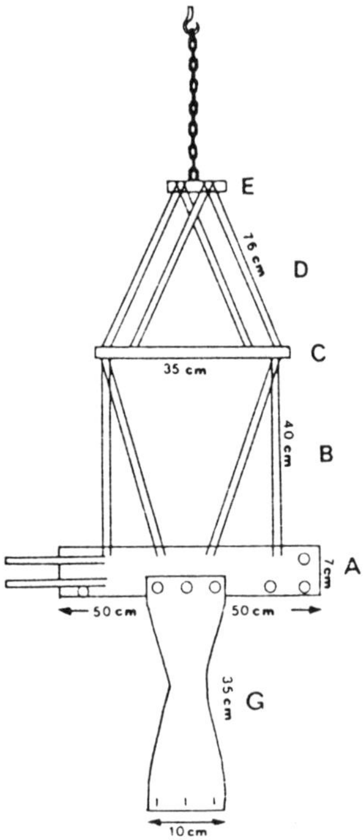

El columpio elástico. La silla va colgada de cuerdas de goma o de resortes metálicos, lo que permite al niño saltar arriba y abajo con impulsos muy ligeros de las piernas.

La superficie inclinada, una tabla para gimnasia. Crearás fácilmente una superficie inclinada colocando un extremo de una cama sobre una o dos sillas. O bien utilizar el tablero de una mesa, de sesenta a noventa centímetros de ancho por metro y medio a un metro ochenta de largo, forrada con algodón o gomaespuma y cubierta de hule. El niño utilizará este tablero para jugar, o bien, puedes ponerle encima de él y utilizarlo como tabla de gimnasia para los ejercicios. Si la pones en el suelo y levantas uno de los extremos de modo que forme un ángulo, el niño podrá rodar por ella, intentar subirla a gatas y, más tarde, trepar. Más tarde todavía, coloca el tablero sobre soportes de unos veinte centímetros de alto, y el niño lo empleará para aprender a trepar a una superficie más alta y a descender de ella.

La piscina vadeable. Una piscina vadeable resulta ideal para jugar en el exterior durante los cálidos días del verano. Llénala con agua templada, y el niño de cuatro meses aprenderá a permanecer en ella boca arriba, con la cabeza alta, y a jugar allí con sus juguetes. Una piscina semejante puede hacer feliz a un niño durante toda su edad preescolar.

Ya sé que se ha puesto de moda enseñar a los bebés a nadar. Ahora bien, de acuerdo con mis investigaciones, no favorece en nada la salud o el desarrollo del niño, sobre todo en lo que se refiere a la respiración. En realidad, es mucho más fácil y mucho menos arriesgado que aprenda a nadar entre los dos y los tres años. Por ese motivo, no encontrarás ninguna indicación en cuanto a la natación en este libro dedicado a los niños de los cero a los doce meses.

8
Ejercicios para los niños de siete a nueve meses

En este tercer trimestre de su vida, el niño se liberará de su dependencia absoluta con respecto a los adultos. Ya no tendrá que esperar a que se acerquen a él, puesto que puede alcanzarlos gateando. A comienzos del séptimo mes, empezará a comprender algunas de tus palabras y su significado. Hacia el final del noveno, no sólo comprenderá palabras sino que algunos niños pronuncian ya su primera palabra inteligible.

En este período, no sólo adquirirá habilidades motoras con respecto a diversas partes de su cuerpo, sino también otras en las que interviene el cuerpo entero. Por ejemplo, en el acto de gatear participan todos los músculos.

Durante el sexto o el séptimo mes, comenzará a ponerse a gatas. Al principio, permanecerá estacionario en esta posición. Más tarde, avanzará y, de cuando en cuando, se caerá de cara. Luego, aprenderá a balancearse hacia adelante y hacia atrás (sobre las rodillas). Luego, oscilará hacia adelante, tirará de sus piernas, avanzará un poco y volverá a sostenerse sobre las rodillas. Este movimiento de reptación se hará pronto más rápido. Al mismo tiempo, aprenderá a alternar los movimientos hacia adelante apoyándose en la mano derecha y la rodilla izquierda y, a continuación, en la mano izquierda y la rodilla derecha. El movimiento coordinado de los miembros superiores e inferiores se hace pronto automático, de manera que, entre los siete y los ocho meses, el niño gateará como una hormiga y será incluso capaz de trepar por una escala inclinada, y aun por una vertical. Los padres suelen tratar de evitarlo en esos casos, pero, si se le da la oportunidad, no tardará en trepar por la escala. De los ocho a los nueve meses, aprenderá a introducirse por debajo de las mesas y las sillas, a subir los escalones que no sean muy elevados y, por lo tanto, a ejercitar todo su cuerpo.

El gatear es sumamente importante para el desarrollo de la columna vertebral y de los músculos dorsales y cervicales. Constituye una excelente preparación para una postura corporal correcta en el futuro. Por lo tanto, es preferible enseñar antes al niño a gatear que a sentarse.

Durante el sexto mes, el niño se yergue hasta quedar sentado cuando se agarra a los dedos del adulto. En el séptimo mes, se sentará solo, pero en una postura inestable. Se inclinará mucho hacia adelante y se apoyará en las manos. Sólo durante el octavo mes será capaz de sentarse erguido sin apoyo y con la espina dorsal recta. Del octavo al noveno mes, se sentará tan firmemente que podrá inclinarse hacia adelante y hacia atrás y girar sin perder el equilibrio.

El niño que gatea mucho aprenderá a sostenerse sobre las piernas relativamente pronto. Durante el quinto mes, se pondrá de pie por sí mismo si le tiendes los dedos, pero su postura será inestable. En el sexto mes, se sostendrá firmemente. En el séptimo, gateará por el corralito, se asirá a los barrotes y se levantará hasta quedar de rodillas. Poco después, se pondrá de pie sobre una pierna y quedará arrodillado sobre la otra. Enseguida, se pondrá con frecuencia de pie sobre ambas piernas. Por regla general, se las arreglará para lograrlo hacia el octavo o noveno mes. Al principio, permanecerá en pie sin moverse y apoyándose en algo. Luego, empezará a transmitir el peso de una pierna a la otra y a alzar ligeramente la pierna sobre la que no recae. Se mantendrá de pie sobre una sola pierna durante una fracción de segundo.

Al mismo tiempo, empezará a mover los brazos. Al principio los flexionará y los extenderá, inclinando la cabeza por encima de las paredes del corralito para sostenerse. Más tarde, soltará una mano y se sujetará con la otra algún tiempo. Después de esto, empezará a jugar con el brazo libre mientras permanece de pie. Durante el noveno mes, aprenderá a levantar cosas del suelo si puede sujetarse con una mano. En otras palabras, será capaz de flexionar y extender una rodilla. Al mismo tiempo, jugará a veces con ambas manos mientras está de pie, guardando el equilibrio apoyándose contra algo.

El andar se desarrolla después de que el pequeño ha aprendido a mantenerse en pie apoyado en algo y a transferir el peso de una pierna a otra. Alza la pierna libre y la coloca un poco más allá que la pierna cargada, luego pasa el peso a esta pierna y levanta la otra. Al principio, da pequeños pasos de lado, a la izquierda y la derecha, como si marcara el paso. Entre el noveno y el décimo mes repite el paso lateral con una pierna y reúne luego las dos. A la vez, mueve las manos en la misma dirección a lo largo del soporte en que se apoya. Pronto empezará a dar pasos deliberados de lado para acercarse a algo que le interese. Por regla general, los pasos laterales deliberados aparecen en el cuarto trimestre.

El desarrollo de los movimientos delicados de las manos está vinculado estrechamente con el desarrollo del juego y, como he repetido con insistencia, influye en un grado muy elevado en el desarrollo de la cognición, la experiencia, el razonamiento y ciertas características, como la concentración y la precisión. Del cuarto al quinto mes, el niño tiende deliberadamente la mano hacia un objeto y lo ase. En el quinto, coloca el pulgar en oposición a los demás dedos. Durante el sexto, deja de asir los objetos con la palma, para hacerlo con los dedos. Hacia el séptimo, cesa por regla general de sujetar los objetos pequeños con todos los dedos. El meñique es el primero que deja de participar en la presa. Hacia el octavo o el noveno mes, el niño tomará los objetos pequeños con sólo el pulgar y el índice. Al principio, esos dedos están extendidos, y el pequeño objeto se sostiene en el medio de ambos. Hacia el noveno o el décimo mes, ambos dedos se flexionan y sostienen el objeto con las puntas.

En el quinto mes, el niño ase un objeto con una sola mano. Si se le ofrece un segundo objeto, lo ase con la otra, pero suelta al mismo tiempo el primero. En el sexto mes, sostiene el objeto con ambas manos. Hacia finales del mismo, se pasa el objeto de una mano a otra, una habilidad que se perfecciona en el séptimo mes. Gradualmente, aprende a dar vueltas al objeto en la mano. Al mismo tiempo, ha desarrollado la capacidad de sostener dos objetos, uno en cada mano.

Durante el cuarto y el quinto mes, el bebé sostenía un objeto en una mano y era capaz, en un grado limitado, de manipularlo y darle vueltas para inspeccionarlo. En el sexto mes, cuando ya sabe sostenerlo con ambas manos, tiene mayores posibilidades de manipulación, ya que puede presionarlo, inclinarlo o hacerlo girar. Pasarlo de una mano a otra le concede todavía más posibilidades de manipulación. Y se incrementan aún cuando aprende a sostener un objeto en cada mano.

Al principio, efectúa movimientos simétricos con los objetos, golpea con ellos la mesa o los hace entrechocar. Sus primeros intentos de golpear un cubo contra otro no obtienen mucho éxito. Los movimientos no son enteramente simétricos, y el niño falla el golpe con frecuencia. A la misma edad, aprenderá a realizar deliberadamente movimientos asimétricos (una mano sostiene un objeto mientras que la otra lo golpca).

Durante el sexto mes, el niño golpea la mesa con la mano vacía o con un objeto sin ningún propósito. En el séptimo, empieza a pegar sobre la mesa con otro objeto que exige movimientos más precisos. Pronto aprende también a golpear con objetos duros y blandos y comprende que el golpear suavemente es la base para acercar un objeto a otro. Sólo después de que el niño sea capaz de dejar suavemente un objeto sobre la mesa (en el noveno mes), meterá los objetos en una caja, insertará cosas en un agujero o hará cualquier otra cosa que exija un control muscular similar.

Pero antes ha de dominar una habilidad en apariencia más sencilla, soltar los objetos en el momento oportuno. Y digo aparentemente más sencilla porque, en la realidad, resulta muy difícil y sólo conseguirá dominarla entre el undécimo y el duodécimo mes. En el segundo y el tercer trimestre, se limita a dejar caer el objeto. Se entrena para conseguir una mayor habilidad pasando el objeto de una mano a otra. Incluso en el noveno mes, tu hijo te tenderá un objeto, pero no lo soltará. No es que no quiera dártelo o pretenda bromear contigo. Incluso en el undécimo mes, algunos niños sostienen un cubo sobre un recipiente abierto y no lo dejan caer, aunque sus madres les hayan demostrado cómo hay que hacerlo y traten de convencerlos para que la imiten.

Observarás cómo se desarrolla en tu hijo la experiencia y el conocimiento gracias a los juegos de manipulación. Durante el quinto, el sexto y el séptimo mes, no respeta las características de los objetos que manipula. Los utiliza para entrenar sus capacidades motoras golpeándolos, pasándolos de una mano a otra, etc. Alrededor del octavo mes, empezará a hacer una cosa con un cubo, otra con un juguete de goma y otra aún con una tela, tres objetos que difieren mucho en sus propiedades y en sus posibilidades de manipulación. El cubo se puede emplear para golpear y hacer ruido, el muñeco de goma puede ser presionado y deformado, la tela puede ser arrugada.

Después de los nueve meses, el niño empieza a utilizar los objetos para apoderarse de otros. Atrae hacia sí un juguete con ayuda del mantel, por ejemplo. Este uso de instrumentos significa una expresión del pensamiento. Demuestra que ha comprendido la relación entre los dos objetos y se sirve deliberadamente de uno para obtener un resultado sobre el otro. A los nueve meses, te darás cuenta también de que tu hijo es capaz de resolver problemas sencillos de desviación. Si colocas un obstáculo entre él y un juguete, primero tratará de asir el juguete a través del obstáculo, pero muy pronto contorneará éste y se hará con el juguete. La consecución de un objeto por medios indirectos (rodeo) y la inclusión de actividades intermedias (al niño le rodea el obstáculo) son también una expresión del proceso de pensamiento.

Del séptimo al noveno mes, el niño empieza a reaccionar a las palabras y las solicitudes y puede aprender a dar palmadas cuando tú le cantas: «Palmas, palmitas, que viene papá...», a abrir y cerrar la mano cuando le dices: «Di adiós», a separar los brazos cuando le preguntas: «A ver qué grande eres...» A los nueve meses, empezará a apuntar con el dedo cuando le preguntes: «¿Dónde está tal cosa?» Hacia el final de este mismo mes, reaccionará a las palabras que designan a las personas de su entorno, algunos animales, cosas y actividades diarias. Es muy difícil determinar la riqueza de su vocabulario pasivo, el número de palabras que «comprende», ya que su reacción a muchas de esas palabras es a menudo poco expresiva.

El lenguaje activo se desarrolla con mucha mayor lentitud. Durante el sexto mes, se limita a pronunciar sílabas de dos letras, como «ba», «ma», «ta». Alrededor del séptimo mes, empieza a repetir esas sílabas y a balbucearlas por duplicado: «ma-ma», «ba-ba-ba». Cuando se hace obvio que dice «ma-ma» deliberadamente en relación contigo, esas expresiones vocales se convierten en palabras. Los niños suelen decir su verdadera primera palabra en el cuarto trimestre, pero hay niños que ya pronuncian en el noveno mes ciertas sílabas en conexión con una situación o un objeto determinados, de manera que esas sílabas o sonidos toman el carácter de palabras.

Ahora se hace activo en sus relaciones sociales con la gente. Durante el séptimo y el octavo mes, llama la atención hacia sí mismo vocalmente, tendiendo los brazos o gateando hacia las personas. Empieza a comprender el juego del escondite y a diferenciar entre sus relaciones. Estará acostumbrado a que su madre le dé de comer, pero preferirá jugar con su padre. A esta edad, muchos niños empiezan a tener miedo de las personas desconocidas, pero, al cabo de un rato, las miran con curiosidad y pronto pierden su timidez y establecen contacto con el extraño.

En general, el desarrollo del niño no necesita ser estimulado en este estadio de manera tan directa o con tanta intensidad como en los primeros seis meses. Ahora bastará con asegurarle las oportunidades y posibilidades de autodesarrollo suficientes y con canalizar, apoyar y motivar esas actividades. La estimulación directa durante su primer semestre le habrá dado un cierto impulso que se conservará poco más o menos durante todo su desarrollo.

El entrenamiento del acto de gatear

Objetivo: hacia el octavo mes, tu hijo gateará normalmente con gran energía por toda la casa. Ya he subrayado la enorme importancia de esta habilidad.

Los ejercicios siguientes fortalecen los brazos y permiten al niño cargar como mínimo la mitad de su peso sobre ellos. Fortalecen también los músculos del vientre, capacitándole para llevar las rodillas hasta debajo de éste. El padre o la madre actúan como un obstáculo viviente, pero seguro. Pon a tu hijo sobre tu cuerpo y anímale a que se mueva para alcanzar un juguete. El niño intentará gatear sobre tu cuerpo, empujará con los brazos y las piernas y ejecutará otros movimientos que exigen esfuerzo. El cuerpo humano, suave y cálido, estimula movimientos más intensos que una mesa dura.

EJERCICIO N.º 118

Ejercicio n.º 118. Gatear sobre el padre. Échate en el suelo y coloca al niño a tu lado, de modo que tenga las rodillas en el suelo y se incline sobre tu estómago. Coloca algún juguete a tu otro lado. En su intento de apoderarse del juguete, se acostará a través de ti y empujará con las piernas. Puedes ayudarle en su empuje apoyando la mano contra ellas. También puedes dejar al niño atravesado sobre tu estómago, de forma que su cabeza y sus hombros estén sobre el suelo, forzándole así a sostenerse sobre las manos, a unos quince centímetros de tu costado. Coloca el juguete a tu otro lado y el pequeño intentará retroceder para asirlo.

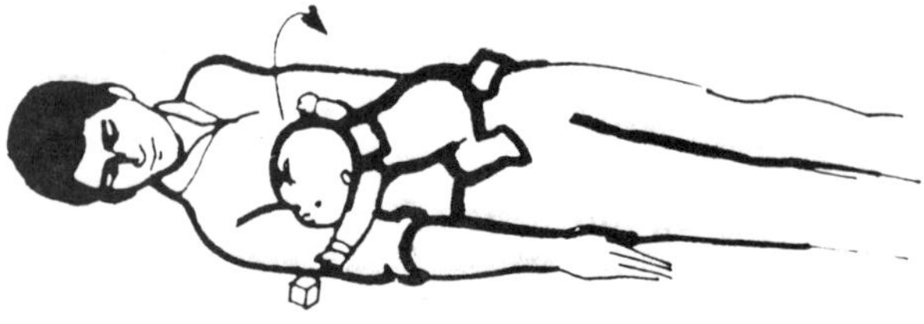

EJERCICIO N.º 119

Ejercicio n.º 119. Empujar de izquierda a derecha. El padre, acostado también en el suelo, coloca al niño sobre su pecho, con los brazos del pequeño descansando sobre éste y las piernas abarcando su cintura, es decir, a horcajadas. Coloca un juguete a uno de tus costados, de treinta a cuarenta centímetros de distancia. El niño se impulsará a ambos lados con los brazos para intentar alcanzar el juguete.

Ejercicio n.º 120. Trepar por encima del padre, que yace de costado. Échate sobre el lado izquierdo, con el niño arrodillado a tu espalda. Sus brazos se apoyan en tu costado derecho. O ponle a través de tu costado derecho, con los brazos apoyados en el suelo, frente a ti. Pon un juguete a unos treinta centímetros de él y haz que trate de alcanzarlo. Puedes hacer el obstáculo más alto levantando el brazo derecho. Si recoges el brazo izquierdo bajo tu cuerpo, le facilitarás las cosas, puesto que así encontrará más apoyo para sus piernas.

Ejercicio n.º 121. Trepar desde la posición a horcajadas sobre el costado del padre. Échate de nuevo sobre el costado izquierdo, con el niño descansando a horcajadas sobre tu costado derecho y sosteniéndole con tu brazo doblado. Coloca un juguete frente a tu pecho o detrás de él, para que el chiquillo pueda alcanzarlo bajándose de tu brazo, apoyando los brazos en el suelo, llevando una pierna junto a la otra y arrastrándose para abandonar tu cuerpo.

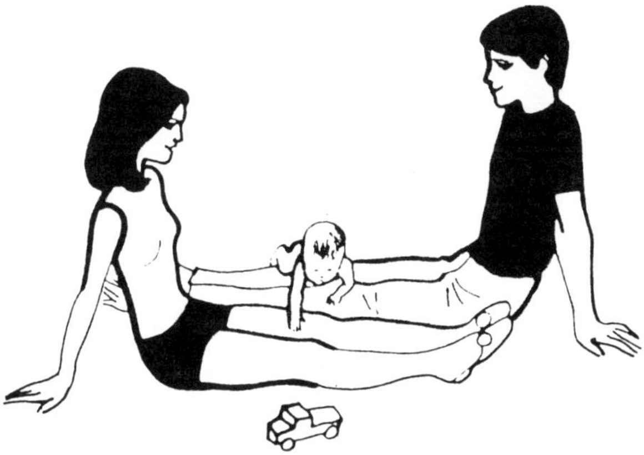

EJERCICIO N.º 122

Ejercicio n.º 122. Trepar sobre los muslos de ambos padres. Sentaos en el suelo en direcciones opuestas, de modo que la espinilla izquierda del padre quede junto a la cadera izquierda de la madre, y la espinilla izquierda de la madre junto a la cadera izquierda del padre. Separad ligeramente las piernas para formar una especie de escala. Colocad al niño cruzado sobre las piernas de uno de vosotros y persuadidle para que gatee a través de vuestros muslos en dirección a un juguete situado más allá de ellos, como si trepase por una escala segura y suave. Podéis hacer el ejercicio más difícil flexionando ligeramente las rodillas. O asir cada uno el codo izquierdo del otro para que vuestros brazos formen un obstáculo de ligera elevación que el niño ha de superar.

Ejercicio n.º 123. Gatear adentro y afuera del nido. El padre se echa sobre el lado izquierdo, y la madre, frente a él, sobre el lado derecho. Unen las manos, flexionando ligeramente las piernas para que se toquen. Vuestros cuerpos formarán entonces un círculo, una especie de «nido». Animad al niño para que entre y salga gateando de este nido. Dependiendo del grado de madurez de vuestro hijo, dejadle trepar sobre vuestros brazos y piernas o sobre la parte más alta de la «pared», es decir, vuestras caderas o vuestros hombros.

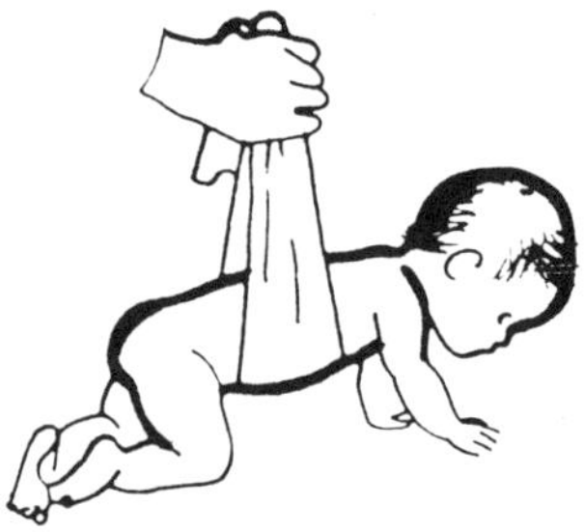

EJERCICIO N.º 124

Ejercicio n.º 124. Gatear sostenido en cabestrillo. Dobla una tela para obtener un ancho cabestrillo y pásalo por el pecho del con ambos extremos sobre su espalda. Toma en tus manos los extremos y sírvete del cabestrillo para alzar el pecho del niño, de diez a quince centímetros por encima del suelo. Esto le ayudará a llevar las piernas bajo el vientre. Se pondrá a cuatro patas, empezará a empujar con los brazos y las piernas y gateará hacia el juguete que hayas colocado frente a él.

Ejercicio n.º 125. Gatear bajando una pendiente. Alza el extremo de una cama estrecha y apóyalo en una silla, para que forme una superficie inclinada de alrededor de quince grados. Coloca al niño (que para este ejercicio ha de saber ya ponerse a cuatro patas) sobre la cama, de manera que le permita gatear hacia abajo. Bajar gateando una pendiente es más fácil que gatear sobre una superficie plana.

Nota: Para que el niño aprenda a gatear, tiene que estar con las piernas desnudas y descalzo. Gatear sobre superficies lisas resulta mucho más difícil.

Veamos ahora otros ejercicios para perfeccionar el gatear sobre obstáculos, destinados a los niños de siete a diez meses.

Ejercicio n.º 126. Gatear sobre una superficie plana en diversas condiciones. Una vez que el niño ha aprendido bien a gatear sobre una superficie plana, dale la oportunidad de hacerlo con pantalones, sobre una alfombra, un suelo de parquet, arena, hierba o agua poco profunda, por ejemplo. Ten cuidado de que no se haga daño con alguna astilla, un agujero o un borde agudo, y procura que las superficies por las que gatea estén lo más limpias posible. No te olvides de lavarle las manos antes de que se meta los dedos en la boca.

EJERCICIO N.º 127

Ejercicio n.º 127. Persecución a gatas. Hacia el décimo mes, el niño habrá aprendido a gatear hacia adelante y hacia atrás rápidamente, a moverse hacia los lados y a girar a la derecha y a la izquierda. Entrénale con el juego de la «persecución a cuatro patas». La madre o el padre le seguirán gateando y diciéndole: «¡Que te pillo! ¡Que te pillo!» El niño reirá a carcajadas y tratará de gatear lo más deprisa posible, hacia adelante y hacia los lados. Este juego requiere un cierto grado de madurez motora y social.

Ejercicio n.º 128. Jugar al «perrito». Si tu hijo tiene la posibilidad de observar a los perros, el padre puede imitar a los perros cuando corren y saltan y convencer al niño para que juegue también al perrito. Esta imitación tiene éxito por lo general durante el cuarto trimestre, pero muchos niños la aprenden ya en el tercero.

EJERCICIO N.º 129

Ejercicio n.º 129. Trepar y bajar por una pendiente. Sal con el niño al aire libre y permítele que trepe por una ligera pendiente, en un campo o en un jardín, y que la descienda después. En casa puedes utilizar una tabla o el tablero de una mesa apropiados, que situarás formando un ángulo de quince a veinte grados, y cubrirás con una manta. Deja que el niño suba y baje por esa pendiente, teniendo cuidado de que no se caiga.

EJERCICIO N.º 130

Ejercicio n.º 130. Gatear entre obstáculos. Distribuye por el suelo cajas grandes de cartón, sillas y otros objetos, a fin de que, si el niño quiere ir a buscar un juguete, tenga que gatear entre esos obstáculos y moverse a la izquierda y a la derecha. Este ejercicio provoca una flexión de la columna vertebral hacia ambos lados saludable y vigorosa.

EJERCICIO N.º 131

Ejercicio n.º 131. Gatear por debajo y a través de objetos. Se pueden utilizar diversos objetos para este ejercicio: sillas, bancos y cajas de cartón sin fondo. Primero, convence al niño para que gatee a través (o por debajo) de espacios grandes y, poco a poco, por espacios más pequeños, para acostumbrarle a protegerse la cabeza contra los golpes. Con la práctica, aprenderá a mantener la cabeza baja hasta que ha pasado a través (o por debajo) del obstáculo. Gatear a través de aberturas bajas es especialmente bueno para ejercitar los músculos dorsales.

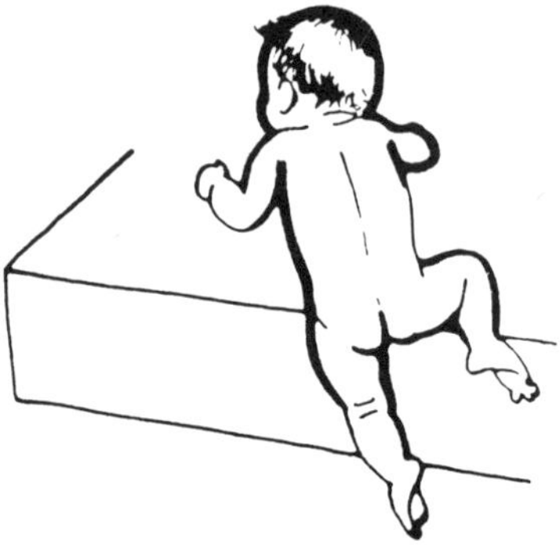

EJERCICIO N.º 132

Ejercicio n.º 132. Gatear para subir un escalón. Anima al niño a acercarse a un escalón, un banco bajo, una maleta o una caja y convéncele para que se suba. Primero se limitará a apoyarse en el obstáculo con los brazos hasta que descubra que tiene que alzar la pierna lo suficientemente alta para apoyar la rodilla. Sólo entonces podrá transferir el peso de su cuerpo sobre el objeto y subir la segunda rodilla. Al principio, tendrás que ayudarle. Ponle una rodilla sobre el obstáculo y sujétale el talón de la pierna levantada para permitirle subir la otra con mayor facilidad.

El alzarle la rodilla le muestra la técnica necesaria para trepar.

EJERCICIO N.º 133

Ejercicio n.º 133. Gatear por una superficie elevada. Utiliza un banco bajo o coloca una tabla de planchar sobre dos taburetes para formar un puente. Pon al niño boca abajo en uno de los extremos del puente y procura convencerle de que gatee hacia el otro. Para mayor seguridad, síguele muy de cerca, preparada para sujetarle de inmediato si las manos le resbalan fuera de la tabla y está en peligro dc caerse.

Ejercicio n.º 134. Bajar de una altura. Los niños empiezan por bajarse de un escalón o de un banco con la cabeza por delante, con el peligro consiguiente de caer sobre ella. A menudo gatean a lo largo de la cama y no se detienen al llegar al borde. Enséñale a detenerse al llegar al extremo, a dar la vuelta y a bajar empezando por los pies. Para ello, colócale sobre la cama con los pies en el borde. Apoya las manos en sus hombros y empújale poco a poco hasta que toque el suelo con los pies. Se supone, claro está, que se sostiene ya sobre las piernas (hacia finales del noveno mes). Repite varias veces el ejercicio, ayudándole cada vez menos a bajarse, aunque teniendo cuidado de que no se caiga. Al cabo de algún tiempo, captará el principio y aprenderá a darse la vuelta por sí mismo, a hacer retroceder las piernas al borde de la cama y a aterrizar a salvo en el suelo, lo que suele ocurrir en el cuarto trimestre.

EJERCICIO N.º 135

Ejercicio n.º 135. Trepar por encima de obstáculos. Una alfombra enrollada, un banco bajo o un colchón te servirán como obstáculos. En el exterior, se puede utilizar el tronco caído de un árbol (mira que no tenga astillas ni ramitas). Pero el obstáculo más seguro eres tú, echada en el suelo. Tan pronto como el niño haya aprendido a trepar sobre ti y a bajarse, aprenderá rápidamente a trepar sobre obstáculos.

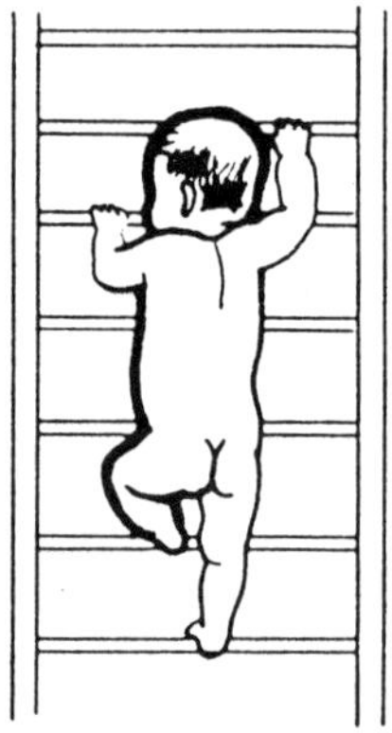

EJERCICIO N.º 136

Ejercicio n.º 136. Trepar por una escala. Si le ofreces a tu hijo de nueve meses la clase apropiada de escala, por ejemplo el lateral de su cuna situado contra una pared, gateará hacia ella, se pondrá de pie, se subirá al primer escalón y pronto trepará todo el resto. Como ya he dicho, los niños de nueve meses no suben por las escalas, no porque no sepan cómo hacerlo, sino porque los padres se lo impiden, temiendo que se caiga «y se lastime». Naturalmente, hay que supervisarle. Permítele primero que trepe por una escala puesta plana en el suelo, luego ligeramente inclinada y ve poniéndola cada vez más vertical. Vigila sin cesar que no se suelte. Garantízale el placer de aprender esta habilidad y no te bases en la noción errónea de que incluso los traspiés más ligeros son imposibles porque has eliminado todas las oportunidades de que los tenga.

Nota. Todos los ejercicios para aprender a gatear conllevan un cierto grado de riesgo de arañazos y otras heridillas sin importancia. Pero ese ligero riesgo, calculado, puede evitar peligros mucho más graves. Los niños que adquieren pronto unas buenas facultades motoras y que atesoran un gran número de experiencias positivas y negativas están mucho mejor protegidos contra los accidentes graves que los niños que carecen de experiencia y de entrenamiento.

El entrenamiento para incorporarse y sentarse

Objetivo: he de insistir de nuevo en que, al hacer los ejercicios con tu hijo, has de dar preferencia al aspecto dinámico sobre el estático. Enseñar al niño a incorporarse cuando está echado debe preceder al acto de sentarse. Incluso me permitiré exagerar levemente y decir que, cuanto más tarde aprenda el niño a sentarse, tanto mejor será su desarrollo global. Y, desde luego, está clarísimo que tiene que aprender a gatear antes que aprender a sentarse.

Ejercicio n.º 137. Incorporarse con ayuda de una anilla. Este ejercicio, que hemos descrito ya entre los destinados al segundo trimestre, debe hacerse en el séptimo mes de forma que las anillas permanezcan estacionarias. Se le dará al niño un mínimo de ayuda y ha de incorporarse prácticamente por sí mismo.

EJERCICIO N.º 138

Ejercicio n.º 138. Incorporarse desde una superficie inclinada. El niño estará acostado con las nalgas y las piernas en una superficie horizontal, pero apoyando la espalda en algo que le dé una ción de veinte a treinta grados. Cuelga o sostén una tela frente a él. El niño la agarrará y se impulsará fácilmente a sí mismo hasta la posición sentada. Puedes también sentarte en el suelo o en la cama, reclinándote hacia atrás apoyándote en los codos, con el niño semisentado sobre tus muslos y la espalda reclinada contra tu estómago. Si agarra una tela colgada frente a él, se incorporará sin dificultades.

EJERCICIO N.º 139

Ejercicio n.º 139. Incorporarse asiéndose a los barrotes de su cuna. Coloca al niño cerca de los barrotes de su cuna y tiéndele un juguete por encima, sosteniéndolo alto. Se asirá a los barrotes y se incorporará.

EJERCICIO N.º 140

Ejercicio n.º 140. Incorporarse tomando impulso gracias a un soporte. Enseña al niño cómo incorporarse cuando no tiene nada a lo que asirse. Acuéstale boca arriba. Levántale las piernas en el aire (hasta que el tronco y las piernas formen un ángulo recto) y hazle rodar sobre el costado derecho. Colócale después las palmas de las manos junto a su hombro derecho y tiéndele un juguete desde arriba. El niño se apoyará en los brazos, se incorporará y quedará sentado sobre la nalga derecha, inclinándose hacia este lado. Más tarde, aprenderá a apoyarse con más fuerza y a sentarse sobre las dos nalgas. Ayúdale levantándole ligeramente la pierna izquierda (casi extendida). Así actuará como un contrapeso y le permitirá incorporarse con mayor facilidad. Esto le enseñará cómo incorporarse cuando no dispone de nada a lo cual asirse.

Cuando ayudes al niño a incorporarse, no le dejes permanecer sentado. Vuelve siempre a acostarle. Una vez que ha aprendido a incorporarse por sí mismo, déjale un ratito en esa posición para que juegue. Pero no permitas que pierda su tensión corporal al estar demasiado tiempo sentado. De lo contrario, se encorvará y se inclinará hacia adelante. Ponlo sobre el vientre para que juegue en esta posición. Cuando el niño se incorpore, haz el ejercicio siguiente para evitar que permanezca sentado inmóvil.

Ejercicio n.º 141. Recompensarle cuando se incorpora. Una vez que el niño se ha incorporado, tiéndele un juguete desde la derecha, desde la izquierda y desde atrás, a fin de que se dé la vuelta, se incline hacia adelante, hacia atrás y a los lados sin perder el equilibrio (en el noveno mes).

Nota: Entre el cuarto y el octavo mes, puedes sentar al niño en tu regazo varias veces al día, darle de comer en esta postura y jugar con él. En realidad, más que sentado, debe estar recostado contra ti, apoyándose en tus brazos y tu estómago. Normalmente, también puedes sostenerle por debajo de los brazos para que se mantenga sentado y erguido, sin que su columna vertebral tenga que hacer un esfuerzo excesivo.

Permitir que un bebé de cuatro a siete meses permanezca sentado en una esquina de la cuna, evitando que se caiga por medio de cojines, es totalmente inapropiado para enseñarle la buena postura. Un niño que carece de la fuerza necesaria para sostener correctamente su columna se desplomará o se sentará con la columna curvada, acostumbrándose a este insano encorvamiento.

El entrenamiento para ponerse de pie y permanecer así

Objetivo: también en este caso has de enseñar primero a tu hijo a incorporarse y sólo después a permanecer de pie. No olvides consultar primero con un ortopedista, para asegurarte de que el pequeño tiene las articulaciones de las caderas en perfecto estado.

Ejercicio n.º 142. Pasar de la posición sentada a la posición de pie con ayuda de una mano. Sienta al niño en una caja de unos quince centímetros de alto, de modo que tenga las espinillas perpendiculares al suelo. Ofrécele los dedos. Se asirá a ellos y, por regla general, se impulsará con las piernas para pasar de la posición sentada a la posición de pie. Siéntale de nuevo y repite varias veces el ejercicio. Puedes también sentarte en el suelo, las piernas dobladas, sentar al niño entre tus muslos, dándote frente, y asirle las manos. El chiquillo empujará con las piernas contra tu estómago y se pondrá de pie. Repite varias veces.

Ejercicio n.º 143. Ponerse de pie desde la posición acostada tendiéndole una mano. Acuesta al niño boca arriba, ofrécele los dedos, una anilla, un palo o cualquier otro utensilio apropiado. Cuando lo aferre, tira de él. Se incorporará y se pondrá de pie. Puedes hacer el ejercicio más difícil colocando tu mano de tal forma que tenga que ponerse de pie con una independencia creciente. Y puedes complicarlo más aún ofreciéndole la ayuda desde tan arriba que el niño se vea obligado primero a extender los brazos hacia afuera y hacia arriba y, más tarde, totalmente hacia los lados. Lo más difícil para él es incorporarse con los brazos extendidos frente a él, pero inclinados hacia abajo.

EJERCICIO N.º 144

Ejercicio n.º 144. Ponerse de pie independientemente desde la posición de rodillas, asiéndose a un barrote. A los siete y ocho meses, cuando el niño es capaz ya de gatear hasta los barrotes de su cuna o hasta una silla o una cama, sostén un juguete sobre su cabeza y anímale a levantarse y apoderarse de él. El niño buscará sostén en los barrotes y primero se pondrá de rodillas, luego extenderá una pierna y, por último, las dos y se levantará. Recompensa el logro de esos diversos estadios dándole un juguete. Empieza por premiarle cuando ha conseguido arrodillarse, luego cuando sólo se apoya en una rodilla, y así sucesivamente, a medida que progresa.

EJERCICIO N.º 145

Ejercicio n.º 145. Ponerse de pie independientemente junto a una pared lisa. Una vez que el niño ha aprendido a ponerse de pie a algún mueble al que puede asirse, convéncele para que lo haga junto a una pared o un armario de superficie lisa, de modo que le sea posible apoyarse, pero no agarrarse a nada. El señuelo puede ser un muñeco colgado de la pared o la llave del aparador.

Ejercicio n.º 146. Permanecer de pie sujetándose con una mano o apoyando el cuerpo. Coloca al niño de pie junto a una cama y pon un juguete en su mano. Tiene que sostenerse sin soltarlo y apoyándose sólo en la otra. Por regla general, resolverá el problema tomando el objeto con ambas manos y apoyándose contra la cama.

EJERCICIO N.º 147

Ejercicio n.º 147. Recoger cosas del suelo. Después de que el niño ha aprendido a ponerse de pie y a sostenerse sin peligro con una sola mano, coloca un juguete en el suelo, frente a él. Al intentar recogerlo, aprenderá a inclinarse hacia adelante en la posición de pie, a bajarse hasta quedar acuclillado y levantarse de nuevo, irguiéndose y sosteniendo algo en la mano al mismo tiempo. Al principio, hazle más fácil el ejercicio eligiendo un juguete de buen tamaño o poniéndolo sobre una caja.

El entrenamiento de los primeros pasos

Objetivo: en el noveno mes, cuando el niño tiene algo a que sujetarse, empezará primero a marcar el paso y luego a andar pegado a los laterales de un mueble. De vez en cuando, se apartará de los laterales del mueble y dará un paso hacia adelante. Lo más probable es que dé su primer paso independiente, sin apoyarse en nada, durante el cuarto trimestre de su vida.

Nota: Enséñale a andar por métodos naturales. En mi opinión, cuando se emplea para esto andadores o tacatacas, se retarda el andar independiente. Normalmente, en los andadores el niño no da ningún paso. Se limita a empujar. Además, no aprenderá la habilidad más importante, la de conservar el equilibrio, puesto que se apoyará en el borde del andador. El modo en que los niños se mueven en esos aparatos tiene muy poco que ver con el andar real y se opone a nuestro «principio de ayuda mínima», puesto que el andador le proporciona siempre el mismo apoyo, por consiguiente, no le estimula a perfeccionar su forma de andar.

Para que el niño aprenda a andar, tiene que aprender gradualmente a permanecer sobre los pies y a cargar todo su peso sobre ellos (hacia el quinto o el sexto mes), a dar pasos (hacia el séptimo o el octavo mes) y a mantener el equilibrio al andar (entre los nueve y los catorce meses). Los andadores no favorecen ninguno de esos objetivos. Tampoco es conveniente que el niño aprenda a andar empujando una silla o algo con ruedas frente a él. Cuando empuja algo ante él, tiende a inclinarse mucho hacia adelante y hay que evitar que adquiera ese hábito cuando da sus primeros pasos independientes, enseñándole a andar erguido.

Ejercicio n.º 148. Transferir el peso del cuerpo de un pie a otro. Pon al niño de pie frente a la cama y coloca un juguete fuera de su alcance a unos quince centímetros a la derecha. El pequeño se inclinará hacia la derecha, transferirá todo el peso de su cuerpo al pie derecho y levantará el izquierdo. Cuando haya alcanzado el juguete y jugado con él, coloca otro a su izquierda, para que traslade su peso al pie izquierdo y alce el derecho.

EJERCICIO N.º 149

Ejercicio n.º 149. Dar patadas a una pelota. Pon al niño de pie junto a la cama y sostén una pelota colgada de una cuerda frente a él. Si la pelota está lo bastante cerca de su pie, el niño puede darle accidentalmente una patada. Pronto empezará a dárselas voluntariamente. Ofrécele la oportunidad de darle patadas con ambas piernas.

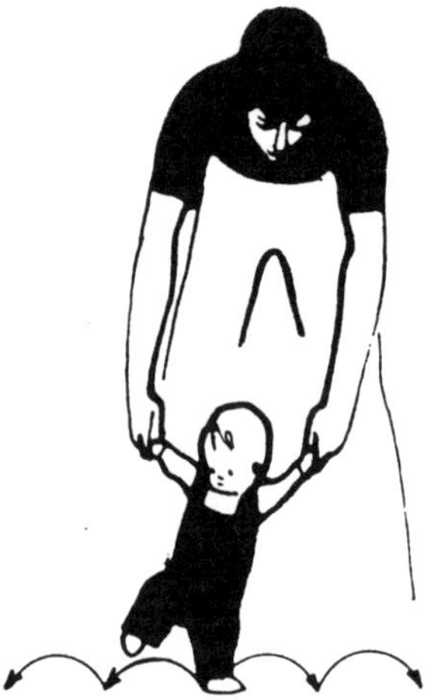

EJERCICIO N.º 150

Ejercicio n.º 150. Andar de lado. Pon al niño de pie frente a la cama y coloca uno de sus juguetes favoritos a un metro de distancia a su derecha. Sitúate detrás de él y sujétale por ambas manos. Empuja ligeramente su brazo izquierdo de lado y su brazo derecho hacia arriba, de manera que se apoye en el pie izquierdo y alce un poco el derecho. Luego empuja el brazo derecho hacia la derecha y álzale el izquierdo para que se apoye en el pie derecho y dé un paso a la derecha. Repite el ejercicio hasta que el niño llegue al juguete. Haz este ejercicio en el séptimo mes, antes de que el niño haya aprendido a andar a lo largo de un mueble.

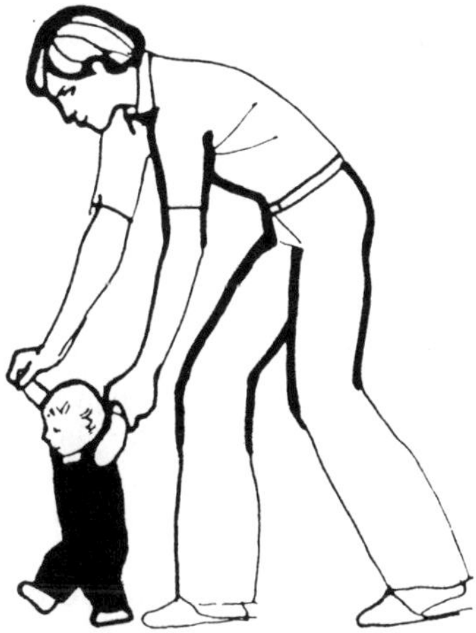

EJERCICIO N.º 151

Ejercicio n.º 151. Pasos hacia adelante tomándole de la mano. Una vez que el niño haya aprendido a andar a lo largo de un mueble, puedes comenzar a dirigirle tomándole por las manos. Sitúate detrás de él, sujeta sus manos, empújalas ligeramente hacia adelante y el niño empezará a dar pasos. Poco a poco, disminuye tu ayuda y deja de guiarle. Al principio, el niño andará con los brazos levantados. Cuando se sienta más seguro de sí mismo, complica el ejercicio haciendo que se apoye contra ti y ande con los brazos extendidos hacia adelante o a los lados.

Ejercicio n.º 152. Pasos hacia adelante, sujetándole por una mano y con la otra apoyada en un mueble. Pon al niño de lado junto a la cama. Se apoyará en el mueble con una mano y te dará la otra. Muévete lentamente hacia adelante. El niño conservará el apoyo de tu mano, pero tendrá que levantar la otra para buscar apoyo de nuevo. Este ejercicio entrena al niño para andar tomado sólo de una mano.

El desarrollo de los movimientos delicados de las manos y del juego

Objetivo: del séptimo al noveno mes, te recomiendo que intentes enseñar a tu hijo a adaptar la postura y la posición de la mano antes de asir un objeto; a agarrar objetos pequeños colocados sobre una superficie; a actuar con un objeto sobre otro objeto; a agacharse y recoger objetos; a abrir cajones y cajas, a vaciarlos y a llenarlos; a distinguir entre diversos materiales; a desarrollar movimientos autosuficientes; a hacer movimientos en respuesta a peticiones verbales.

Cuando quieres asir algo, adaptas la posición de tu mano y extiendes los dedos cuando te acercas al objeto para asirlo. Extiendes los dedos de modo distinto para asir un objeto grande o un objeto pequeño y vuelves en distinta posición la mano si se trata de un objeto horizontal o de un objeto vertical. El bebé tiene que aprender a calcular el tamaño, la forma y la posición de los objetos y adaptar su mano a estas condiciones.

Ejercicio n.° 153. Asir objetos de diversos tamaños y formas, en distintas posiciones. Ofrece a menudo al niño objetos de distintas formas con los que esté poco familiarizado y que no sepa asir todavía. Por ejemplo, un disco de cartón (como un plato pequeño) sólo se puede asir por el borde; un globo grande hay que cogerlo sirviéndose de ambas manos; los dados de un centímetro o centímetro y medio de arista caben dos en una mano. Se puede ejercitar fácilmente la adaptación de la mano antes de asir dando al niño objetos alargados o planos (cacillos, tapaderas) en posiciones distintas. El niño tendrá que colocar la mano de manera distinta cuando le des un cacillo en posición vertical, horizontal o inclinada.

Ejercicio n.° 154. Asir objetos en movimiento. Ofrece al niño un juguete, pero agítalo de modo que tenga que asirlo mientras está en movimiento. Haz el movimiento gradualmente más rápido y elige un objeto cada vez más grande, a fin de dificultar el ejercicio.

EJERCICIO N.º 155

Ejercicio n.º 155. Asir objetos metidos en un recipiente. Pon un juguete atractivo dentro de un recipiente y deja éste frente al niño, convenciéndole para que lo saque. Empieza con recipientes de boca ancha y ve reduciendo ésta poco a poco (pon el juguete en una cazuela, luego en una olla, más tarde en una jarra). Preséntale el recipiente en varias posiciones —con la abertura hacia él, al otro lado, hacia arriba, a la derecha, a la izquierda o ligeramente inclinada hacia atrás. El niño tendrá no sólo que adaptar los movimientos de su mano a la posición del recipiente, sino también los de su brazo y su hombro. El juego con la jarra es una preparación especialmente buena para la solución de los problemas de evitar obstáculos dando pasos de costado y para desarrollar la imaginación espacial y el pensamiento.

Asir los objetos pequeños es mucho más difícil que asir los objetos grandes, y el niño sólo será capaz de hacerlo cuando ha adquirido el reflejo de la llamada «presa de pinza», que se efectúa con las puntas del índice y el pulgar, cosa más difícil que agarrar un objeto cuando se le tiende.

EJERCICIO N.º 156

Ejercicio n.º 156. Asir juguetes pequeños. Coloca varios objetos pequeños delante del niño: botones (de unos cuatro centímetros de diámetro), un lápiz, una canica, una castaña, un cuadradillo de azúcar, un guijarro, una cinta estrecha. Esos objetos animarán al niño a usar sólo los dedos para levantarlos, puesto que, si coloca toda la palma sobre ellos y dobla los dedos, no logrará hacerlo. Le facilitarás la presa sobre esos objetos si los colocas sobre un trozo de gomaespuma, una esponja o sobre algodón en rama. Recoger un objeto pequeño de una superficie dura resulta mucho más difícil.

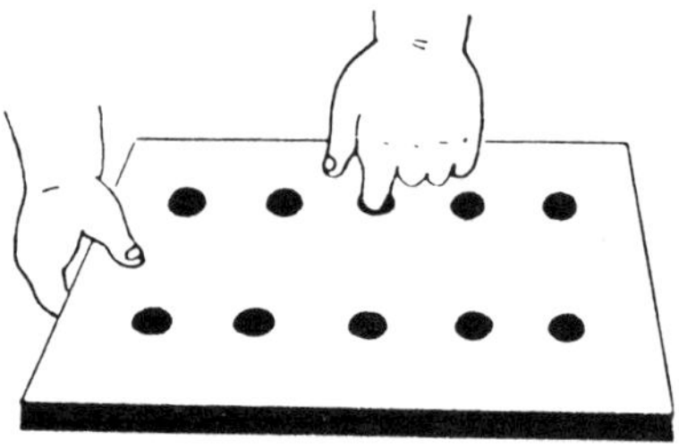

EJERCICIO N.º 157

Ejercicio n.º 157. Jugar con un tablero con agujeros. Dale al niño un tablero de madera (de unos quince por quince centímetros) en el que habrás hecho una serie de taladros (con un diámetro de centímetro y cuarto aproximadamente). El niño palpará el tablero, meterá los dedos en los agujeros y aprenderá a asir los objetos con los dedos separados. Se puede utilizar también un dado (con una arista de dos centímetros y medio a cuatro) o una pelota (de unos cinco centímetros de diámetro) agujereados.

Actuar con un objeto sobre otro

Para los ejercicios siguientes, necesitarás algunos objetos sencillos, que ofrecerás al niño por separado o pegados a un tablero (de cuarenta y cinco por sesenta centímetros). Cuélgalo bajo en la pared, para que el niño pueda jugar con los objetos pegados a él.

Ejercicio n.º 158. Jugar con una marioneta o con una campanilla. Dale al niño la oportunidad de poner en movimiento una marioneta o una campanilla tirando de una cuerda. De los ocho a los nueve meses, se divertirá creando nuevos efectos al tirar de la cuerda.

EJERCICIO N.º 159

Ejercicio n.º 159. Hacer girar una rueda o un cilindro. Toma el tablero mencionado en el ejercicio 157. Sujeta a él un cilindro de colores vivos (un bote de diez a trece centímetros de largo y de unos tres centímetros de diámetro, por ejemplo). Puedes emplear también otros cuerpos geométricos (una pelota de ping pong, un cubo) con tal de que giren cuando el niño los golpee. Un ábaco con cuentas gruesas sirve para el mismo propósito.

EJERCICIO N.º 160

Ejercicio n.º 160. Hacer girar una manivela. Sujeta una manivela giratoria a una caja o un cubo de madera con una arista de unos trece o catorce centímetros de largo. Preséntasela al niño en varias posiciones, con la manivela arriba, de lado, al frente. Intentará hacerla girar y conseguirá moverla unos 180° a un lado y a otro, pero sólo en su cuarto trimestre le dará la vuelta por completo. A los niños les gusta hacer girar las manivelas de varios instrumentos, como un afilalápices o un antiguo molinillo de café. Puedes también comprarle cajas de música o juguetes musicales, que emiten una tonadilla cuando se hace girar la manivela.

Ejercicio n.° 161. Hacer girar una llave. Mete una llave grande en la cerradura de un cajón, de forma que el niño pueda darle vueltas en ambos sentidos. Los picaportes y otros objetos similares sirven para el mismo propósito.

Ejercicio n.° 162. Apretar un botón. Coloca dos o tres timbres en el tablero y conéctalos con una batería de bolsillo, con el mismo número de bombillitas en la parte superior del tablero, adonde el niño no alcance. Conecta los timbres y la batería de modo que, por ejemplo, el timbre 1 encienda la bombilla 3, y así sucesivamente. El niño empezará pronto a apretar los botones y más tarde mirará a la bombilla que quiere encender, demostrando así que ha captado la conexión entre dicha bombilla y el botón que la enciende.

Ejercicio n.° 163. Dar palmadas. Sujeta al niño por las muñecas y demuéstrale cómo se dan las palmadas. Pronto empezará a darlas por sí mismo. Durante este período, será también capaz de hacer movimientos simétricos con ambas manos, y las palmadas son el prototipo de tales movimientos.

EJERCICIO N.° 164

Ejercicio n.º 164. Golpear dos objetos uno contra otro. Una vez que el niño ha aprendido a dar palmadas, ponle un juguete o un cubo en cada mano y enseguida empezará a entrechocarlos.

Ejercicio n.º 165. Tocar el tambor. Dale a tu hijo un tambor y un palillo (una caja y un cucharón harán el mismo efecto) y enséñale cómo tocarlo. Cuando esté aprendiendo a tocar el tambor con un solo palillo, haz que lo sostenga alternativamente en una mano y en la otra. Luego dale el otro palillo. Así hará de nuevo movimentos simétricos. Golpeará y alzará los dos palillos a la vez. No aprenderá a golpear primero con una mano y luego con la otra hasta el cuarto trimestre.

EJERCICIO N.º 166

Ejercicio n.º 166. Acercarse un juguete con ayuda de una cuerda. Coloca un juguete o un muñeco sobre la mesa, fuera del alcance del niño. Ata un trozo de cuerda al juguete. Sujeta al otro extremo de la cuerda una pequeña pelota. Coloca la cuerda directamente frente al niño. El detalle de la pelota al extremo de la cuerda es importante porque probablemente se fijará en ella más que en la cuerda y, además, le será más fácil asirla. Primero jugará con la pelota. Después se dará cuenta de que tirando de la cuerda puede acercar el juguete.

EJERCICIO N.º 167

Ejercicio n.º 167. Empujar un cubo con un cucharón. Coloca un cubo frente al niño, ponle un cucharón en la mano y muéstrale cómo ha de empujar para mover el cubo de un lado a otro.

Nota: Cuando el niño ha aprendido a atraer un juguete hacia él con ayuda de una cuerda o a empujar un cubo valiéndose de un cucharón, ha adquirido no sólo una habilidad manual, sino que ha empezado también a pensar, puesto que está utilizando instrumentos primitivos y logrando con ellos ciertos efectos, en una expresión del despertar de las capacidades intelectuales. Ambos ejercicios proporcionan al niño lo que es verdaderamente el comienzo del pensamiento con las manos.

Cómo enseñar al niño a colocar los objetos uno encima de otro para hacer una construcción

Para un adulto, depositar una cosa en un lugar determinado resulta una actividad tan sencilla y natural que no considera necesario enseñársela al bebé. En realidad, se trata de una actividad muy complicada, que exige una coordinación neuromuscular tan compleja que sólo la aprenderá entre el tercer y el cuarto trimestre de su vida y necesitará un año para poner un cubo encima de otro. Pero primero habrá de aprender: a) a guiar la mano con que sujeta el cubo hacia su objetivo con toda precisión, por ejemplo hacia otro cubo colocado más allá; b) volver la mano que sostiene el cubo para cubrir con él la superficie del cubo estacionario; c) detener la mano que sostiene el cubo justo encima del objetivo; d) abrir la mano en el momento oportuno; e) retirar la mano y, al mismo tiempo, dejar de tocar los cubos. Cada acto individual es extraordinariamente dificultoso, y el niño sólo los dominará en parte hacia el noveno mes.

Ejercicio n.º 168. Entregar un objeto. Coloca una serie de pequeños objetos frente al niño y pídele que te los entregue. Tiende la mano y espera a que te los ponga en ella. Esto le enseñará a guiar su mano hacia el objetivo (la palma de la tuya), que encontrará a medio camino. Normalmente, tendrás que asir tú el objeto y quitárselo, puesto que el soltar la presa deliberadamente le resulta todavía demasiado difícil. Alaba y acaricia a tu hijo por cada objeto que te tienda.

Ejercicio n.º 169. Posar lentamente los objetos. A los seis meses, el niño no es capaz de detener su mano cuando sostiene algo en sobre la mesa. Es ésta la que detiene sus movimientos, y el niño golpea con el cubo contra la mesa. Del séptimo al octavo mes, dale algún objeto plano (un platillo o una taza) y demuéstrale cómo hay que posarlo lentamente. Dirígele para que deje el objeto, lenta, tranquila y suavemente, con la base hacia abajo. Haz lo mismo con otros objetos, una tapadera, por ejemplo.

EJERCICIO N.º 170

Ejercicio n.º 170. Poner objetos de pie. Cuando el pequeño ha aprendido ya a posar objetos planos, de poca altura, puedes empezar a enseñarle a posar objetos más altos. Dale una taza de plástico y dile que la deje encima de la mesa. Juega a posar también cilindros y cubos.

Abrir, vaciar y llenar cajones y cajas

En el tercer trimestre de su vida, tu hijo mostrará un interés creciente por los objetos huecos y le gustará jugar con diversos recipientes, cajas y cajones. Palpará el interior con las manos, los vaciará de su contenido y los llenará con objetos.

EJERCICIO N.º 171

Ejercicio n.º 171. Abrir cajones. Permite a tu hijo jugar con un cajón pequeño, ligero, que esté a una altura apropiada y provisto de un tirador. El frente del cajón ha de ser por lo menos 2,5 centímetros más pequeño que la abertura en que se inserta, a fin de que el chiquillo no se pille los dedos al cerrarlo. Lo abrirá y lo cerrará con gran interés, interés que aumentará en gran medida si los objetos que contiene son atractivos.

Ejercicio n.º 172. Vaciar recipientes. Dale al niño para jugar un recipiente, por ejemplo una caja, una taza, un cesto, un cajón. Llénalo con objetos pequeños, dados, avellanas, piñones. A esta edad, el niño será ya capaz de vaciar el recipiente, no sólo extrayendo uno por uno los objetos, sino también dándole la vuelta.

Ejercicio n.º 173. Llenar un recipiente. Aunque tu hijo sea capaz de vaciar un recipiente, eso no significa que sea capaz de llenarlo. Esta habilidad se adquiere un poco más tarde. Usa los mismos recipientes y los mismos objetos del ejercicio 172. El niño aprenderá a llenar los recipientes mediante diversos métodos: tomando cada uno de los objetos con una mano, tomando uno en cada mano, reuniendo varios con las dos manos. Al principio, sostendrá un dado sobre la caja, pero no lo soltará. Ten paciencia. Los padres suelen pensar que no quiere soltarlo, cuando, en realidad, no sabe todavía cómo hacerlo y tiene que aprender.

Ejercicio n.º 174. Trasladar objetos de un recipiente a otro. Dale al niño dos recipientes, por ejemplo una caja y un cesto. A esta edad, cambiará los objetos de uno a otro sin seguir ningún sistema, pero con mayor frecuencia los dejará caer fuera del recipiente.

El grupo siguiente de ejercicios le enseñará a llenar los recipientes con objetos pequeños y a meter otros objetos en agujeros estrechos.

EJERCICIO N.º 175

Ejercicio n.º 175. Meter un palo o una varilla en un agujero. Dale al niño un cubo que tenga un agujero en cada lado y dale asimismo un cucharón. Si no empieza a hacerlo por sí mismo, enséñale a meter el mango del cucharón por el agujero. La mayoría de los niños no dominan esta tarea hasta después de los nueve meses. La dificultad está en que tiene que asir el cucharón lejos de la punta, dirigir esa punta en línea recta hacia el agujero y sostener el cucharón verticalmente sobre la superficie del cubo. Todo esto requiere nuevas experiencias manuales y prácticas.

Cómo aprende el niño a distinguir los materiales

Dale a tu hijo la oportunidad de ver cómo puede alterar la forma y el tamaño de diversos objetos manipulándolos. Ésta es la base de las actividades creativas.

Ejercicio n.º 176. Amasar. Cuando estés preparando algún plato a base de masa, dale un poco al niño y demuéstrale la posibilidad de presionarla, estirarla, retorcerla y partirla. Este juego con la masa ejercitará no sólo sus dedos, sino también su imaginación.

Ejercicio n.º 177. Jugar con cuerdas y trapos. Durante el tercer trimestre, descubrirás que a tu hijo le gusta jugar con trapos, que pueden ser comprimidos, arrugados y extendidos de diversas maneras.

Ejercicio n.º 178. Jugar con papel de aluminio o con papel de plata. Estos materiales son distintos al papel y a las telas porque son fáciles de doblar, arrugar y comprimir y, además, conservan la forma que el niño les da. (Obsérvale siempre cuidadosamente, para evitar que se meta trocitos en la boca.)

EJERCICIO N.º 179

Ejercicio n.º 179. Partir espaguetis. Dale al niño unos cuantos espaguetis crudos, secos, y muéstrale cómo puede partirlos. Se entregará a esta actividad con gran placer y aprenderá a usar las puntas de los dedos. Asegúrate también de que no se mete trozos en la boca.

Ejercicio n.º 180. Arrancar hojas. Dale al niño una planta silvestre y enséñale cómo ha de arrancar las hojas de los tallos y dividir las hojas grandes en trozos pequeños.

Movimientos autosuficientes

Al principio del segundo semestre, el niño puede ya realizar algunos movimientos de manipulación sencillos, que le ayudan a satisfacer sus necesidades o le preparan para esta satisfacción.

Ejercicio n.º 181. Asir el biberón y llevárselo a la boca. Empezando del cuarto al sexto mes, coloca las manos del bebé alrededor del biberón. De los siete a los nueve meses, asirá por sí mismo el biberón que le tienden, se lo llevará a la boca, sujetará la tetina con los labios y sostendrá el biberón mientras se lo toma.

EJERCICIO N.º 182

Ejercicio n.º 182. Llevarse un vaso a la boca. Dale al niño la oportunidad de asir un vaso, llevárselo a la boca e inclinarlo correctamente. Al principio, entrena al niño en esta habilidad en el cuarto de baño o en el patio, si es en el verano, y ponle muy poca agua en el vaso. Hacia los ocho o los nueve meses, será capaz de beber por el vaso sin salpicarse demasiado.

EJERCICIO N.º 183

Ejercicio n.º 183. Meterse una cucharilla en la boca. Hacia los siete u ocho meses, dale al niño una cucharilla. La guiará hacia su boca. Antes de bañarle, pon en la cucharilla alguna pasta espesa, que se adhiera a ella. Se la llevará a la boca y la lamerá. Sin duda tendrás que bañarle después de los primeros intentos. Los motivos son absolutamente obvios.

Ejercicio n.º 184. Masticar una corteza de pan, una galleta o un trozo de manzana. Durante el séptimo o el octavo mes, el niño aprenderá a comerse independientemente una galleta o un trozo de manzana.

Ejercicio n.º 185. Agitar un líquido con una cuchara. Dale al niño una taza y una cuchara y pronto meterá ésta en la primera. Enséñale cómo usar la cuchara para remover.

Ejercicio n.º 186. Usar una toalla. A los ocho o nueve meses, cuando le bañes, dale al niño una toalla y dile que se seque también él. Moverá la toalla sobre su cara, por ejemplo, e imitará el frotado.

Movimientos respondiendo a solicitudes verbales

Del séptimo al noveno mes, puedes empezar a entrenar a tu hijo en diversos juegos y movimientos como respuesta a solicitudes verbales.

EJERCICIO N.° 187

Ejercicio n.° 187. «Haz palmitas». «Di adiós». «A ver qué grande eres». Cuando el niño empiece a comprender las palabras (lo que demostrará, por ejemplo, volviendo la cabeza hacia el reloj cuando le preguntes: «¿Dónde está el tictac»), enséñale los movimientos que acabamos de mencionar. Toma las manos del pequeño con las tuyas, golpéalas una contra otra y canta: «Palmas, palmitas, que viene papá...» Cuando hayas repetido este juego varias veces, entrechocará activamente las manos cuando le cantes esa cancioncilla. Entrénale de la misma manera en otros movimientos.

Hasta ahora, he descrito en su mayoría actividades que tu hijo efectuará contigo y siguiendo tus instrucciones. Sin embargo, convendría que le dieses también el máximo de oportunidades para jugar por su cuenta. Si lo haces así, advertirás que ejecuta de modo espontáneo muchos movimientos que no le has enseñado. La mayoría de ellos serán extraordinariamente útiles para su desarrollo posterior. Asegúrate simplemente de que sus juguetes no son cortantes, frágiles, pintados con productos nocivos o tan pequeños que hay posibilidad de que se los trague. Protégele de las esquinas, de los enchufes no protegidos, de las estufas y los radiadores encendidos. Ten en cuenta que todo esto le inspirará un interés creciente. Es preferible evitar las actividades no deseadas que el prohibírselas, porque la crianza de un niño exige principalmente estimulación, aliento, alabanza. Las prohibiciones, las amenazas y los castigos, que perturban las relaciones entre los padres y el niño, sólo deben utilizarse en casos excepcionales.

El desarrollo del pensamiento

Objetivo: al principio del séptimo mes, tu hijo será capaz de actuar con deliberación sobre un objeto para crear un efecto dado. Hacia los nueve meses, actuará de manera distinta sobre los objetos diversos, esperando efectos diversos. Hacia el final del noveno mes, será capaz de manejar por lo menos un instrumento primitivo y resolver una tarea sencilla dando un rodeo. Al comienzo del cuarto trimestre, dale la oportunidad de entrenarse en la comprensión de las relaciones entre causa y efecto.

Ejercicio n.º 188. Creación deliberada de un efecto esperado. Utiliza todos los medios razonables que tengas a tu disposición para permitir al niño que cree varios efectos o algunos cambios, quizá golpeando una campanilla o un tambor para suscitar un sonido, o hacer que se mueva un juguete tirando de una cuerda, dándole un juguete de goma que pita al apretarlo, etc.

De su conducta se deduce con facilidad que el niño realiza el movimiento no por el movimiento en sí, sino por el efecto que crea. Resulta aparente que busca ese efecto, que el efecto es el motivo principal de su acto y que se siente sorprendido y desconcertado si el efecto no se produce.

Ejercicio n.º 189. Creación de efectos distintos sobre el mismo objeto. Trata de suscitar situaciones en que un movimiento produce un efecto determinado, mientras que un movimiento distinto da lugar a un resultado distinto. Dale al niño un trozo de papel. Un movimiento lo arrugará, otro lo extenderá. Para romperlo, se necesita un movimiento completamente distinto. O dale un trozo de manguera de goma. Cuando lo ase por ambos extremos y abre los brazos, la goma se estira; si acerca las manos una a la otra, forma un anillo; con otros movimientos, puede envolverla alrededor de su brazo. Si le das una bolsa de plástico con varios objetos pequeños en su interior, empezará a experimentar con ella. Verá que ciertos movimientos hacen que los objetos caigan a la derecha o a la izquierda; otros lo convierten en un sonajero; con otros aun, la bolsa se hace más grande o más pequeña.

Ejercicio n.º 190. Crear efectos graduados. El pensamiento se desarrolla mejor con tareas y objetos que permiten alcanzar efectos graduados, dependiendo del grado de intensidad del movimiento que los provoca. Si se agita despacio un sonajero se obtiene un sonido bajo. Los movimientos más rápidos producen sonidos más fuertes. Si se le da un pequeño golpe a una pelota, recorrerá una distancia pequeña. Un golpe más fuerte la enviará de un lado para otro. Una palmada suave en el agua crea sólo una ondulación. Una gran palmada hace que el agua salpique hacia todos lados. Si se inclina una vasija ligeramente, sólo caerá un poco de agua. Si se inclina mucho se verterá toda. Te darás cuenta de si el niño es consciente de estas relaciones por el modo en que alterna deliberadamente los movimientos delicados y los movimientos bruscos, observando las diferencias entre los efectos de ambos.

EJERCICIO N.º 191

Ejercicio n.º 191. Creación voluntaria de un efecto entre varios posibles. Tenemos un ejemplo de este acto en el ejercicio 162. El niño dispone de tres botones, colocados ante él. Un poco más lejos, hay tres bombillas. Están conectadas de tal modo que el botón 1 enciende la bombilla 2, el botón 2 enciende la bombilla 3 y el botón 3 enciende la bombilla 1. Sabrás que el niño ha comprendido la relación entre el botón y su bombilla correspondiente cuando, antes de presionar el botón, mira hacia una bombilla determinada para ver si se enciende. Puedes preparar un juguete similar sirviéndote de una caja. Haz tres agujeros de entrada y tres de salida dispuestos para que, si se mete una canica por el primer agujero, salga por el segundo, y así sucesivamente. Otro juego posible consiste en tres marionetas conectadas a tres cuerdas que salen de tres agujeros, pero cuyo orden no se corresponde con el de los muñecos. Hacia el final del noveno mes, el niño habrá comprendido esas relaciones y, por ejemplo, cuando eche la canica en un agujero mirará de antemano hacia aquel por el que debe salir.

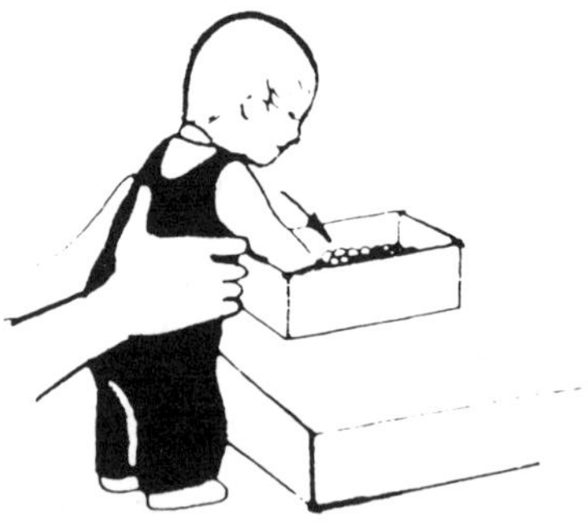

EJERCICIO N.º 192

Ejercicio n.º 192. Hacerse con objetos mediante una acción interpuesta. A los siete meses, el niño se acerca sólo a un objetivo cuando lo ve, y lo hace directamente. A los ocho meses, es ya capaz de interponer una acción intermedia, susceptible de permitirle conseguir su propósito. Si colocas un juguete ante él y lo tapas con una tela, apartará primero la tela y luego se apoderará del juguete. La retirada de la tela constituye una acción interpuesta sólo en el caso de que se limite a retirarla, sin jugar con ella, y cuando está bien claro que su meta era el juguete, no la tela. Otro ejemplo: mete el juguete en una caja y dásela. El niño atraerá la caja hacia él, sacará el juguete e ignorará la caja. Se puede pensar en otras muchas situaciones similares. O hacer el ejercicio más difícil obligándole a más de una acción interpuesta antes de conseguir el juguete, por ejemplo, metiéndolo en una caja y cubriendo ésta con una tela.

EJERCICIO N.º 193

Ejercicio n.º 193. Hacerse con objetos con ayuda de instrumentos. Ya hemos descrito esto básicamente en los ejercicios 166 y 167. Una vez que el niño ha descubierto que puede sujetar un juguete atado con una cuerda si consigue asir un extremo de ésta y cuando ha dominado ya el problema desde el punto de vista manual, desarrolla su capacidad de razonamiento alterando la situación y permitiéndole hacerse con varios juguetes con la misma cuerda o del mismo juguete con varias cuerdas. Usa cuerdas de longitud, grosor y color diverso. Prueba después con otros instrumentos: cordones, correas, cintas, telas. Por último, combina los objetos y los instrumentos. Déjale que alcance una manzana con ayuda del tapete que cubre la mesa en que está la manzana o tirar de un periódico sobre el que hayas colocado previamente un juguete. Ha de hacer ese ejercicio en distintos lugares, sobre la mesa, en el suelo, en la cuna, en el patio. Así aprenderá a generalizar y pasará a la generalización de la abstracción. Empezará a darse cuenta de lo que hay de común en esas situaciones. Como se ve, no se trata sólo de un ejercicio de destreza, puesto que la mano ha de ser guiada por un cerebro razonador.

Ejercicio n.º 194. Hacerse con un objeto superando un obstáculo. Cuando el niño haya aprendido a gatear, muéstrale un juguete que sólo pueda alcanzar trepando a un obstáculo o pasando bajo él, o incluso retirándolo, por ejemplo que tenga que trepar a un banco, subir un escalón o abrir una puerta.

EJERCICIO N.º 195

Ejercicio n.º 195. Hacerse con un objeto por medios indirectos. Hacia el final del noveno mes, tu hijo aprenderá a acercarse a un objeto por un camino indirecto, es decir, dando un rodeo. Para que resuelva problemas de este tipo, ponle junto a uno de los lados largos de la cama y muéstrale un juguete que habrás situado en el centro del otro lado. Al principio, el pequeño extenderá los brazos y tratará de agarrarlo directamente, a través de la cama. Lo más probable es que le lleve algún tiempo encontrar una solución distinta, esto es, dar la vuelta a la cama. No se debe sólo a que todavía va de un lugar a otro con dificultad, sino, sobre todo, al hecho de que tiene que apartarse primero del juguete para aproximarse a él por otro lado. Quizá tengas que llevarle varias veces alrededor de la cama hasta llegar al juguete antes de que se dé cuenta de que ésa es la única solución para lograr su propósito. Este ejercicio es extraordinariamente dificultoso, porque, a esta edad, el niño no sabe andar todavía apoyándose en los muebles y, si se echa al suelo para gatear, pierde de vista el juguete y el sentido de la orientación a su respecto. La tarea le será más fácil si preparas un obstáculo transparente. Coloca al niño a un lado de la barrera y el juguete al otro, fuera de su alcance, en el suelo. Entonces contorneará el obstáculo gateando, sin perder de vista el juguete.

EJERCICIO N.º 196

Ejercicio n.º 196. Hacerse con un objeto por medios indirectos, perdiéndolo de vista por un momento. Sitúa al niño junto a una mesa pequeña. Ponle obstáculos para que no pueda trepar a la mesa ni dar la vuelta a su alrededor. Coloca un juguete al otro extremo. El niño sólo podrá alcanzarlo gateando por debajo de la mesa. Si es incapaz de encontrar la solución por sí mismo, siéntale un poco más lejos de la mesa y muéstrale un juguete por encima y por debajo de ésta, a fin de que descubra ambos caminos y se decida por el más fácil: gatear bajo la mesa, aun a costa de perder de vista el juguete por un momento.

Ejercicio n.º 197. Buscar el camino indirecto lo más corto posible. Prepara una situación similar a la del ejercicio 194, pero no sitúes al niño en el centro de uno de los laterales de la cama, sino entre el centro y el extremo de ese lateral. Coloca el juguete en el lado opuesto. El niño ha aprendido ya a resolver la tarea del ejercicio 194, en la que podía elegir entre pasar por la derecha o por la izquierda, puesto que ambos caminos eran igual de largos. Ahora uno de los trayectos es más largo y tiene que aprender a seleccionar el más corto. Alterna para que sea unas veces el de la derecha y otras el de la izquierda. Esto le enseñará a resolver las situaciones calculando primero, luego decidiendo y, por último, actuando.

No me cabe la menor duda de que serás capaz de idear muchos más juegos para desarrollar las facultades mentales de tu hijo del séptimo al noveno mes. Todo depende de las oportunidades de que dispongas en casa, en el patio o en el parque. No le digas de antemano cómo se resuelven los problemas. Es preferible que trate de encontrar la solución por sí mismo. Pero simplifícasela. Por ejemplo, si un obstáculo le resulta demasiado alto, busca otro que le sea más fácil superar.

El desarrollo del lenguaje

Objetivo: hacia el noveno mes, el niño habrá enriquecido el vocabulario de las palabras que comprende y a las que reacciona de manera determinada (lenguaje pasivo). Su balbuceo habrá pasado de la pronunciación de sílabas aisladas a su repetición («ba-ba-ba») y a su duplicación («ba-ba»). Algunos niños empiezan a repetir una sílaba o un grupo de sílabas en conexión con cierto objeto, persona o actividad, lo que se puede considerar como la primera palabra activa. En general, pronuncian su primera palabra activa entre los nueve y los quince meses.

El desarrollo del lenguaje pasivo

Los ejercicios 114, 115 y 116 son buenos para el desarrollo del vocabulario pasivo infantil del séptimo al noveno mes. Pero a partir de ahora, el niño necesita enfrentarse a tareas más avanzadas.

Ejercicio n.º 198. Entrenar al niño para que reaccione con movimientos más complicados a los objetos identificados mediante palabras. Una vez que reacciona cuando se le nombra un objeto volviendo la cabeza hacia él, ayúdale a reaccionar con un movimiento más complejo. Haz que apunte hacia el objeto con el dedo. Cuando le preguntes: «¿Dónde está el tictac?» y él vuelva la cabeza hacia el reloj, toma su mano, oblígale a apuntar en su dirección de manera pasiva y dile: «Ahí está el tictac». Repitiéndolo varias veces, el niño acabará por señalar él solo hacia el reloj. Si aprende a apuntar hacia algunos objetos cuando oye su nombre, empezará a apuntar hacia otros a los que antes se limitaba a volver la cabeza.

EJERCICIO N.º 198

Ejercicio n.º 199. Reacciones motoras complejas a una solicitud verbal. Enséñale ahora a dar palmadas siguiendo el ritmo de «Palmas, palmitas, que viene papá...», a alzar el brazo cuando le digas: «A ver qué grande eres» o abrir y cerrar la mano cuando le digas: «Di adiós».

Estas respuestas tempranas no siempre pueden ser estimuladas, ni se pueden obtener en cualquier situación. Si le has enseñado a tu hijo a decir adiós, tal vez responda a cada vez que te lo oye decir. Pero unos días más tarde, no reaccionará en absoluto. O bien, hará el movimiento en cualquier clase de situación, sin que se le diga nada. Esta estabilización comparativamente lenta de las reacciones a los estímulos verbales es normal a su edad.

Ejercicio n.º 200. Reacciones motoras complejas a las solicitaciones verbales relativas a las tareas diarias. Aprovecha todas las situaciones cotidianas (vestir, alimentar, bañar al niño) para extender su vocabulario pasivo. En esos momentos, el pequeño permanece en estrecho contacto contigo, y su atención se concentra en lo que haces con él en ese momento. Supone una buena ocasión para establecer asociaciones con entera facilidad. Tres reglas te ayudarán a aumentar su vocabulario pasivo durante los cuidados diarios:

1. Nombra siempre aquello que atraiga la atención del chiquillo.

2. Utiliza siempre la misma palabra o expresión para designar lo que estás haciendo.

3. Selecciona un número limitado de palabras y repítelas con frecuencia y de manera apropiada, a fin de no sobrecargarlo con demasiadas tareas nuevas. Cuando le estés dando de comer, no le hables de ir a la cama. Dile que abra la boca o qué rica está la comida. Y no hables de «tomar la papa» un día y de «comer» al día siguiente. Más aún, todos los miembros de la familia deberían ponerse de acuerdo para aplicar el mismo nombre a cada actividad. Elige las palabras que le sean más fáciles de comprender y las más importantes para vuestros contactos diarios. Al principio, enséñale a responder a órdenes muy sencillas, como «Siéntate», «Abre la boca», «Dame la mano».

Ejercicio n.º 201. Gimnasia a partir de indicaciones verbales. Una de las mejores oportunidades para el desarrollo del vocabulario pasivo son los ejercicios que realizas a diario con tu hijo. Cuando esté echado boca arriba y le ofrezcas los dedos para ayudarlo a incorporarse, dile: «Levántate» y «Acuéstate». Al cabo de cierto tiempo, efectuará el ejercicio mediante la simple indicación verbal.

EJERCICIO N.º 201

EJERCICIO N.º 202

Ejercicio n.º 202. Desarrollo del vocabulario pasivo mirando grabados. Hacia el noveno mes, enséñale al niño grabados coloreados y que representen cosas sencillas, que él conozca. Te recomiendo que utilices tarjetas, con dos o tres objetos, personas o animales. Apunta hacia ellos con el dedo y di: «Esto es un perrito». Luego pregúntale: «¿Dónde está el perrito?» El bebé aprenderá a señalarlos hacia los nueve o diez meses.

El lenguaje activo

El balbuceo

El método para estimular el balbuceo sigue siendo el mismo que en los tres meses anteriores. Durante el sexto mes, el niño empezará a pronunciar sílabas individuales. En el séptimo mes, anímale a repetir las sílabas varias veces. Si dice «ma», repite tú: «ma-ma-ma-ma». Alábale y demuéstrale lo complacida que te sientes cuando ha repetido la sílaba varias veces. En el octavo mes, recompénsale de la misma manera cuando empiece a repetir la sílaba sólo dos veces («ma-ma», «ba-ba») o cuando combine dos sílabas diferentes («ba-ma»).

Palabras activas

Aunque lo más probable es que tu hijo no aprenda su primera palabra activa en los primeros nueve meses, puedes sentar ya las bases para el lenguaje activo. Hacia el final del noveno mes, enséñale a pronunciar las sílabas que conoce bien y a repetirlas después de ti en conexión con un acto en particular, como en los ejercicios siguientes. Tendrás más éxito si el pequeño consigue un efecto interesante cuando pronuncia ciertas sílabas.

EJERCICIO N.º 203

Ejercicio n.º 203. Llamar a papá. Sienta al niño en tu regazo y haz que su padre se siente enfrente de él y se tape la cara con una tela. La madre le dirá entonces al niño: «Llama a papá». Y cuando él pronuncie la palabra «papá», el padre se destapará la cara y exclamará: «Aquí está papá», cosa a la que el niño responderá sin duda riendo alegremente. El padre se cubre de nuevo la cara y se repite el mismo juego tres o cuatro veces. Podéis variarlo escondiéndose el padre debajo de la mesa, detrás del aparador, de una cortina o de la puerta. La recompensa será mayor si reaparece con un juguete nuevo cada vez.

Ejercicio n.º 204. Llamar a los animales. Siéntate a la mesa con el niño en el regazo. Pon tres cajas boca abajo sobre la mesa. Mete debajo de cada una de ellas un animal de juguete, de los hinchables: un perro, un gato y una vaca. Luego di: «Llama al perrito, bau, bau». Cuando el niño diga «bau», levanta la caja bajo la cual está el perro y di: «Aquí está el perrito, el baubau». Dile luego que llame al gatito, «mau-mau» y a la vaca, «mu». Repite el juego varias veces. Hacia el final del noveno mes, empezará a llamar a los animales sin tu ayuda. Al principio, pon siempre los animales en el mismo orden, sin variar de caja. Cuando nombre ya a los animales con frecuencia suficiente, reemplázalos por otros juguetes.

Ejercicio n.º 205. Nombrar los grabados. Utiliza los grabados del ejercicio 202, pero en este caso no digas: «¿Dónde está el perrito, el baubau?» Señala el grabado del perro y pregunta: «¿Qué es esto?» Y añade en seguida: «Es un baubau». Por regla general, durante el noveno mes, el niño se limitará a repetir lo que tú digas, pero del décimo al duodécimo, empezará a responder correctamente cuando no hagas más que preguntarle: «¿Qué es esto?».

Ejercicio n.º 206. Nombrar actividades. Una vez que el niño ha aprendido a abrir y cerrar la mano correctamente cuando le dicen: «Adiós», enséñale a decir la palabra. Combina siempre su respuesta con la misma situación (por ejemplo, cuando su padre sale de la habitación). Durante el décimo mes, algunos niños dicen «yos» cuando ven a su padre en la puerta. Cuando haya aprendido a abrir y cerrar la mano dirigiéndose a su padre y a decirle «yos», puedes enseñarle gradualmente a aplicarlo a otras personas. Pronto aprenderá a despedir a cualquier persona que salga de la habitación. Puedes enseñarle también a decir «pum» si se cae y a imitar animales. Luego, si le preguntas, por ejemplo: «¿Cómo hace la vaquita?», te contestará «mu».

Nota: Hay que recordar cuatro reglas cuando se trata de desarrollar el lenguaje activo infantil durante este período:

1. El niño aprende mejor las palabras activas cuando forman parte ya de su lenguaje pasivo, es decir, cuando las comprende. Por ejemplo, enséñale que una vaca hace «mu» sólo cuando sepa ya lo que es una vaca y sea capaz de señalarla en un grabado.

2. Crea las palabras activas a partir de las sílabas que ya pronuncia. Si el niño balbucea «ta-ta-ta» o «ya-ya-ya», procura crear la palabra que significa abuela utilizando esas sílabas sin sentido. Únicamente cuando haya aprendido algunas palabras activamente, puedes enseñarle palabras más difíciles de pronunciar.

3. Las primeras palabras activas han de referirse, claro está, a cosas y personas con las que el pequeño tiene una relación activa, que son vitales para él y que más atraen su atención. Son, en general, las personas más allegadas (el padre, la madre, la abuela), los objetos y los animales interesantes (el coche, el perro) o las actividades importantes (comer, dormir).

4. El mejor sistema para que el balbuceo sin sentido se convierta en una palabra es suscitar una reacción, a fin de que las sílabas balbuceadas adquieran una significación como «disparadores». Por ejemplo, si dice «ta-ta», la abuela se acercará, le levantará y jugará con él. De este modo, el niño acabará por darse cuenta de que si pronuncia ciertas sílabas, le sucede algo agradable. La palabra se convierte en el instrumento para conseguir algo. Y como ya he dicho, el uso de un instrumento para conseguir algo es una expresión de la actividad mental. El lenguaje se desarrolla también en íntima conexión con el pensamiento. El niño suele pronunciar su primera palabra durante el décimo o el duodécimo mes, pero lo hará mejor si se le ha entrenado con los ejercicios precedentes del séptimo al noveno mes. Algunos niños dicen incluso su primera palabra en el noveno mes.

El desarrollo emocional y de las relaciones sociales

Objetivo: suscitar y mantener el buen humor del niño. Fortalece los lazos emocionales de tu hijo con las personas más allegadas, sobre todo con vosotros, los padres, y, al mismo tiempo, enséñale a no mostrarse huraño con las demás personas. Prepárale para establecer contactos activos con otros adultos. Enséñale a comprender los gestos más sutiles y la mímica y a reaccionar a las palabras durante los contactos sociales. Juega con él a juegos sociales sencillos.

Durante esta fase, hay que aplicar también la regla de que las emociones positivas resultan de que el bebé se sienta de buen humor, satisfecho y feliz. Haz todo cuanto esté en tu mano para conservar su buen humor. Tiene que estar en buena salud, bien alimentado y descansado. El grado de calor adecuado, una ropa cómoda, el espacio suficiente y los juguetes apropiados resultan indispensables. Hay que incluir también la ausencia de estímulos negativos causantes de sensaciones desagradables, ruidos, olores, dolor, miedo. Y en sentido positivo, la proximidad de una persona conocida, en contacto activo con él y que le estimula mediante actividades interesantes.

Los lazos emocionales entre el niño y sus padres no se hacen más fuertes sólo por el hecho de que le abracen, le acaricien y le besen. Muchas veces se rebelará contra esas expresiones de cariño exageradas (y fáciles) y querrá más a quienes le dan de comer, le bañan, le cambian los pañales y le hacen regalos. Pero querrá sobre todo a las personas que le proponen juegos interesantes. Ése es el camino más rápido y más sencillo para ganarse el afecto del niño, que se comporta como si supiera que la persona que le quiere más es la que está dispuesta a dedicarle más tiempo, aunque he de insistir de nuevo en que tener la oportunidad de jugar solo reviste para él la misma importancia.

Cuando vayas de compras, pide al dependiente que ponga alguna de las cosas que has comprado en la mano del bebé. Si vas en autobús, dale el billete. Pide a tus vecinos que se ocupen de él de vez en cuando, a fin de que se acostumbre a pasar algún tiempo sin ti. Los lazos emocionales entre tu hijo y tú se fortalecerán más aún. La madre y el hijo no deben pasar todo su tiempo juntos. Necesitan descansar el uno del otro, recibirse luego alegremente y acostumbrarse a la idea de que no pueden permanecer siempre juntos. Como es natural, el niño necesita saber que está siempre en buenas manos y que su padre y su madre regresarán. De otro modo, tendrá dificultades cuando vaya a la escuela maternal o al jardín de infancia.

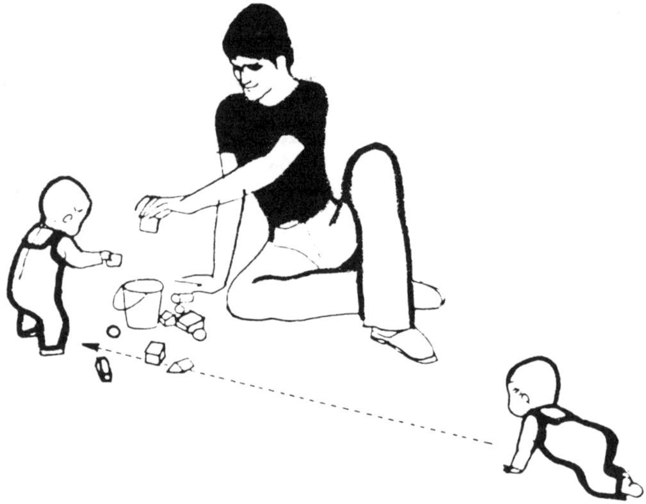

EJERCICIO N.º 207

Ejercicio n.º 207. Establecer contactos de manera activa. La madre y el padre se sientan frente al niño, pretenden no verle y empiezan a hacer algo interesante. Por ejemplo, echan objetos en un recipiente y luego lo vacían. El niño, que está en el suelo, gateará hasta ellos. Primero les observará y luego se unirá a su actividad. Más tarde, habrá que animarle a establecer contactos con otras personas.

Ejercicio n.º 208. Pedir ayuda. Coloca un objeto en lugar visible, justo fuera del alcance del niño. Permanece cerca de él, pero dándole la espalda. Después de varios intentos de llegar al objeto, tratará de llamar tu atención de algún modo y pedirte que le des el juguete. Así aprenderá a utilizar a otra persona como instrumento para conseguir un objetivo y dar a conocer sus deseos.

A esta edad, el niño es capaz de responder a los gestos y a la mímica. Sin embargo, esta facultad necesita ser entrenada conscientemente.

Ejercicio n.º 209. «Sí y no». Siéntate con el niño en tu regazo junto a la mesa y pon sobre ésta dos objetos, dejándolos a su alcance, un juguete y otra cosa menos apropiada, unas tijeras por ejemplo. El niño observará ambos objetos y tratará de apropiarse de uno de ellos. Si se dirige al juguete, asiente con la cabeza y dile: «Sí, coge el gatito». Pero si tiende la mano hacia las tijeras, menea la cabeza, di: «No, no, las tijeras no», y ponlas fuera de su alcance. El movimiento afirmativo de la cabeza y la palabra «sí» deben ir acompañados por una sonrisa; el movimiento negativo y la palabra «no», por un fruncimiento de cejas. El objetivo de este ejercicio es enseñar al niño a diferenciar entre tu aprobación y tu desaprobación expresadas por un gesto. Al mismo tiempo, le enseñarás a expresar las suyas con movimientos de la cabeza.

EJERCICIO N.º 210

Ejercicio n.º 210. «Dame», «Toma». Dale al niño un juguete que le sea familiar (si le das uno nuevo, se negará a entregártelo).

Dile: «Toma». Al cabo de un momento, dile con voz insistente: «Dame». Si no te lo tiende, atrae la mano que sostiene el juguete hacia tu palma abierta, sácaselo y deposítalo en ella. Con frecuencia, el niño te tenderá el juguete, pero no lo soltará. Quítaselo suavemente y recuerda que no es que no quiera soltarlo, sino que no sabe cómo hacerlo. Pronto empezará a comprender que el tenderte el juguete es un juego y aprenderá a comprender los gestos y las palabras «dame» y «toma».

Ejercicio n.º 211. Reacción a los fruncimientos de ceño, en broma y en serio. Cuando el niño haga algo que no debe (tocar un radiador caliente, tirar el mantel), frunce el ceño, agita el dedo delante de él y dile: «No, no», o «Eso no se toca», impidiendo al mismo tiempo que haga lo que se proponía. Irá comprendiendo poco a poco que debe detenerse cuando sus padres reaccionan de esa manera. Si le frenas suavemente y con tranquilidad, aprenderá a obedecer sin protestas cuando le digas: «No, no». Si recurres a medios más expeditivos, reaccionará a ellos llorando y aprenderá a responder a tus advertencias de este modo. Recuerda, no obstante, que no hay dos niños iguales. Algunos no lloran aunque les detengan abruptamente, y otros lloran por mucha suavidad que se emplee. Necesitas descubrir su estilo de reacción y actuar en consecuencia.

Hacia el noveno mes, aprenderá también a reconocer si se le hace una advertencia en serio o en broma. Puedes enseñárselo mediante un juego. Siéntale frente a ti, frunce exageradamente el ceño y dile con voz amenazadora: «Te voy a comer». El fruncimiento y la amenaza han de contener elementos de diversión. Por ejemplo, acerca mucho la cabeza a él. Esto le hará reír. Inmediatamente después de proferir una amenaza en broma, échate a reír y haz algo divertido. Reaccionará riendo a su vez e irá comprendiendo que ese «fruncimiento» no hay que tomárselo en serio. Otra manera de hacer esto consiste en apuntarle con el índice, fruncir el ceño y decirle: «Te voy a hurgar en la tripa». A continuación, pon en práctica tu amenaza con suavidad y una sonrisa y responderá asimismo riendo.

El padre y la madre pueden idear otros juegos para enseñar a su hijo a comprender los gestos y las expresiones faciales. Vamos a exponer algunos, apropiados para esta edad.

Ejercicio n.º 212. Esconderse detrás de una tela. Siéntate a la mesa y pon el niño sobre ésta, dándote frente. Esconde la cara en una tela y pregunta: «¿Dónde está mamá?» Después de dos o tres segundos, descubre tu cara y di: «Mamá está aquí». No transcurrirá mucho tiempo sin que empiece a apartar él mismo la tela. Coloca después la tela sobre su cabeza y pregunta: «¿Dónde está Carlitos?» Retira la tela y di: «¡Ah, aquí está Carlitos!» El pequeño aprenderá progresivamente a taparse la cara y a descubrirse.

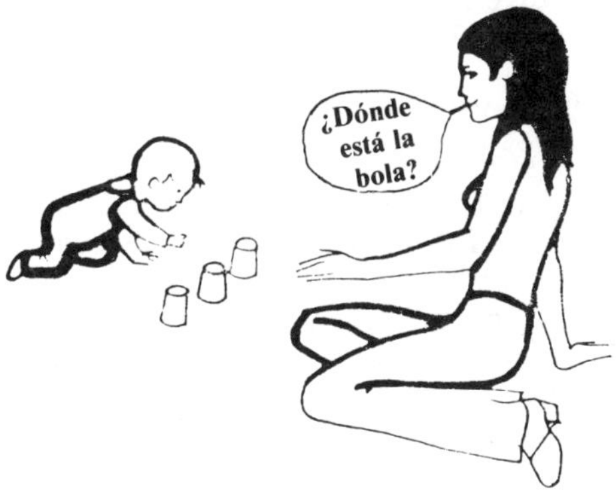

EJERCICIO N.º 213

Ejercicio n.º 213. Esconder juguetes. Siéntate a la mesa con el niño en tu regazo y coloca boca abajo sobre ésta tres o cuatro cajas de plástico de tamaño mediano. Mete una canica debajo de una de ellas y cámbialas de sitio, para que el niño no sepa dónde está la canica. Pregúntale después: «¿Dónde está la bola?» Levanta una de las cajas y di: «Aquí no está». Continúa así hasta que la encuentres. Entonces di: «¡Aquí está la bola!» y ríete con el niño. Pronto empezará también a levantar las cajas y te mirará triunfante si encuentra la que esconde la canica. Esconde de nuevo el juguete y, cuando empiece a buscarlo, acompaña sus esfuerzos exclamando: «Aquí no está», «Ni aquí», «¡Ah, aquí está!» La alegría común de descubrir el juguete es el principal factor gratificante de este juego.

Otro juego divertido consiste en perseguir al niño a cuatro patas (véase el ejercicio 127).

Ejercicios para alentar los buenos hábitos

Objetivo: el niño debe dormir ahora de diez a once horas durante la noche y sólo tres veces durante el día, en períodos de una y media a dos horas. Estará despierto durante cuatro períodos de dos horas a dos horas y media diarias. Tiene que comer cinco veces al día, a intervalos de tres horas a tres horas y media. Hacia el octavo mes, será capaz de sostener en la mano una galleta o un trozo de manzana, de llevárselos a la boca y de masticarlos. Empieza a aprender a beber por un vaso, que sostendrá por sí mismo con un mínimo de ayuda, lo mismo que a utilizar el orinal, si le ponen en él a tiempo.

El habituar al niño a períodos regulares de sueño y de vigilia no difiere de lo que he descrito para los niños entre los cuatro y los seis meses, salvo que el período de vigilia se hace más largo y el número de períodos de sueño durante el día desciende de cuatro a tres.

Hasta los siete meses, dale de comer del mismo modo que en los tres anteriores, semisentado cómodamente en tus brazos o en tu regazo. Del séptimo al octavo mes, será capaz ya de sentarse en tu regazo. Del octavo al noveno, y siempre que sepa ya sentarse, podrás ponerle ya en una silla para niños y darle de comer en la mesa. Recuerda que no se debe distraer al niño mientras come. Tiene que aprender a concentrarse en la comida. Del séptimo al octavo mes, pon una galleta (o un alimento similar) en su mano para enseñarle a llevársela a la boca y morderla.

Empieza a enseñarle a beber por un vaso, permitiéndole primero que lo sujete con ambas manos. Inclina el vaso de manera que su contenido le llegue poco a poco a la boca. Pronto descubrirá que si inclina más el vaso la cantidad de líquido que cae aumenta. Progresivamente aprenderá a mantener el ángulo correcto. Tu ayuda ha de ir disminuyendo, dándole sólo la necesaria para que no se vierta demasiado líquido encima.

Durante el noveno mes, puedes darle también una cucharilla con patata deshecha, por ejemplo, y enseñarle a llevársela a la boca. Deja que lo intente de uno a dos minutos y luego sigue dándole tú la comida. Por el momento, servirá de preparación para que aprenda a comer por sí mismo. Y no te extrañe que se manche, no sólo la cara, sino también la cabeza y la ropa. Pero no hay que esperar a que «aprenda a comer solo por sí mismo». No aprenderá sin ejercicio y entrenamiento.

En lo que se refiere a la higiene, se puede empezar a educarle temprano. Algunas madres lo hacen ya en el sexto mes, pero es preferible esperar a que sea capaz de mantenerse sentado (de los ocho a los nueve meses).

Comienza por ponerle en el orinal cuando la necesidad le apremie. Para ello, tienes que conocer su ciclo de excreción, que varía de un niño a otro. Algunos orinan al poco tiempo de despertarse, otros después de comer. Por lo tanto, siéntale después de despertar y de comer.

Para estimular artificialmente la urgencia de aliviarse en los primeros intentos, ponle de espaldas a ti, pasa el antebrazo por debajo de sus brazos, tómale por debajo de las rodillas y presiona suavemente éstas contra el vientre, sosteniéndole sobre el orinal en esta posición. La presión suave de los muslos y las rodillas sobre el vientre intensificará la necesidad de orinar.

El niño debe ver y oír la salida de la orina. Aliéntale también a emitir el sonido «geee, geee», para que haga esfuerzos. Cuando experimenta las sensaciones físicas originadas por el proceso fisiológico de la excreción y de hacer fuerza «con el estómago» y ve simultáneamente el resultado de este proceso, oyendo las palabras «haz geee, geee», establece las relaciones requeridas para la excreción condicionada, lo que se expresará a través de su aprendizaje gradual de la puesta en marcha de ese condicionamiento cuando se sienta o lo sostienen encima del orinal y oye la incitación verbal «haz geee, geee». Si le vas acostumbrado poco a poco a sentarse en el orinal, incluso cuando su necesidad no es tan urgente, aumentarán las posibilidades de éxito.

El éxito de la evacuación en el orinal debe ser recompensado. Alaba mucho al niño, y todos cuantos se hallen a su alrededor deben expresar su admiración por sus esfuerzos.

Los primeros intentos no deben durar más allá de dos o tres minutos. Si no sucede nada, detén la operación, aunque se manche los pañales unos minutos más tarde. Repite el entrenamiento cuando la necesidad alcance de nuevo el estadio crítico.

El niño no debe experimentar ninguna sensación desagradable

durante el entrenamiento, sobre todo en las primeras pruebas. No tiene que temer caerse del orinal, cosa muy probable en el caso de que no haya aprendido a sentarse todavía en un lugar elevado. El orinal no debe estar frío, ni el niño ha de permanecer sentado en él durante mucho tiempo. Naturalmente, no hay que castigarle nunca por no hacer nada ni por manchar los pañales, puesto que no está todavía en situación de comprender que no vaciar el intestino en el orinal entra en la categoría de las cosas prohibidas, que es un «no, no». Al principio, ni siquiera se dará cuenta de que está haciendo algo en el orinal.

Para que el niño tome conciencia de este acto fisiológico, no debe ser interrumpido ni distraído, ni permanecer sentado en el orinal demasiado tiempo. Tiene que ver el resultado. Y no le entretengas con juguetes, hablándole o con otros estímulos que distraigan su atención.

Antes de poner en marcha el proceso de enseñanza de la higiene, determina los momentos en que tu hijo suele vaciar el intestino o la vejiga. Sostenle sobre el orinal presionándole levemente las rodillas contra el vientre y diciéndole «haz geee, geee». En esta posición, vaciará normalmente el intestino, la vejiga, o ambos. Asegúrate de que ve correr la orina. Alaba sus esfuerzos. Si tienes éxito con este método varias veces, lo más probable es que el resultado se convierta en permanente. El niño aprenderá a utilizar el orinal si le ponen en él a tiempo. Tan pronto como te olvides de sentarle en él, manchará de nuevo los pañales.

Hacia el noveno mes, lograrás transformar la evacuación incontrolada del intestino y la vejiga en un reflejo condicionado. La señal del condicionamiento serán el sentarse en el orinal y las palabras «geee, geee».

Veamos ahora algunos de los errores más frecuentes cometidos por los padres durante la educación de la higiene:

Sentar al niño en el orinal sin preocuparse si tiene necesidad o no de evacuar el intestino o la vejiga.

Dejarle sentado en el orinal hasta que evacúa por sí mismo. En ese caso, se moverá desasosegado, arrastrará el orinal, se distraerá y no prestará la atención suficiente al acto de la evacuación. Es difícil, por no decir imposible, crear un reflejo condicionado en el niño si se le sienta en el orinal sin que él sepa por qué.

Suscitar sensaciones desagradables al sentarle en el orinal, como ponerle en un orinal frío, regañarle por no querer sentarse, castigarle por no hacer lo que debería hacer y otros actos negativos.

Distraerle hablándole, mostrándole o dándole cosas para que se entretenga y olvidar que esta distracción impedirá la formación del reflejo condicionado que se desea.

No intervenir para que el niño se dé cuenta de lo que se desea de él y no recompensar el éxito con alabanzas.

Uso de los enseres y de los juguetes

Corralillo. Debes usarlo sobre todo cuando existen motivos serios para que no quieras que tu hijo gatee por toda la habitación durante un período de tiempo determinado. Si no existe ninguna razón de este tipo, déjale moverse libremente, aunque teniendo cuidado de preparar la habitación para que no se haga daño ni rompa algo. Un corralillo con un costado abatible es una excelente idea, ya que de ese modo el chiquillo entrará y saldrá de él por su cuenta. En la medida de lo posible, ha de ser desarmable, de manera que sus partes puedan ser empleadas como una barrera cuando aprenda a andar solo, de los siete a los doce meses, y como una escala inclinada para enseñarle a trepar, a los ocho meses.

Plancha de gomaespuma y de gimnasia. Pon una plancha de gomaespuma o una tabla de gimnasia forrada en el lugar que tu hijo prefiere para jugar. Las convertirás en una superficie inclinada alzando uno de sus extremos de quince a veinte centímetros, a fin de que el niño ruede por ella, o levantándola por ambos extremos de diez a quince centímetros para formar una superficie horizontal elevada, lo que le permitirá trepar a ella y gatear por encima y por debajo.

Silla para niños. Tiene que ser desmontable, de modo que sirva como un taburete para sentarse ante un pupitre o como un asiento alto que ponga al niño a la altura de la mesa corriente. Al niño de siete a ocho meses le conviene sentarse erguido y bien apoyado. Al principio, no le dejes sentarse más allá de cinco a diez minutos (después de los doce meses, de diez a quince minutos). Si quieres «quitártelo del paso» por más tiempo, métele en el corralillo.

Tablero de manipulación. Un padre, un tío o un abuelo hábiles pueden preparar una tabla de unos noventa por sesenta centímetros para fijar en ella los objetos mencionados en los ejercicios precedentes. Éstos han de ser con preferencia cosas a las que se pueda dar la vuelta, hacer girar, tirar de ellas, abrir y cerrar, empujarlas hacia adentro o hacia afuera, presionar o encender. Han de permitir que el niño obtenga efectos interesantes, dándole la oportunidad de entrenarse en el movimiento de las manos: algo que aparece o desaparece, que cambia, que emite un sonido o que se mueve. Naturalmente, no hace falta que todos esos objetos estén fijados al tablero. Se pueden distribuir por toda la casa. Los muebles sirven también como terreno de entrenamiento. El niño abrirá y cerrará cajones, hará girar el dial de la aspiradora, meterá una llave en el ojo de la cerradura, presionará el interruptor de una lámpara, etc.

Sus juguetes tienen que ser más variados que en los primeros meses. Se incluirán ahora entre ellos pelotas, cubos huecos y macizos, un pequeño martillo, un tambor con sus palillos, diversos juguetes de goma (perro, gato, vaca, caballo), juguetes con ruedas, un muñeco. Dale también otras cosas para jugar: cazuelas de metal, tarros, vasos, cajas, un cesto, una campanilla, una manguera y láminas o libros con dibujos.

9

Ejercicios para los niños de diez a doce meses

Hacia el final del primer año, tu hijo se hará cada vez más independiente. Empezará a andar solo, será más capaz de manipular los objetos y los muebles, comprenderá las frases relativas a las cosas que le son familiares, empezará a hablar y demostrará que comienza también a pensar.

Movimientos globales. Del décimo al duodécimo mes, gateará por toda la casa y normalmente será capaz de subirse y bajarse de una cama baja. Sabrá también trepar y descender por una escala. Apoyándose en los muebles, se sostendrá sobre los dos pies o sobre uno solo. En el noveno mes, se apoyará en los muebles; en el décimo, andará sosteniéndose en ellos; en el undécimo, ese apoyo se hará más ligero y a veces innecesario; hacia el duodécimo, dará su primer paso independiente.

Tan pronto como aprenda a andar solo, aprenderá también a sentarse desde la posición de pie sin apoyarse en nada y se levantará de nuevo. Si le ejercitas regularmente, aprenderá a andar entre los diez y los once meses y, hacia los doce, andará cerca de un metro, trepará a los obstáculos bajos y, si puede sujetarse a algo, subirá también escalones. Se sentará firmemente en una superficie elevada, como un banco, y quizá se siente en una silla pequeña sin «fallarla». Su presa se hará más firme y podrá colgarse no sólo de tus dedos, sino también de una barra.

Puedes lograr progresos considerables en el desarrollo de los movimientos delicados de las manos del niño, que son los mejores índices de una actividad intelectual y de una experiencia crecientes. Hacia el final del duodécimo mes, extenderá con seguridad la mano hacia un objeto observado y, antes de asirlo, la adaptará a su tamaño, forma y posición. Empezando del décimo al undécimo mes, observarás que le gusta recoger los objetos pequeños y las migas, empleando para ello movimientos precisos del índice y el pulgar, que colocará en forma de pinza. A la misma edad, será capaz de aflojar voluntariamente su presa y dejará caer un objeto, por ejemplo un cubo, en un recipiente.

Dirigir la mano con un objeto hacia una meta requiere también seguridad y precisión. El niño aprenderá a meter una llave en la cerradura. Hacia el final de su primer año, el movimiento adaptativo de la mano para dirigir un juguete hacia un objeto es ya seguro. El niño guiará la llave en línea recta hacia el ojo de la cerradura o volverá la mano para meter una moneda por la ranura de una hucha (durante el noveno y el décimo mes, pondrá la moneda en la parte superior de la caja y la empujará a un lado y a otro hasta que caiga por casualidad al interior).

Cuando haya dominado todas estas técnicas, será capaz asimismo de colocar un cubo encima de otro. Y advertirás todavía más progresos cuando, entre el undécimo y el duodécimo mes, una mano haga el trabajo auxiliar (sostener una botella), mientras que la otra realiza el trabajo principal (echar una canica en su interior). Al adquirir esta capacidad de manipulación, está recogiendo una experiencia valiosa, que estimulará en él un pensamiento más intensivo.

Experiencia. Cuando tu hijo manipula objetos, no sólo incrementa sus experiencias físicas: los objetos son pesados o ligeros, se caen al suelo, hay que colocar los cubos unos encima de otros con precisión para que la columna no se derrumbe. Obtiene también experiencias geométricas: un cubo más pequeño puede meterse en uno mayor (pero no al contrario), el más pequeño tiene que ser colocado dentro del grande verticalmente, no en diagonal, y no se puede juntar dos cubos si sus paredes están perpendiculares y no paralelas.

Desde luego, el niño no conoce el significado de las palabras tamaño, perpendicular y paralelo, pero conoce esos fenómenos a través de su experiencia práctica y los respeta en sus actividades. Sólo cuando vaya a la escuela, el maestro le recordará e identificará esas características que experimentó siendo un bebé. El hecho de que las chicas soliesen tener peores notas en geometría que los chicos no tiene nada que ver con su inteligencia. Se debía simplemente a que no podían adquirir la experiencia temprana necesaria porque los juegos con cubos se consideraban poco apropiados para las niñas y se les daba sólo muñecas y cocinitas.

Hacia el final del primer año, tu hijo ampliará también la gama de sus experiencias sociales. Expresará un interés creciente por las actividades de los adultos. Buscará activamente establecer contacto con ellos y procurará lograr más experiencia respecto a las personas y su mundo. Se interesará por las cosas de los adultos, en especial por lo que hacen los adultos con ellas.

A punto de cumplir el año, empezará a reaccionar con toda claridad a la tercera dimensión de los objetos, a sacar conclusiones acerca de sus relaciones y del modo en que interactúan. Se interesará por los objetos huecos (recipientes, cajas), que palpará por dentro y por fuera. Empezará también a meter unas cosas en otras, le gustará abrir y cerrar los cajones e introducir una cosa en un agujero. Descubrirá que se puede poner un objeto encima de otro, uno al lado del otro, uno dentro del otro y apoyado en el otro, que se pueden apartar y juntar, utilizar uno de ellos para influir sobre el otro, etc.

Advertirás también por esta época que ha adoptado una nueva actitud frente a los objetos, que empieza a tratarlos al modo de los adultos que le rodean, frotando el aparador con un trapo, utilizando un cucharón para remover, etc. Adaptará su manipulación de los objetos al medio ambiente.

Su experiencia con las personas y el trabajo que realizan le conducirá, al final del primer año, a una etapa superior de su desarrollo, la socialización emergente del movimiento y el comportamiento (del duodécimo mes en adelante), que aparece típicamente con el comienzo del juego de imitación. Empieza a imitar lo que le rodea.

Al principio, se limitará a imitar ciertos movimientos aislados que le interesan de un modo particular (no imitará el conjunto de la conducta humana hasta el tercer año). El grado en que imite al final del primer año y durante el segundo depende de la estimulación que reciba de su entorno. Si tiene muchas oportunidades de observar a los seres humanos, los animales y las máquinas, adquirirá un amplio repertorio de movimientos imitativos. Y no se tratará de una simple diversión. Preferirá dar forma a un trozo de masa real y meterla en un verdadero horno a imitar el movimiento. Pero si es incapaz de realizar el acto, se absorberá por completo en un juego (símbolo) y tratará el juguete como si fuese el verdadero objeto. Una muñeca o un osito de felpa no son ya meros juguetes, susceptibles de ser doblados en varias direcciones. Se convierten en seres que actúan, sienten, viven y necesitan cuidados. Por lo tanto, empezará a dar de comer a su osito, a acunarlo, mecerlo y a dormir con él.

Todo esto le da la oportunidad de adquirir experiencia, desarrollar su razonamiento e, indirectamente, de hablar. Hacia el duodécimo mes, los niños entienden muy bien la relación entre acción y reacción y saben aplicar este conocimiento: encender la luz, encender y apagar la radio.

Ahora, tu hijo usa ya instrumentos para lograr sus propósitos (se servirá de una regla para alcanzar la pelota que ha rodado debajo del aparador). Es capaz de resolver tareas más complicadas: llevar una silla hasta la mesa, ir a buscar una regla, trepar a la silla y atraer hacia sí un juguete con la regla. Descubrirá también el principio de análisis y síntesis. Construirá un conjunto a partir de sus elementos y desmontará el total.

El desarrollo del lenguaje es significativo en este estadio. Hacia el final del duodécimo mes, su comprensión pasiva del lenguaje habrá llegado al punto de que, si se le guía convenientemente, comprenderá casi todo lo que se le dice con respecto a las situaciones normales que le atañen. Como término medio, pronunciará su primera palabra activa alrededor del décimo o el undécimo mes. Hacia el final del duodécimo, poseerá un vocabulario de cinco palabras activas. Ahora bien, si has desarrollado su lenguaje del modo que he descrito, probablemente dirá su primera palabra en el noveno mes y, hacia el final del primer año, empleará de diez a treinta palabras activas. El vocabulario activo de un niño de doce meses consiste principalmente en palabras del lenguaje infantil, pero le gustarán las cantinelas y las canciones de cuna y demostrará asimismo un gran interés por las ilustraciones coloreadas. Un niño de doce meses sabe señalar un perro en una ilustración y decir lo que es y cómo ladra.

En los últimos tres meses del primer año, aparece un grado más elevado de emociones. Tu hijo expresará su apego asiéndose con fuerza a tu ropa, apretándose contra ti, buscando tu protección, abrazándote cuando se lo pides o dándote un beso. Empieza a comprender que otras personas pueden también experimentar dolor y llora para demostrar su simpatía cuando tu finges llorar. Se vuelve cariñoso con sus juguetes, los animales y otros niños. Sus relaciones sociales se hacen más fuertes porque su panorama de cooperación es más amplio. Comprende el lenguaje, puede expresar sus deseos con gestos y algunas palabras y participar activamente en algunas actividades. Pondrá sobre todo su interés en el contacto con los adultos o con niños mayores, que le entienden y se adaptan a él.

Será incapaz de jugar con otros niños pequeños, que esperan como él que la otra persona les satisfaga.

También los hábitos se desarrollan de manera significativa durante el cuarto trimestre. Se acostumbrará a permanecer despierto más tiempo, tres períodos de dos y media a cuatro horas durante el día. Lo más probable es que su sueño nocturno permanezca inalterado (dicz horas). También disminuirá el número de comidas (cinco en períodos de tres y media a cuatro horas). Sus necesidades en cuanto a la alimentación varían, pero serán más sustanciales, con tres comidas principales y dos ligeras, a base de fruta, por ejemplo, que se digiere rápidamente. Dale de comer sólo en la mesa y enséñale a llevarse la cuchara a la boca y a beber por sí mismo en un vaso. Poco a poco, empezará también a anunciar que necesita el orinal. A esta edad, se limitará por regla general a expresar que se ha manchado los pañales. En el segundo año, dirá que se encuentra en pleno acto. Más tarde, aprenderá a darse cuenta de cuándo empieza el movimiento intestinal y anunciará su necesidad de antemano. Este último estadio, que la mayoría de las madres esperan que sea más temprano, no suele aparecer hasta la segunda mitad del segundo año, aunque algunas madres consiguen que su hijo lo alcance durante la primera mitad del mismo.

El entrenamiento de los movimientos globales

Objetivo: del décimo al duodécimo mes, tu hijo perfeccionará su capacidad de superar los obstáculos (gateando a través de ellos, por encima y por debajo). Aprenderá a sentarse a la mesa en una silla. Dará su primer paso y a veces andará con firmeza por la habitación o en el exterior. Al final del primer año, será capaz de estirarse apoyándose en un mueble, apoyarse en una sola pierna y levantarse cuando está de rodillas o sentado en medio de la habitación, sin ningún apoyo.

Puedes perfeccionar su manera de gatear mediante los ejercicios que he descrito para los niños de siete a nueve meses: la persecución a cuatro patas, el subir y bajar por una superficie inclinada, gatear entre obstáculos, por encima y por debajo y trepar por una escala.

El niño será capaz de incorporarse desde la posición echada o de rodillas. Durante el cuarto trimestre has de enseñarle a sentarse en una silla cuando está de pie. Lo más difícil para él será controlar la posición de su cuerpo en relación con el asiento, es decir, la colocación correcta de su parte superior en el mismo, puesto que no puede verlo.

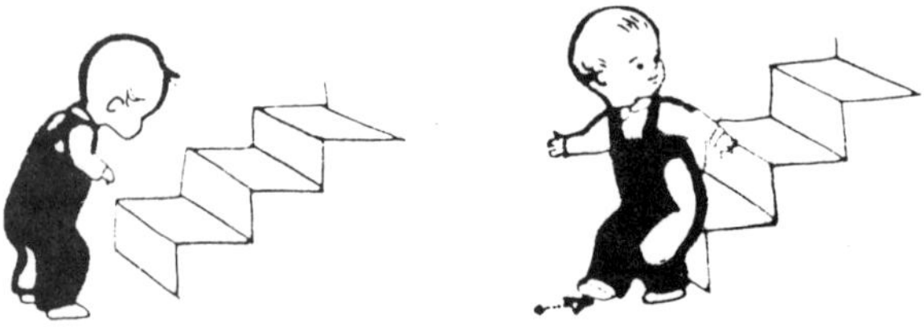

EJERCICIO N.º 214

Ejercicio n.º 214. Sentarse en un escalón. Enseña a tu hijo a sentarse en un objeto ancho, de quince a veinte centímetros de alto, con preferencia un escalón, un banco o dos colchones puestos uno sobre otro. Dile que se siente. Al mismo tiempo, dale la vuelta para que dé frente al escalón. Luego hazle girar 180°, toma su mano y empújale suavemente hasta que se siente. Es importante que vea primero el lugar en que va a sentarse. En efecto, con ello le enseñas a orientarse en el espacio. Al principio, debes utilizar una superficie amplia, porque el pequeño no sabe diferenciar si coloca las nalgas más a la derecha o a la izquierda.

EJERCICIO N.º 215

Ejercicio n.º 215. Sentarse en una silla ante la mesa. Coloca una silla baja, de diez a quince centímetros, ante una mesa pequeña. Sitúa al niño junto a la silla de modo que pueda apoyarse sobre la mesa con ambas manos. Dile que se siente. El niño dará unos pasos de lado y se meterá entre la silla y la mesa, sentándose con las manos todavía apoyadas en ésta. La orientación espacial se facilita porque, al apoyarse en la mesa, está situado ante la silla en la buena posición y, además, puede volverse fácilmente y comprobar su posición y la distancia a la silla.

EJERCICIO N.º 216

Ejercicio n.º 216. Sentarse andando hacia atrás. Inicia este ejercicio sólo cuando el niño haya aprendido a andar bien y sea capaz de dar pasos hacia atrás (lo que, durante el duodécimo mes, significa que está extraordinariamente adelantado). Coloca la silla en el centro de la habitación y dile que se siente. Ponle a dos pasos de la silla, dándole frente. Luego hazle girar 180° para que quede de espaldas. Dale la mano y ayúdale en su marcha hacia atrás. No verá la silla y, cuando llegue hasta ella, sólo lo advertirá por el tacto. Poco a poco irá aprendiendo a sentarse sin tu ayuda. La orientación espacial es el factor más importante en este ejercicio. Cuando se acerca a la silla, el niño suele volverse para ver si se encuentra o no junto a su borde. Si tiene alguna experiencia desagradable en relación con el hecho de sentarse, se apartará unos pasos de la silla y volverá luego hacia ella.

Los primeros pasos y el perfeccionamiento del andar

El que un niño dé sus primeros pasos entre el decimotercero y el decimocuarto mes entra todavía en la normalidad. Los ejercicios siguientes están destinados a los niños que han dado ya sus primeros pasos independientes.

EJERCICIO N.º 217

Ejercicio n.º 217. Andar distancias mayores. Sitúa al niño junto a un mueble en el que pueda apoyarse y llámale para que venga hacia ti. Ve aumentando gradualmente la distancia entre vosotros. De una semana a un mes después de sus primeros pasos, cruzará la habitación y empezará a andar por toda la casa. Estoy seguro de que, durante esta etapa, tomarás todas las precauciones y apartarás todo lo susceptible de hacerle daño o que pueda romper o estropear.

Nota: El que un niño haya aprendido a andar por toda la casa no significa que el desarrollo de la marcha haya terminado. La marcha se seguirá perfeccionando hasta la edad adulta, incluso durante ésta. Pero incluso a esta edad tan temprana es imperativo para tu hijo que aprenda a andar por toda clase de terreno y en todas las condiciones. No le basta con ser capaz de hacer algo en determinadas circunstancias. Todas sus capacidades han de ser generalizadas. Pondré algunos ejemplos de cómo generalizar la capacidad de andar de un niño.

Ejercicio n.º 218. Andar sobre una superficie desigual. Después de que el niño ha aprendido a andar con seguridad sobre el suelo liso de la casa, hazle moverse sobre un suelo menos ideal: un paseo por el parque, el patio o el pavimento. Ve aumentando paulatinamente las dificultades, dejándole que ande por la hierba, por la nieve, por la arena, por el heno o por un sendero del bosque.

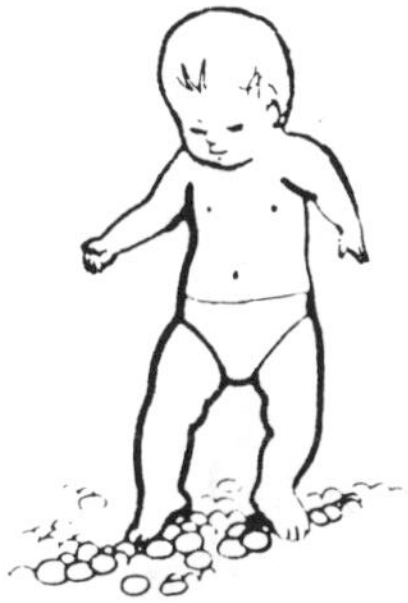

EJERCICIO N.º 219

Ejercicio n.º 219. Andar sobre guijarros. Deja que el niño ande descalzo a orillas de un río o en cualquier otro lugar donde haya guijarros. También puedes hacerte con ellos y extenderlos formando una capa espesa en un sector del patio. O utilizar una alfombra a la que habrás pegado pequeñas semiesferas de goma (alrededor de 1,25 cm de diámetro). Este ejercicio es muy importante para los niños que tienen el empeine insuficientemente desarrollado. Si tu hijo tiende a tener los pies planos, debe hacer a diario este ejercicio hasta los dos o tres años.

EJERCICIO N.º 220

Ejercicio n.º 220. Dar patadas a un balón. Pon un balón en el suelo y enséñale al niño a darle patadas. Se acercará a él tambaleándose y al llegar justo enfrente dará un paso más grande y lo golpeará. Durante este movimiento, le resultará más difícil mantener el equilibrio y se interrumpirá el ritmo de su marcha. Así aprenderá a dar pasos irregulares, no rítmicos, mucho más difíciles que los regulares, uniformes y rítmicos.

EJERCICIO N.º 221

Ejercicio n.º 221. Superar obstáculos bajos. Convence al niño para que suba el paso de una puerta, una tabla puesta en el suelo o a tu zapato. En el patio, el obstáculo puede ser la manguera o la raíz de un árbol. Ayúdale al principio dándole la mano. Más tarde, déjale intentarlo solo.

EJERCICIO N.º 222

Ejercicio n.º 222. Subir y bajar de la acera. Enseña al niño a subir y bajar una acera, primero con tu ayuda, después sin ella.

EJERCICIO N.º 223

Ejercicio n.º 223. Subir y bajar una cuesta. Conduce al niño a una superficie ligeramente inclinada y persuádele para que suba y baje por ella. Andar hacia abajo es más difícil que andar hacia arriba. Poco a poco, busca superficies más inclinadas, aunque sin superar nunca los 20 o 25°.

EJERCICIO N.º 224

Ejercicio n.º 224. Andar a lo largo de una superficie estrecha. Coloca una tabla en el suelo, de quince a veinte centímetros de anchura. Los niños que no han aprendido a andar bien lo hacen con las piernas muy separadas y sólo más tarde las juntarán o las pondrán casi en el eje. Cuando tu hijo haya aprendido a andar con seguridad, convéncele para que recorra la tabla. Esto le obligará a posar los pies más cerca del eje del movimiento. Una tira de papel o una manta doblada producirán el mismo efecto.

Ejercicio n.º 225. Andar por una superficie elevada. Puedes complicar el ejercicio anterior poniéndole a andar sobre una viga o sobre un banco. No le permitas hacerlo a no ser que estés lo bastante cerca de él para evitar accidentes.

EJERCICIO N.º 226

Ejercicio n.º 226. Andar sobre ladrillos. Coloca de ocho a diez ladrillos en el patio y convence al niño para que ande sobre ellos. Toma la precaución de darle la mano. El objetivo de este ejercicio es enseñarle a colocar deliberadamente los pies para dar pasos irregulares. Por eso has de colocar los ladrillos a distintos intervalos, para obligarle a dar pasos más largos y pasos más cortos y colocar los pies más a la derecha o a la izquierda.

Ejercicio n.º 227. Andar sobre ladrillos colocados en ángulos irregulares. Coloca algunos ladrillos en fila, casi al lado unos de los otros, pero más atrás o más adelante y desviados tanto a la derecha como a la izquierda. Convence al niño de que ande sobre ellos, pero sosteniéndole por la mano. Esto le enseñará a adaptar los pies a los diversos ángulos del terreno.

EJERCICIO N.º 228

Ejercicio n.º 228. Transportar cosas. Dile al niño que vaya a buscar su silla, su cubo de la playa o un gran oso de felpa. Cuando alza el objeto de gran tamaño, su centro de gravedad se eleva y se ladea, por lo que ha de adoptar una posición del cuerpo distinta que cuando anda sin ninguna carga. Este ejercicio perfeccionará su habilidad para mantener el equilibrio.

Ejercicio n.º 229. Empujar ante sí los juguetes. Dale al niño un juguete de madera con ruedas, que tenga un mango largo, también de madera. Son preferibles las figuras que se mueven o hacen ruido al avanzar. El niño empuja el juguete ante sí, observa sus movimientos, escucha su sonido y presta menos atención a su manera de andar. El ejercicio se propone convertir el movimiento de la marcha en automático y enseñarle a orientarse cuando su atención está fija en otra cosa.

EJERCICIO N.º 230

Ejercicio n.º 230. Arrastrar algo tras de sí. Utiliza el mismo juguete que en el ejercicio anterior, pero sustituye el mango por una cuerda, de modo que el niño sólo pueda arrastrarlo tras de sí. Con frecuencia, andará volviendo la cabeza para mirarlo. Por lo tanto, acompáñale para evitar que se dé un golpe. Gradualmente, se irá haciendo más independiente. Este ejercicio es importante porque, cuando el niño mira hacia atrás, se perturba su sentido de la orientación, puesto que está acostumbrado a mirar hacia el lugar al que quiere ir o a ir hacia lo que está mirando. Ahora mira en dirección opuesta y aprende a orientarse en el espacio sin necesidad de mirar en la dirección de la marcha.

EJERCICIO N.º 231

Ejercicio n.º 231. Subir y bajar escalones. Da al niño la oportunidad de subir y bajar escalones, que sean bajos y anchos. Al principio, subirá las escaleras a cuatro patas. Más tarde, si tiene algo a lo que sujetarse, las subirá de pie, pero ayudándose con ambas manos. Luego se sujetará sólo con una. Por último, subirá y bajará las escaleras sin ningún apoyo. Primero pondrá siempre el mismo pie en el escalón siguiente y moverá luego el otro para reunirlo con el primero. Más tarde aprenderá a alternar los pasos. Es más fácil subir las escaleras que bajarlas. Si se trata de un niño bien dotado para este tipo de ejercicio, será capaz de subir escalones sujetándose a algo al final del primer año, pero normalmente, a esa edad, los subirá a cuatro patas.

EJERCICIO N.º 232

Ejercicio n.º 232. Andar de lado, hacia atrás o agachado. Dale al niño un coche, un tren u otro vehículo cualquiera de juguete. Por regla general, empezará a dar pasos de lado y andar hacia atrás o agachado. Puedes crear situaciones similares jugando a perseguirle. Poneos ambos de cuatro patas y oblígale a hacer regates y a eludirte hacia los lados y hacia atrás.

Ejercicio n.º 233. Andar deprisa. Toma al niño de la mano y juega con él a perseguir a su padre. El objetivo de esta persecución es enseñarle a andar deprisa.

Aprender a ponerse de pie sin apoyo

EJERCICIO N.º 234

Ejercicio n.º 234. Incorporarse junto a objetos bajos. Llama al niño desde un banco o una caja bajos (de unos veinte centímetros de altura) y tiéndele un juguete desde arriba, de forma que sólo pueda alcanzarlo poniéndose de pie. Una vez que ha gateado hasta la caja, aprenderá a apoyarse en ella para ponerse a cuatro patas y luego de rodillas con su ayuda. Después, volverá a apoyarse en ella y se incorporará. Por último, tomará impulso con ambas manos y se pondrá de pie.

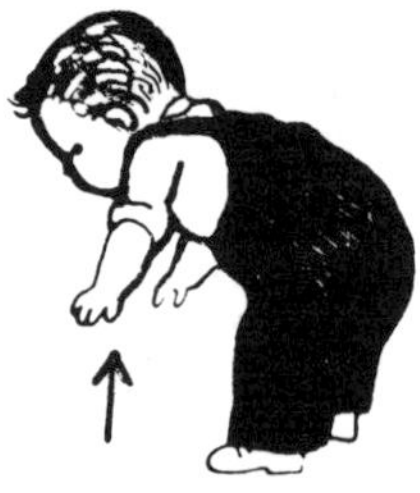

EJERCICIO N.º 235

Ejercicio n.º 235. Incorporarse sin ayuda. Cuando el niño domina ya el ejercicio 234, repítelo bajando cada vez más el punto de apoyo, a fin de que tenga que doblarse progresivamente hacia adelante. Después, procura que se incorpore sin ayuda, a partir de la posición a cuatro patas. Ofrécele un juguete desde el centro de la habitación, donde no haya nada en que apoyarse. Cambiará de posición, pasando de las cuatro patas a cuclillas, apoyará las manos en el suelo, tomará impulso y se levantará.

Practica también los ejercicios 234 y 235 desde la posición sentada. El niño pasará a la posición de rodillas y continuará como acabo de describir.

EJERCICIO N.º 236

Ejercicio n.º 236. Levantar un juguete del suelo. Pon al niño en medio de la habitación, de pie, y coloca un juguete en el suelo, frente a él. Se inclinará levemente hacia adelante, doblará las rodillas, recogerá el objeto y volverá a erguirse. Ayúdale al principio con un dedo.

Ejercitar los movimientos delicados de las manos

Objetivo: hacia el duodécimo mes, tu hijo debe aprender a:

Posar las cosas y hacer construcciones.

Vaciar recipientes, verter, llenar, insertar y cerrar.

Perfeccionar su capacidad de distinguir los materiales.

Dominar tareas sencillas y movimientos autosuficientes y empezar a imitar.

Jugar con la arena y el agua.

Moverse obedeciendo a solicitudes verbales y dominar algunos movimientos de manipulación en el contacto social.

Aprender a posar las cosas y a hacer construcciones

EJERCICIO N.º 237

Ejercicio n.º 237. Posar una taza sobre una bandeja y sobre un platillo. Una vez que el niño ha aprendido a posar una taza sobre la mesa, enséñale a dejarlo en una parte determinada de la misma, primero sobre una bandeja, luego sobre un platillo. Esto le resulta difícil, al no estarle permitido posarlo a no ser en una superficie cada vez más pequeña, con lo que sus movimientos estarán cada vez más influidos por las condiciones externas. Practica este ejercicio con otros objetos similares, por ejemplo haciendo que trate de posar un carrete sobre una caja o un cubo sobre una hoja de papel.

EJERCICIO N.º 238

Ejercicio n.º 238. Posar objetos planos unos encima de otros. Dale al niño unos cuantos discos de madera planos, o cajas de poca altura, y muéstrale cómo se ponen unos encima de otros. Puedes recurrir a otros objetos, como libretas, libros o platos. Lo importante es que la construcción no se derrumbe si el niño coloca los objetos un poco más a la derecha o a la izquierda. Poco a poco, irá adquiriendo la habilidad necesaria para poner los objetos unos encima de otros con precisión. Hacia los once o los doce meses, sabrá construir torres con ladrillos de juguete.

Ejercicio n.º 239. Poner las cosas de pie. Dale al niño objetos alargados, como bobinas, conos, frasquitos, vasos de plástico, cajas rectangulares, y enséñale cómo ponerlos de pie.

Ejercicio n.º 240. Colocar objetos pequeños sobre otros de mayor tamaño. Dale al niño varios objetos de distinto tamaño (como cajas o ladrillos) y convéncele para que coloque el más pequeño encima del más grande. Cuanto menor sea la diferencia entre los tamaños, mayor será la dificultad del juego.

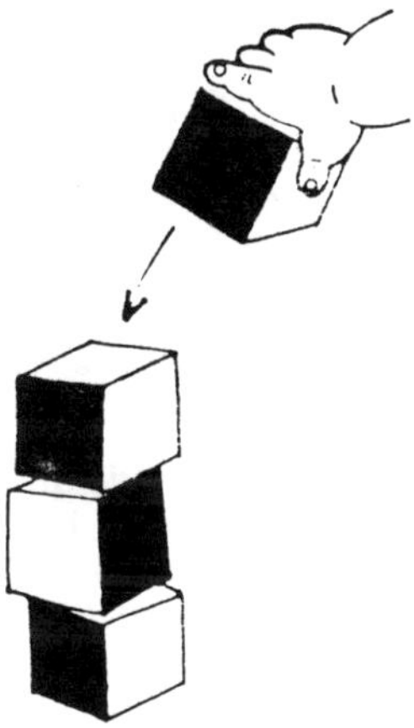

EJERCICIO N.º 241

Ejercicio n.º 241. Colocar objetos del mismo tamaño unos encima de otros. Dale al niño objetos del mismo tamaño y dile que los ponga unos encima de otros. Si lo consigue, alábale ruidosamente, con gran alborozo. Un niño diestro será capaz de construir una torre de más de dos cubos a los doce meses. Prueba primero con cubos grandes (de cinco a diez centímetros), luego más pequeños (de dos centímetros y medio a cuatro).

Vaciar, verter, llenar, insertar, cerrar

EJERCICIO N.º 242

Ejercicio n.º 242. Sacar un objeto de un bolsillo o de una bolsa. Coloca algunos juguetes pequeños en un bolso de lona y dile al niño que los saque. Aprenderá a sujetar el bolso con una mano por el extremo y a sacar los objetos con la otra. Usa distintos tipos de bolsa, de lona, de plástico y de papel.

Ejercicio n.º 243. Verter. Primero dale al niño la oportunidad de vaciar cosas de cajas y cestas, vasos y jarras y, por último, de bolsas. El niño descubrirá el principio de que, para que caiga el contenido, hay que darle la vuelta al recipiente y ponerlo boca abajo.

EJERCICIO N.º 244

Ejercicio n.º 244. Abrir y cerrar cajas. Empieza con cajas de cartón cilíndricas, altas y bajas (planas) o con cajas de madera, plástico o lata, con tapaderas que encajen por dentro (fácil) o por fuera (difícil). Cuídate de que las tapaderas no tengan bordes afilados. Ponerle la tapadera a un recipiente cuadrado presenta más dificultades.

EJERCICIO N.º 245

Ejercicio n.º 245. Insertar un palo en un agujero. Toma una caja pequeña de madera, plástico o cartón. Haz un agujero de unos dos centímetros y medio de ancho en la parte superior (la tapa) y corta un palo o una varilla de dos centímetros y medio de diámetro en trozos de siete a diez centímetros. Enseña al niño cómo meter esos palos por el agujero de la caja.

EJERCICIO N.º 246

Ejercicio n.º 246. Poner y sacar un tapón. Dale al niño una botella y enséñale cómo poner y sacar un tapón de goma. El tapón ha de tener la forma de un cono truncado, de modo que sea fácil introducirlo en el cuello de la botella, pero que no caiga al interior. En los ejercicios 245 y 246 tendrás al principio que sostener tú la caja o la botella, a fin de que el niño pueda concentrarse en el trabajo de su mano y no se vea obligado a sujetar el objeto al mismo tiempo.

EJERCICIO N.º 247

Ejercicio n.º 247. Encajar platos hondos unos dentro de otros. Dale al niño una serie de platos de plástico del mismo tamaño, del tipo de los que suelen usarse para las papillas y que son más estrechos en el fondo que en el borde, de manera que pueden encajarse unos en otros. El niño aprenderá pronto a hacerlo, ya que no tiene que preocuparse ni de su forma ni de su tamaño.

EJERCICIO N.º 248

Ejercicio n.º 248. Colocar platos hondos de distinto tamaño unos dentro de otros. Dale al niño una serie de platos de distinto tamaño. El objetivo de este ejercicio consiste en que el niño aprenda a encajarlos de acuerdo con su tamaño (los más pequeños dentro de los mayores), con lo que aprenderá también a calcular el de unos en relación con el de los otros y también cuáles son los objetos grandes y cuáles los pequeños. El niño puede adquirir también esta habilidad en la cocina, jugando con cacerolas y cazuelas de distintos tamaños.

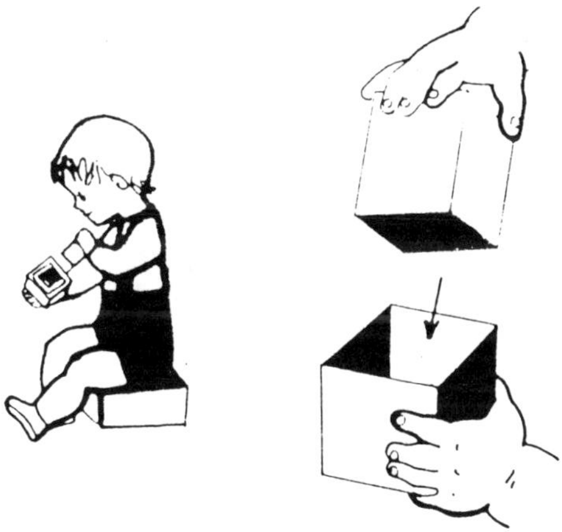

EJERCICIO N.º 249

Ejercicio n.º 249. Insertar unos en otros cubos de distintos tamaños. Compra una serie de seis a diez cubos huecos que aumenten gradualmente de tamaño, de modo que se puedan insertar unos en otros. La inserción de los cubos es mucho más difícil que la de los objetos cilíndricos.

Ejercicio n.º 250. Meter una llave en la cerradura. Lleva al niño junto al aparador y dale la llave de una cerradura que esté baja. Le dará la vuelta a la llave, la sacará y tratará de meterla de nuevo, lo cual resulta mucho más difícil que el ejercicio de meter un palo en un agujero, puesto que la llave tiene que ser introducida en la cerradura en la posición correcta.

Ejercicio n.º 251. Meter palos o varillas en agujeros. Abre varios agujeros en una tabla (de unos 0,75 centímetros de diámetro) y prepara varias pequeñas varillas del mismo diámetro y de siete a diez centímetros de largo. Enseña al niño cómo insertar las varillas en los agujeros. El diámetro de unas y otros ha de estar emparejado para que se puedan meter y sacar las varillas con facilidad. Haz que una punta de la varilla sea redonda y la otra cuadrada. El niño pronto empezará a diferenciar entre ambos extremos e introducirá los redondos en los agujeros. Este ejercicio se diferencia del 245 porque los agujeros son más pequeños, haciendo así la inserción de las varillas más difícil.

EJERCICIO N.º 252

Ejercicio n.º 252. Meter canicas en una botella. Compra unas cuantas canicas pequeñas o caramelos duros y anima al niño a meterlos por el cuello de una botella, que será más estrecho al principio y más ancho después.

EJERCICIO N.º 253

Ejercicio n.º 253. Echar monedas en una hucha. Dale al niño una hucha y muéstrale cómo se echan las monedas por la ranura. El ejercicio es difícil porque ha de volver la mano para que el borde de la moneda coincida con la ranura. Hierve y deja enfriar las monedas antes de dárselas para que juegue con ellas.

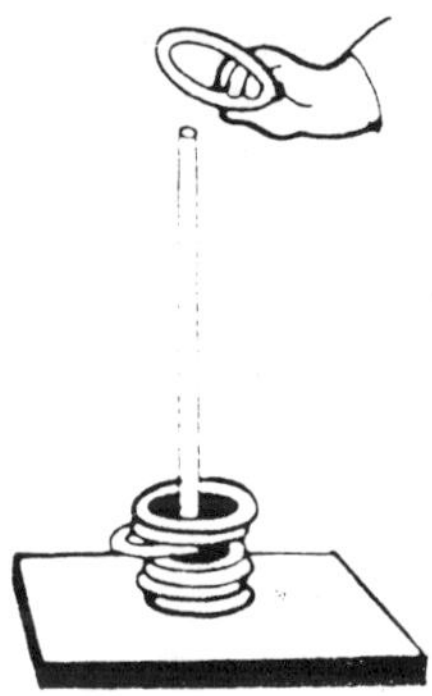

EJERCICIO N.º 254

Ejercicio n.º 254. Hacer deslizar anillas por una varilla. Aprovecha la tabla del ejercicio 251 y mete tres varillas en los agujeros. Enséñale al niño cómo deslizar las anillas de cortina (de 250 a 375 mm de diámetro) por las varillas.

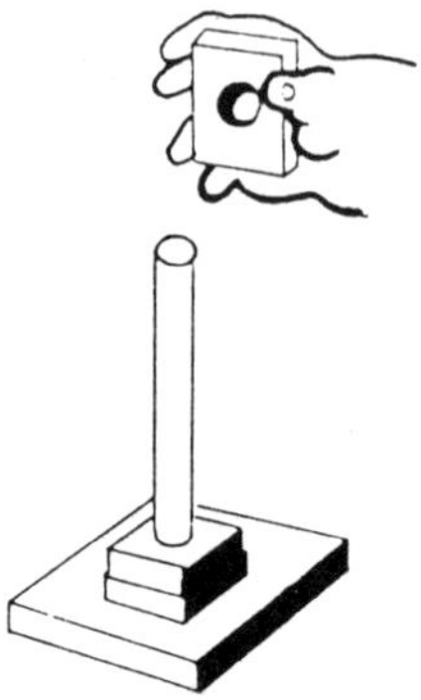

EJERCICIO N.º 255

Ejercicio n.º 255. Ensartar discos y cubos en una varilla. Haz el ejercicio 254 más complicado reemplazando las anchas anillas por diversos artículos que tengan agujeros, pero que sean más difíciles de ensartar: discos o cubos (más difíciles éstos que los primeros). La mayor dificultad está en ensartar una esfera con un agujero. Pocos niños lo consiguen a esta edad, porque les falta experiencia geométrica práctica. Mucho depende también del grosor de la varilla y del diámetro del agujero. Cuanto mayor sea éste y más delgada la varilla, más fácil resultará.

EJERCICIO N.º 256

Ejercicio n.º 256. Encajar figuras geométricas. Recorta un círculo, un cuadrado o un triángulo (de 2,5 a 4 centímetros aproximadamente) en un trozo de cartulina o de contrachapado (de diez por diez centímetros), pinta las formas geométricas de distintos colores y dile al niño que las coloque en el lugar adecuado. Será capaz de colocar el círculo muy pronto. Lo más difícil para él será el triángulo. Puedes hacer varios juegos semejantes, utilizando distintas figuras (frutas, hojas, animales).

Hacia el duodécimo mes, el niño debe trabajar con ambas manos y realizar movimientos distintos con cada una de ellas. Veamos algunos ejercicios que requieren la cooperación de ambas manos.

EJERCICIO N.º 257

Ejercicio n.º 257. Insertar una varilla en un cilindro. Dale al niño un cilindro de plástico hueco, de unos quince a veinte centímetros de largo y con un diámetro de alrededor de dos centímetros y medio. Proporciónale también un palo de veinte a veinticinco centímetros de largo y unos 125 milímetros de diámetro. Enséñale cómo meter el palo por un lado del cilindro para que caiga por el otro. Procura que sujete ambos objetos por los extremos. Esto le hará el ejercicio mucho más fácil. Aprenderá gradualmente a asir los objetos, a controlarlos mejor y a mantenerlos perpendiculares para insertar uno en el otro.

EJERCICIO N.º 258

Ejercicio n.º 258. Abrochar botones. Dale al niño un botón grande y una chaqueta con el ojal apropiado. El niño sujetará la chaqueta con una mano y empujará el botón a través del agujero, como si se tratase de meter una moneda en una hucha. Cuando haya aprendido a pasar el botón suelto por el agujero, intenta lo mismo con un botón cosido. Ha de empezar por abrochar el botón con la chaqueta frente a él, luego mientras tú la tienes puesta y, finalmente, cuando él mismo la vista.

Ejercicio n.º 259. Ensartar discos agujereados en una varilla. Utiliza los discos del ejercicio 255. Colócale un disco en una mano y la varilla en la otra. El niño intentará ensartar el disco en la varilla, pero este ejercicio se diferencia del 255 porque el niño trabaja ahora con ambas manos y realiza un movimiento diferente con cada una de ellas. Cuando haya dominado esto, puede empezar a ensartar otras cosas.

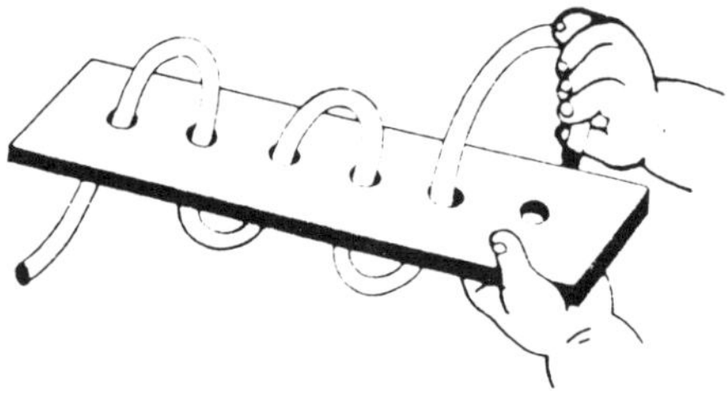

EJERCICIO N.º 260

Ejercicio n.º 260. Ensartar un cable a través de un disco agujereado. Este ejercicio difiere del 259 porque el cable tiene características distintas a las de la varilla.

EJERCICIO N.º 261

Ejercicio n.º 261. Poner los cordones a los zapatos. Dale al niño un cordón de zapatos normal, con los extremos protegidos, y un zapato que tenga los ojetes lo suficientemente grandes. Dile que meta el cordón. Esta tarea es realmente difícil a los doce meses, ya que requiere una cooperación muy compleja entre ambas manos.

Aprender a diferenciar los materiales

Ejercicio n.º 262. Doblar, romper y desgarrar cartulina. Dale al niño una caja de cartulina. Pronto descubrirá que la cartulina se puede doblar, romper y desgarrar.

Hacia el final del primer año, se dará cuenta de que con la manipulación se altera la forma de las cosas. El material ideal para adquirir esta experiencia es la masa de pan. No olvides nunca darle un trocito cuando vayas a hornear.

Ejercicio n.º 263. Clavar cosas en la masa. Dale unas cuantas bolas de masa y enséñale cómo clavar en ella cerillas o ramitas.

Ejercicio n.º 264. Estirar la masa hasta romperla. Enséñale a estirar la masa hasta romperla y cómo se puede unir las dos partes de nuevo. Con este juego, el niño empezará durante el décimo mes a comprender el principio de disociación y asociación, es decir, el principio de análisis y síntesis.

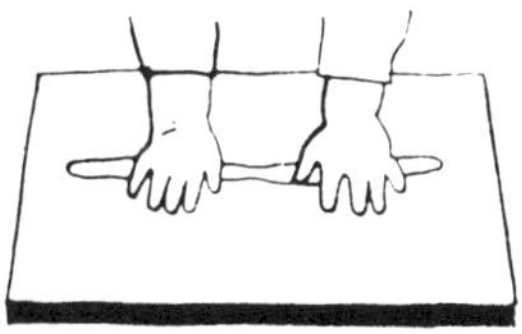

EJERCICIO N.º 265

Ejercicio n.º 265. Dar forma a la masa. Enseña al niño a aplastar la masa golpeándola con las manos. Hacia el final del primer año, algunos niños bien dotados son capaces de hacer con ella un rollito o una bola.

Ejercicio n.º 266. Cortar la masa. Dale al niño un trozo de masa en forma de rollo y un cuchillo ciego de plástico. Anímale a que corte el rollo.

Ejercicio n.º 267. Jugar con juguetes de goma blanda. Dale al niño un juguete de goma, blando y flexible, un mono por ejemplo. El niño doblará y extenderá las piernas del mono. Ésta será probablemente su primera experiencia sobre la flexibilidad.

Ejercicio n.º 268. Plegar papel. Hasta ahora, el niño se había limitado a arrugar el papel, pero, al final del primer año, es posible enseñarle a plegarlo y a marcar el pliegue pasando la mano sobre él.

Ejercicio n.º 269. Extender una tela arrugada. Enséñale a extender una tela arrugada sobre la mesa y a aplanarla pasando la mano sobre ella.

Ejercicio n.º 270. Partir una cerilla. Muestra al niño cómo partir una cerilla ya usada o una ramita. Enséñale cómo se rompe y dile que haga lo mismo.

Ejercicio n.º 271. Enrollar una tira. Dale al niño un rollo de película desechada con su carrete y déjale jugar con ellos. Puedes utilizar también una correa suave sujeta a una vara y hacer que el niño enrolle la correa en la vara.

Usar instrumentos para tareas complejas

(Llamamos instrumento en este contexto a cualquier objeto de que se sirva el niño para alcanzar un objetivo determinado.)

Ejercicio n.º 272. Atraer algo con ayuda de una cuerda. Coloca un juguete fuera del alcance del niño, después de haberle atado un trozo de cuerda, y deja un extremo de ésta cerca de él. Normalmente, se dará cuenta de que puede atraer el juguete hacia él tirando de la cuerda. Dale también la oportunidad de hacerse con el juguete mediante cuerdas de distintos colores, grosores y formas. Enséñale también que éste es el medio para obtener un juguete colocado sobre una tela, un papel o una tabla.

Cuando el niño haya aprendido ya a usar una cuerda y otras ayudas unidas firmemente al juguete, empieza a enseñarle a utilizar otras ayudas no unidas a él.

EJERCICIO N.º 273

Ejercicio n.º 273. Atraer los juguetes con un gancho. Busca un objeto que termine en forma de gancho (un atizador, por ejemplo). Coloca un juguete fuera del alcance del niño y enséñale a conseguirlo con ayuda del gancho.

EJERCICIO N.º 274

Ejercicio n.º 274. Pescar con una red. Hazte con una red para cazar mariposas. Pon al niño junto a la bañera llena de agua, donde habrás metido varios juguetes. El niño intentará recogerlos sirviéndose para ello de la red.

Ejercicio n.º 275. Atraer objetos por medio de una regla. Dile al niño que use cualquier objeto alargado para hacerse con un juguete que está debajo del aparador. Emplear una regla es mucho más arduo que un gancho.

Ejercicio n.º 276. Empujar un cubo con una regla hasta meterlo en un agujero. Excava un pequeño hoyo en el jardín y dale al niño un cubo y una regla (obtendrás el mismo resultado con un guijarro y una rama seca) y enséñale cómo puede llevar el cubo hasta el agujero con ayuda de la regla.

EJERCICIO N.º 277

Ejercicio n.º 277. Sacar cosas de un tubo con un palo. Envuelve un juguete en papel delante del niño y mételo en un tubo de unos veinte centímetros de largo. Dale el tubo y un palo para empujar el juguete fuera del tubo.

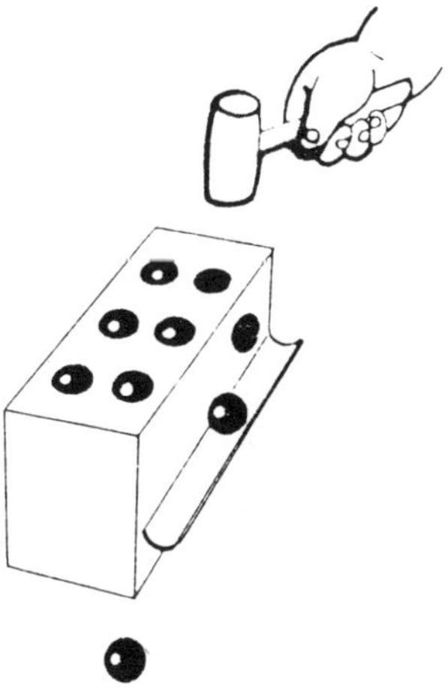

EJERCICIO N.º 278

Ejercicio n.º 278. Clavar una tabla. Forma una letra H con tres tablas, de diez a quince centímetros de largo. En la pieza que cruza, practica tres agujeros de unos 175 mm de diámetro e inserta en ellos unos cilindros de madera que se ajusten casi exactamente. Dale al niño un martillo para que golpee los cilindros. Cuando haya introducido ya todos los cilindros, dale la vuelta al juguete para que empiece por el otro lado. Poco a poco aprenderá a golpear con el martillo exactamente en los clavos.

Ejercicio n.º 279. Abrir un cajón con una llave. Coloca un juguete en un cajón que pueda ser abierto tirando de la llave, pero que no tenga tirador. Saca la llave y tiéndesela al niño. Hacia el final del duodécimo mes, muchos niños son ya capaces de meter la llave en la cerradura y tirar de ella para abrir el cajón. Algunos saben incluso dar la vuelta a la llave para abrir el cajón.

EJERCICIO N.º 280

Ejercicio n.º 280. Abrir la puerta con el picaporte. Sube al niño en un taburete bajo situado junto a la puerta y cuida que no se caiga al abrirla. Pronto se dará cuenta de que le es fácil abrir si ase el picaporte por el extremo, no cerca de la base. Esto le permite adquirir experiencia en cuanto al principio de la palanca.

Cómo aprender a realizar tareas sencillas y movimientos autosuficientes y la iniciación de la imitación

Ejercicio n.º 281. Desenvolver papel. Envuelve un juguete en papel a la vista del niño. Intentará desenvolverlo. Envuelve objetos no sólo en diversas clases de papel (delgado, grueso, pequeño, grande, liso, impreso), sino también en papel de plata, en lona, en plástico.

Ejercicio n.º 282. Abrir un bolso de cremallera. Esconde algo delante del niño en un bolso de cremallera. Procurará abrirla y cerrarla.

EJERCICIO N.º 283

Ejercicio n.º 283. Pasar páginas. Enseña primero al niño a volver las páginas de un libro de grabados impresos en cartulina. Después dale algunos libros viejos y enséñale también a pasar las páginas.

EJERCICIO N.º 284

Ejercicio n.º 284. Garabatear sobre papel. Extiende en el suelo un papel de envolver y dale al niño un lápiz poco afilado, de color vivo. Enséñale cómo se garabatea y trata de que él te imite. También puedes hacerlo en la mesa, con el pequeño en tu regazo.

Ejercicio n.º 285. Limpiarse la boca con la servilleta. Después de darle de comer, dale una servilleta para que se limpie la boca. Tratará de hacerlo, pero lo más probable es que se extienda los restos de la comida por toda la cara, por lo menos al principio.

Ejercicio n.º 286. Pinchar la comida con un tenedor. Cuando le estés alimentando, dale de vez en cuando un tenedor para que pinche con él algún trozo de comida, una patata, por ejemplo. Luego dale tú la patata.

Ejercicio n.º 287. Limpiar el polvo. Cuando estés quitando el polvo de los muebles, dale al niño un paño y dile que te «ayude». El chiquillo te imitará.

Ejercicio n.º 288. Abrir y cerrar una caja de cerillas. Dale al niño una caja de cerillas vacía o algo similar y muéstrale cómo se abre y se cierra. Esta actividad de manipulación te dará la oportunidad de enseñarle a trabajar con ambas manos, cada una de las cuales hace una cosa distinta.

EJERCICIO N.º 289

Ejercicio n.º 289. Roscar una tapa en una botella o tarro. Enséñale al niño cómo se abre una botella con una tapa de rosca o un tarro con una tapa similar. Esto le servirá para aprender a hacer movimientos de roscado. También puedes utilizar un tubo de pasta de los dientes.

Ejercicio n.º 290. Hacer girar una manivela. El niño puede aprender a dar vueltas a una manivela de cualquier utensilio doméstico, como un antiguo molinillo de café manual o un afilalápices. Al principio hará sólo movimientos de vaivén a la derecha y la izquierda, pero pronto aprenderá a dar toda la vuelta a la manivela. Con algunos utensilios has de tener cuidado para que no se hiera.

Ejercicio n.º 291. Colgar pinzas de una cuerda. Ata una cuerda, de unos noventa centímetros de largo, entre dos sillas. Dale algunas pinzas y enséñale a ponerlas en la cuerda, abriéndolas y cerrándolas.

Ejercicio n.º 292. Otros movimientos de trabajo. Mientras realizas las diversas tareas caseras, haces otros movimientos sencillos que el niño observa y que le gusta imitar. Aprovecha todas las oportunidades para enseñárselos. Por ejemplo, puede aprender a batir, a usar un rodillo de amasar, a revolver con un cucharón, etc.

Jugar con la arena y con el agua

Entre el undécimo mes y el duodécimo, tu hijo puede experimentar con la arena y debes permitirle jugar de vez en cuando con un cajón lleno de ella, siempre bajo tu supervisión.

EJERCICIO N.º 293

Ejercicio n.º 293. Palear arena, llenar un recipiente. El niño aprende a usar la pala correctamente, a echar la arena de la pala en un cubo o una carretilla y a no verterla al lado del recipiente.

Ejercicio n.º 294. Palmear y alisar una superficie. Enseña al niño a alisar la arena en el cubo aplanándola y dándole palmadas.

Ejercicio n.º 295. Verter arena. Dale al pequeño varios recipientes y enséñale a verter la arena de unos a otros. Esta tarea, en apariencia sencilla, es extraordinariamente difícil para un niño hacia el final del primer año, porque exige una gran imaginación con respecto al espacio, alguna experiencia y una buena coordinación de ambas manos.

En cuanto al agua, puedes enseñarle todo lo que se refiere a ella mientras le bañas. Pero encontrarás mejores oportunidades en el exterior, en una piscina, un lago o el mar.

Ejercicio n.º 296. Empujar juguetes que floten sobre el agua. Enséñale a empujar los juguetes con la mano sobre el agua para hacer que avancen en una dirección determinada.

Ejercicio n.º 297. Burbujas. Si el niño aprieta una pelota o un juguete de goma perforados bajo el agua, se formarán burbujas. Descubrirá que primero tiene que sacarlo del agua y dejar de apretarlo, a fin de que entre aire en él, no agua. Éste es el único medio de seguir haciendo burbujas. Y así se da cuenta también de la existencia del aire.

EJERCICIO N.º 298

Ejercicio n.º 298. Hacer salir el agua a chorros. Si el niño afloja su presión sobre el juguete bajo el agua, ésta penetra en el interior. Cuando lo apriete después, el agua saldrá a chorro. Aprenderá así a distinguir las condiciones en que el juguete hace burbujas o echa un chorro de agua. Los ejercicios 297 y 298 enriquecen sus experiencias físicas y le enseñan a pensar.

Ejercicio n.º 299. Verter agua de un recipiente a otro. Dale al niño varios recipientes para que eche agua de unos a otros mientras se baña. Aprenderá a verter el agua despacio y deprisa, desde un punto alto y un punto bajo. Al mismo tiempo, perfeccionará su habilidad para alterar ligeramente la inclinación de los recipientes, situados en el espacio en relación unos con otros, a fin de que el agua pase del uno al otro y no caiga en el baño. Esto le proporcionará una experiencia valiosa en física y geometría.

EJERCICIO N.º 300

Ejercicio n.º 300. Apretar una esponja. Muéstrale al niño cómo, al apretar una esponja mojada, sale agua de ella.

Aprendizaje de movimientos manipulativos durante los contactos sociales

Del décimo al duodécimo mes, tu hijo aprenderá a hacer ciertos movimientos como respuesta a los requerimientos verbales, que forman parte de los contactos sociales.

Ejercicio n.º 301. «Hazle un cariñito a papá». «A ver cuánto quieres a mamá». Se puede enseñar al niño a reaccionar a estas preguntas acariciando a su padre o echando los brazos al cuello de su madre. Enséñale otros movimientos respondiendo a las solicitudes verbales. No te limites a los tradicionales. Piensa en otras frases que se adapten a movimientos sencillos, por ejemplo saludar dando la mano, agitarla para decir adiós, a dar palmadas respondiendo a algo o para pedir algo, a decir no con las manos, además de sacudir la cabeza.

Hacer el mejor uso del juego

Objetivo: los juegos de manipulación y de imitación que he descrito se desarrollarán más aún en los últimos tres meses del primer año dando al niño la oportunidad de observar a la gente mientras trabaja o hace otras cosas y de fijarse en los movimientos de los animales y las máquinas. Déjale imitar lo que le fascine y trata de capacitarle para que participe directamente en las actividades de los adultos.

Si quieres que tu hijo imite, está claro que tiene que experimentar y ver lo que va a imitar. Cuanta más amplia sea su panorámica, más rica será su imitación. Al principio, los niños imitan sólo algunos movimientos aislados típicos, no una secuencia completa de las actividades de los adultos. Hacia el final del primer año, todavía no se proponen llegar a un fin por medio de la imitación. Pero existen algunas situaciones clásicas que despiertan por esta época el interés infantil y les incitan en mayor grado a imitar.

Tu hijo imitará con más frecuencia los movimientos que haces cuando realizas un acto relacionado con él: darle de comer, bañarle, lavarle, vestirle, acostarle para dormir, sentarle en el orinal, jugar. En el duodécimo mes, le dará de comer al osito con una cuchara o un biberón, lo acunará, lo sentará en el orinal y lo acostará para que duerma.

Las tareas caseras estimulan también su imitación: cocinar, limpiar el polvo, lavar, planchar, fregar los platos. Cuando cocines, dale un tazón y una cuchara para que imite tus movimientos al batir. Si mueles café en un molinillo de mano, dale uno semejante para que haga girar la manivela. Cuando barras el suelo, dale una escoba y un recogedor de juguete para que imite tus movimientos. Si no tienes una plancha de juguete, bastará un bloque de madera y una tela para que juegue a planchar.

Las tareas del padre relativas a la casa suscitan asimismo el interés del niño y le animan a imitar. Se interesará por cosas como serrar, clavar clavos, poner tornillos. Observará con el mismo interés las actividades de los obreros dentro de su casa. En el duodécimo mes, tratará de martillear, de serrar, etc. No le apartes. Al contrario, permítele que vea lo más posible.

Encontrará igualmente muchas oportunidades para imitar fuera de casa. Llévale contigo de compras e imitará al vendedor envolviendo las mercancías, a los obreros que cavan una zanja y otras actividades. Imitará lo que ve en las calles, las bocinas de los taxis o al policía que dirige el tráfico.

En el cajón de arena, imitará algunos de los movimientos de su padre en el jardín o en el huerto, cavar, cargar la carretilla, llevarla. Y la observación de los animales le inducirá a imitar el ladrido del perro, el canto de un pájaro, el agitar de las alas de un pollo.

Las oportunidades de un niño que vive en la ciudad son distintas de las del niño que vive en el campo. Pero ambos tienen bastantes para permitirles desarrollar su imitación a una edad temprana, si sus padres saben aprovecharlas. El número de estímulos que se ejercen sobre el niño depende de ellos. El contacto con la vida que le rodea es la condición principal para el desarrollo del juego imitativo, y un juego imitativo muy desarrollado es la prueba de que el pequeño ha adquirido muchas experiencias valiosas.

La enseñanza de la imitación

Pero no basta con darle al niño todas la oportunidades de observar la vida de su entorno. Hay que ayudarle para que aprenda a imitar, a expresar activamente lo que ve, a incitarle a la imitación.

En el undécimo y duodécimo mes, cuando des de comer a tu hijo, juega a darle también de comer al osito. Luego entrégaselo al niño y dile que le dé de comer. Al pasar de este modo de alimentar al niño a alimentar al osito y decirle que siga él alimentándolo, le permites comprender el acto de dar de comer. Si repites esta operación dos o tres veces, te bastará con colocar un tazón y una cuchara junto al juguete. El niño entenderá la conexión y empezará por sí mismo a alimentar al osito.

Cuando le bañes, dale un muñeco y báñalo al mismo tiempo que a él. Lava sus manos y las manos del muñeco. Frótale la espalda y frota la espalda del muñeco. La próxima vez dile que le bañe él. Pronto comprenderá el juego e irá a buscar el muñeco antes del baño para lavarlo.

Si enseñas al niño diversos movimientos imitativos siguiendo este sistema, no tardará en captar el principio de la imitación y empezará a imitar todo cuanto llame su atención, sin necesidad de que le animes. Su repertorio de movimientos imitativos aumentará, y ésta es la mejor preparación para los denominados «juegos de oficios», a los que se entregará en su tercer año y en los que no se limitará ya a imitar movimientos individuales, sino que efectuará una serie de actos que expresan que ha adoptado el papel de alguien (jugar a la mamá, a las tiendas, al médico). Ciertos autores afirman que los niños alcanzan ese estadio sin ninguna influencia exterior y que no hay necesidad de preocuparse de este tipo de juegos. Ahora bien, la experiencia de los orfanatos mal dirigidos desde el punto de vista educativo demuestra que el juego imitativo se desarrolla muy lentamente, incluso llega a no aparecer, cuando falta el estímulo del adulto. El niño necesita algún estímulo inicial, aunque sea procedente de otros niños mayores que él, y sólo después de que ha dominado los principios del juego imitativo, continuará por sí mismo, con menor ayuda de los adultos.

La enseñanza del juego imitativo no debe ser formal. Supongamos que madre e hijo observan los pájaros en el parque. Al llegar a casa, la madre le recuerda lo que han visto y le dice que le muestre cómo baten las alas los pájaros. El niño comprenderá y ondeará los brazos. Pero si le pregunta cómo comen el grano los pajaritos, no reaccionará. Si la madre picotea con los dedos en el suelo y le dice: «Mira, así es como comen los pajaritos. Hazlo tú también», el niño la mirará sin comprenderla, pero la imitará. Está claro que no sabe lo que su madre quiere decir cuando picotea el suelo con los dedos. Hace el movimiento, pero éste no expresa nada, puesto que no se basa en su experiencia. Tales juegos son puramente formalistas y no tienen ningún valor educativo.

El desarrollo del lenguaje y el pensamiento

Cuando estudiamos los movimientos delicados de las manos y el juego, vimos cómo el niño adquiría experiencia y conocimiento mediante el contacto con los objetos. Vamos a ver ahora cómo la experiencia y el conocimiento adquiridos se refleja en el desarrollo del lenguaje y el pensamiento y cómo se puede influir en estas dos funciones, tan estrechamente relacionadas.

Cómo se desarrolla el pensamiento entre el décimo y el duodécimo mes

Objetivo: en el duodécimo mes, el niño sabe ya probablemente hacerse con un objeto con la ayuda de otro relacionado con él. Esta capacidad debe ser «generalizada» y tomar una cierta extensión. Entonces el niño será capaz de usar un objeto o un instrumento en otras situaciones y resolver problemas que exigen acciones intermedias. Resolverá las tareas sencillas con seguridad por medios indirectos (rodeo) y empezará a sintetizar.

Adquirir un objeto con ayuda de otro

Ya hemos expuesto algunos ejercicios en conexión con esto, los 272, 273, 274 y 275. Cuando el niño haya aprendido a utilizar instrumentos similares, hazle las cosas más difíciles enseñándole a buscar el instrumento apropiado.

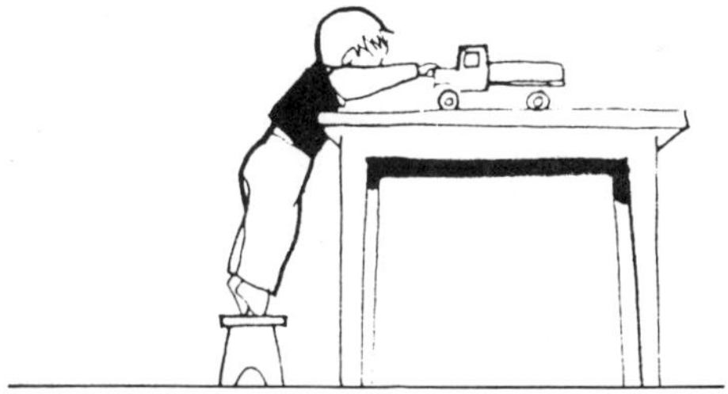

EJERCICIO N.º 302

Ejercicio n.º 302. Buscar un instrumento. Repite los ejercicios 272, 273, 274 y 275, ofreciéndole el mismo incentivo, pero no el instrumento. Colócaselo cerca, para que lo vea. Atrae la atención del niño sobre el juguete y dile que lo coja. En la mayoría de los casos, tratará de hacerlo simplemente con las manos, pero al ver que su acto no da resultado, empezará a mirar a su alrededor para descubrir algún instrumento.

Ejercicio n.º 303. Reconocimiento de un objeto como instrumento posible. Cuando el niño domine el ejercicio anterior y sea capaz de encontrar un instrumento, complica la situación retirando de su vista los «instrumentos familiares», reemplazándolos por otros similares. Si se ha acostumbrado a usar una regla para sacar un juguete de debajo del aparador, guárdala y pon en su lugar el mango de una escoba, que nunca ha utilizado, pero que resulta apropiado para el caso. Tendrá que resolver el problema de si puede emplear el mango de la escoba como hizo antes con la regla.

Ejercicio n.º 304. Utilizar un medio para aproximarse al objetivo. Pon un juguete sobre la mesa, fuera del alcance del niño. Deja cerca un banco del que se haya servido ya para subirse a él cuando quiere alcanzar algo sobre la mesa. El niño mirará a su alrededor, verá el banco, lo arrastrará hasta la mesa, se subirá a él, se acercará al juguete y lo cogerá. Más tarde, complica el ejercicio escondiendo el banco y obligándole a buscarlo primero.

Al final del primer año, algunos niños son capaces de resolver problemas complejos, que exigen la combinación de varias operaciones.

Ejercicio n.º 305. Obtener un juguete con ayuda de un instrumento que no está directamente disponible. Atrae la atención de tu hijo hacia un juguete que está debajo del aparador. La regla de que se sirve habitualmente está sobre la mesa, pero fuera de su alcance. El niño examinará primero la situación, verá el taburete cerca, lo arrastrará hasta la mesa, lo utilizará como instrumento para alcanzar la regla y luego utilizará ésta para alcanzar el juguete.

Puedes crear situaciones parecidas dentro de casa. Las situaciones complejas, que requieren dos o tres operaciones, suelen resultar demasiado difíciles antes de que el niño entre en su segundo año, pero algunos más inteligentes, que saben cómo utilizar instrumentos para tareas sencillas, las resuelven al final del primer año. Esa gimnasia intelectual contribuye a desarrollar su orientación en el espacio y su razonamiento técnico y práctico.

Veamos ahora otros problemas que a los niños les gusta resolver para ejercitar su capacidad de razonar prácticamente.

EJERCICIO N.º 306

Ejercicio n.º 306. Abrir y cerrar puertas con sistemas de cierre distintos. Al niño le gusta abrir las puertas y ver lo que hay detrás. Su interés se intensifica más aún cuando la puerta tiene un mecanismo de cierre y se le permite aprender cómo funciona. Facilítale la comprensión de esos mecanismos. Un padre habilidoso puede preparar un tablero con varias puertecitas, cada una de ellas con un sistema de cierre distinto: un candado, una cerradura con su llave, una manija con uno o dos brazos, un cerrojo. El niño se entretendrá mucho tiempo con él, abriendo y cerrando las puertas y entrenando su inteligencia.

Ejercicio n.º 307. Abrir y cerrar varias cajas y recipientes. El niño ha aprendido ya a abrir y cerrar cajas y recipientes que tienen tapadera. Dale ahora cajas y recipientes de formas y tamaños distintos para que aprenda las diversas colocaciones de las tapas, por presión, por encaje, por rosca, etc. A continuación, dale varios recipientes y el mismo número de tapas. El problema consiste en averiguar qué tapa corresponde a qué recipiente. Al principio, procura que esta correspondencia sea obvia. Después, ve haciendo las diferencias más pequeñas, a fin de que se vea forzado a *probar* cuál pertenece a cuál.

Ejercicio n.º 308. Servirse de instrumentos y de equipo. Al final de su primer año, tu hijo tratará de imitar lo que hacen sus padres con los instrumentos domésticos. Le atraerá muchísimo encender y apagar la televisión y las luces. Permíteselo en aquellos casos en que no lo consideres peligroso y pon fuera de su alcance los aparatos peligrosos o delicados.

Uno de los problemas más complicados que el niño empieza a ser capaz de resolver al final del primer año es el empleo del rodeo o enfoque indirecto. Por ejemplo, tener que apartarse de un objeto antes de apoderarse de él, porque no está directamente disponible. En alguno de los ejercicios anteriores ya había resuelto este tipo de problemas (tratar de hacerse con un juguete que está debajo del aparador y alejarse de él para ir a buscar el atizador). Y lo resolvió no sólo por medio de un instrumento, sino también indirectamente.

Ejercicio n.º 309. Rodeos más largos. Al estudiar el razonamiento de los niños entre el séptimo y el noveno mes, describí varios ejercicios para enseñar al niño a obtener un juguete dando un rodeo sencillo. El niño de doce meses conseguirá lo que quiere dando un rodeo más largo. Muéstrale por el cristal de la puerta de la cocina que ha venido la abuelita y que está en la otra habitación. No puede entrar directamente en la habitación porque la puerta está cerrada, pero sale por la otra puerta al pasillo y pasa así a la habitación. Esta secuencia del ejercicio significa que conoce ya la orientación de su casa. Le será más fácil si puede captar toda la situación de una vez. Por ejemplo, está en el jardín, ve a su abuela a través de la verja y quiere ir a reunirse con ella. Se aleja entonces de ella a lo largo de la verja hasta llegar a la puerta, cruza la puerta y va hacia ella por el otro lado de la verja. Aprovecha otras ocasiones en casa y en el exterior y utiliza a personas y objetos como metas para que el niño resuelva problemas. En el verano, el padre puede saltar un riachuelo y llamarle para que se reúna con él, siempre que el pequeño esté en condiciones de llegar hasta allí sin mojarse, cruzando por un puentecillo cercano.

EJERCICIO N.° 310

Ejercicio n. ° 310. Apoderarse de un objeto empujándolo. Pon al niño de pie sobre un taburete junto a la mesa y coloca sobre ésta una tabla de la plancha u otro obstáculo cualquiera, dejando un juguete al otro extremo. Dado que le es imposible atraer hacia sí el juguete, puesto que el obstáculo se lo impide, lo empujará para hacerlo caer de la mesa y recogerá el juguete del suelo. También se verá recompensado si se baja del taburete, da la vuelta a la mesa y obtiene el juguete de esta manera.

Otro problema que el niño es capaz de resolver al final del primer año consiste en reconocer una entidad como un todo cuando ve una de sus partes.

Ejercicio n.º 311. Buscar un juguete escondido. Esconde un juguete de modo que quede una parte visible y di al niño que te lo traiga. Al principio, le costará trabajo encontrarlo, sobre todo si la parte visible es pequeña, pero pronto comprenderá que el juguete está detrás de lo que se ve. Puede también estar oculto bajo una tela, de forma que sus contornos sean reconocibles. En el exterior, el padre se esconderá detrás de un árbol, dejando sobresalir un hombro o situándose de manera que proyecte una sombra precisa.

Quiero insistir una vez más en que no basta que el niño haya nacido inteligente. Para desarrollar su inteligencia tiene que resolver activamente problemas que requieran la intervención de ésta. He descrito algunos de tales problemas, pero el niño necesita también verse rodeado de personas inteligentes capaces de idear situaciones similares y aprovechar todas las oportunidades que les brinda el entorno.

Un niño inteligente se da cuenta pronto de que el instrumento más importante para resolver situaciones es el ser humano. Comprenderá que un ser humano piensa y suele mostrarse muy deseoso de pensar en su lugar. Descubrirá varios medios para intentar obligar a las personas que le rodean a pensar por él y actuar en su favor. Si se le permite explotar este descubrimiento, puede significar una tragedia para él. Su pensamiento y sus actos se reducirán al mínimo, ya que su entorno actúa y piensa por él.

Por lo tanto, quiero subrayar un principio muy importante: piensa mucho *en* el niño, pero no *por* él; haz mucho por tu hijo, pero no en su lugar; piensa y haz todo lo que puedas para lograr que a tu hijo le guste pensar y hacer las cosas por sí mismo.

El entrenamiento del lenguaje del décimo al duodécimo mes

Objetivo: incrementar el vocabulario pasivo del niño hacia el final del primer año, a fin de que comprenda frases sencillas sobre las situaciones en que se encuentra a diario: comer, lavarse, bañarse, jugar, andar, dormir, y las relacionadas con las personas y los objetos que le son próximos. En ese momento, será capaz de utilizar como mínimo cinco palabras. Le gustan las cancioncillas infantiles y puede nombrar a una persona o una imagen.

La mayoría de los ejercicios para el desarrollo del lenguaje pasivo del séptimo al noveno mes (del 198 al 202) son también útiles para este período. Asegúrate siempre de que hablas despacio y claramente, limita tu vocabulario a las palabras que comprende, habla sobre las situaciones concretas en que él se encuentra y emplea siempre las mismas palabras para designar las mismas cosas.

Ejercicio n.º 312. Nombrar actividades y personas mientras juega. Si quieres que tu hijo distinga, por ejemplo, entre un cubo, una caja y una taza, siéntate a la mesa con él en el regazo. Di las frases siguientes señalando el objeto y llevando a cabo la actividad a que te refieres: «Aquí está el cubo. Esto es una caja. Mete el cubo en la caja. ¿Dónde está el cubo? Aquí esta el cubo. Esto es una taza. Mete el cubo en la taza. Ahora mete la taza en la caja...» Realiza así actividades poco complicadas con diversos objetos y describe tus actos con palabras muy sencillas. Cuando el niño haya oído de cinco a diez veces cierta palabra durante el juego y cuando hayas atraído su atención sobre la actividad (o el objeto), probablemente formará una asociación y, a partir de ese momento, conocerá el significado de «cubo», «caja», «taza».

Ejercicio n.º 313. Nombrar actividades corrientes mientras juega. En el ejercicio anterior, el niño era pasivo y sólo miraba y escuchaba lo que tú estabas haciendo y diciendo. Ahora bien, las asociaciones se establecen con mayor facilidad cuando el niño es activo. Elige actividades que el niño pueda realizar contigo. Por ejemplo, el ejercicio 312 será más eficaz si convences al pequeño para que efectúe algunas de esas actividades. O bien, podéis jugar con un muñeco. Toma uno, dale otro al niño y dile, mientras ejecutas los movimientos apropiados: «Vamos a acunar al nene. Acuna al nene. Vamos a acariciar al nene». Cuando el niño ve lo que estás haciendo con el muñeco y le dices que te imite, aprende a hacer los movimientos correspondientes y, al mismo tiempo, a entender las palabras.

Cuando el niño obedece a tus solicitudes verbales es señal de que las ha comprendido. Veamos cómo hacer el proceso un poco más complicado.

Ejercicio n.º 314. Pedirle una cierta actividad con diversos objetos. Para el niño, es más fácil comprender el significado de las palabras que designan objetos que aquellas otras que se refieren a actividades. He aquí cómo conseguirás que tu hijo comprenda el significado de «dame...» Coloca varios juguetes en fila delante de él y dile: «Dame el coche». Guía la mano del pequeño hacia el juguete designado con una de las tuyas y, una vez que lo ha asido, guíala hacia otra mano abierta. Quítale el objeto suavemente y alábale por haber sabido dártelo. Dile después que te dé la muñeca o la pelota. Poco a poco, ve prestándole menos ayuda y recompensa siempre que la respuesta sea correcta dándole las gracias, con una alabanza, una palmadita, un beso. Este ejercicio es excelente entre el décimo y undécimo mes. Repítelo a diario con otros objetos: «Mece al osito (al bebé, al perrito)» o «Esconde la pelota (el coche, la carretilla) en el cesto...»

Ejercicio n.º 315. Pedirle que haga cosas distintas con el mismo objeto. Dale un muñeco y dile: «Mece al nene. Abraza al nene. Dale de comer al nene. Dame el nene. Levanta al nene. Acuesta al nene». Dile a diario que haga esas mismas cosas con otros objetos.

Ejercicio n.º 316. Hacer varias cosas con varios objetos. Una vez que el niño domina el ejercicio 315, dile que haga cosas distintas con varios objetos. Esto se aplica a los niños bien entrenados hacia el final del primer año o comienzos del segundo. Ahora puedes recurrir a instrucciones verbales más complicadas y a juegos más complejos. Por ejemplo, incita a tu hijo a jugar con juegos más complicados con su muñeco: «Levanta al nene de la cama. Sienta al nene para comer. ¿Dónde está su manta? Trae el biberón...» Si el niño no sabe lo que tiene que hacer demuéstrale en qué consiste la actividad. Al comienzo del segundo año, no sólo te imitará, sino que comprenderá lo que quieres de él.

Ejercicio n.º 317. Desarrollo del vocabulario pasivo en las tareas cotidianas. Aprovecha todos los cuidados diarios que le prestas: la comida, el baño, el vestirle. Nombra y muestra claramente objetos y las actividades que tienen una relación estrecha con él y establecerá con gran facilidad una asociación entre la palabra y la acción o el objeto. («Esto es una galleta. Esto es un vaso de leche. Remueve la leche con la cuchara. Abre la boca...»)

Ejercicio n.º 318. Desarrollo del lenguaje pasivo con ayuda de imágenes. Muéstrale imágenes de cosas que conoce en la vida real. La imagen sirve para recordarle algo, no para reemplazarlo. Comparando la imagen con la realidad, aprenderá a comprender la imagen, pero no puede comprender la realidad sólo a partir de una imagen, esto es, le es imposible imaginar el tamaño de un elefante a partir de una foto. Un niño que no ha visto ni oído ladrar jamás un perro, no puede decir a partir de una imagen que el perro ladra. Esto no significa que sólo haya que enseñarle imágenes realistas. Un artista es capaz de pintar las características esenciales que distinguen a un perro de un cachorro, lo que enseñará al niño a diferenciar entre la imagen de un perro adulto y la imagen de un cachorro, aunque dichas imágenes sean del mismo tamaño.

Del décimo al duodécimo mes, no debes mostrarle sólo imágenes de personas, animales o cosas aislados. Llama su atención sobre las actividades y las relaciones: «Esto es un perrito, que hace bau, bau cuando ladra y que salta. El perrito está en su caseta, ladrándole a un gatito». Cuando el niño ha comprendido la escena, hazle participar activamente haciéndole preguntas. Señalará la imagen cuando le digas: «¿Dónde está el perrito? ¿Dónde está el perrito que hace bau bau al ladrar? ¿Dónde está el perrito que salta? ¿Dónde está la caseta del perrito?»

Entrenamiento del lenguaje activo

Se puede usar el mismo método para desarrollar el lenguaje activo que describí para los niños de siete a nueve meses. Incluso son más apropiados para esta edad. Hay que iniciarlos antes porque muchos niños dicen su primera palabra activa hacia el noveno mes. Vamos a ver algunos ejercicios destinados a desarrollar el lenguaje activo en los pequeños que conocen ya algunas palabras activas.

EJERCICIO Nº 319

Ejercicio n.º 319. Enviar mensajes. Para entrenar a tu hijo en el uso activo de las palabras en la situación apropiada, mándale llevar el mensaje a alguien. Dile por ejemplo: «Llama a papá y dile que venga a comer. Dile: papá». O bien: «Dale el libro al abuelito y dile: Toma». La persona a la que va destinado el mensaje no lo tendrá en cuenta, claro está, pero alabará al niño y le dará las gracias.

Ejercicio n.º 320. Hablar sobre las cosas observadas. Aprovecha las situaciones interesantes para «charlar» con tu hijo. Cuando vayas con él por la calle, háblale de lo que sucede a vuestro alrededor. «Mira, ¿qué es eso que viene?» La respuesta del niño será: «Popó». Recompensa la respuesta, alábale y di: «Sí, popó. Es un popó. ¿Y que hacen los popós?» Estimula la actividad del niño con otras palabras y recompénsale siempre repitiendo las suyas, alabándole y sonriéndole. A partir del décimo al duodécimo mes, pero sobre todo después, experimentará gran placer con este estrecho contacto social y procurará mantener la «conversación» y llamar tu atención sobre algo. Señalará a un perro y lo identificará con una palabra. El uso espontáneo de palabras es el objetivo principal durante este período.

Ejercicio n.º 321. Formar escenas con juguetes para que el niño las comente. El padre se sienta a la mesa con el niño en las piernas y representan escenas sencillas, por ejemplo con el osito de felpa. Muestra al niño cómo salta el osito, cómo tropieza, ondea el brazo, se acuesta en la cama, se esconde detrás de una caja y llama al niño. Pregúntale siempre lo que hace el osito y responderá con las palabras que conozca, como «pum» o «yos».

Ejercicio n.º 322. Hablar de una imagen. Este ejercicio es similar al 318, pero, cuando hables de la imagen, incita al niño a definir algunas de las actividades con palabras. Si empieza a hacerlo por sí mismo, recompénsale con una alabanza y una admiración especiales.

Ejercicio n.º 323. Completar canciones infantiles. Mira con él un libro de grabados con rimas y recítale los versos. Si se hace con frecuencia, los niños de doce meses son capaces de decir por lo menos una o dos palabras y algunas de las rimas.

Nota: El vocabulario del niño pequeño consta de dos tipos de palabras: las que tienen un sonido similar a las de su lengua materna y las que forma él, el «habla infantil», que sólo las personas más allegadas son capaces de entender. En el primer año de desarrollo del lenguaje activo, trata de incrementar su vocabulario, sin preocuparte de si las palabras pertenecen o no al vocabulario adulto. El objetivo es que el niño se dé cuenta de la función de las palabras en sus contactos con las personas que le rodean. Cuando hayas ya despertado su interés por el contacto verbal, empieza a tratar de reemplazar las palabras infantiles por las palabras reales. Por regla general, los niños dejan de emplear el lenguaje infantil después de los dieciocho meses.

Desarrollo de las emociones y de las relaciones sociales

Objetivo: del décimo al duodécimo mes, procura ayudar a tu hijo a desarrollar relaciones emocionales con su entorno material y humano. Asegúrate de que no experimenta miedos accidentales e innecesarios frente a fenómenos que no presentan ningún peligro. Sin embargo, ha de aprender a reconocer las situaciones peligrosas y los objetos susceptibles de causarle algún daño.

Incluso con todo el amor, el cuidado y el entrenamiento, pueden surgir actitudes emocionales negativas. Supongamos que tu hijo tiene miedo, por el motivo que sea, de una chaqueta de piel negra. Cada vez que la ve, se echa a llorar y se aferra a ti asustado. Cuanto más pronto le liberes de este miedo sin sentido, tanto mejor será para él. Voy a decirte cómo hacerlo.

Ejercicio n.º 324. Cómo eliminar el miedo infantil frente a un objeto. Coloca la chaqueta de piel negra que asusta a tu hijo en un rincón de la habitación. El niño, que ha de estar de buen humor, se sentará contigo a una distancia suficiente para que se considere en seguridad. Cuanto más lejos estéis del objeto de su miedo, más seguro se sentirá en tus brazos. El padre sacará entonces de la manga de la chaqueta de piel un perro de juguete nuevo y se lo tenderá al niño. La madre jugará con el perro y el niño y luego el padre devolverá el juguete a la chaqueta. Repetid esta escena varias veces al día, y el niño jugará cada vez más cerca de la chaqueta, hasta que sea posible incorporar ésta al juego. El perro se esconderá en la chaqueta y asomará por ella y, por último, el pequeño lo sacará directamente por sí mismo. Haz intervenir la chaqueta en el juego hasta que se convierta en un objeto del mismo y pierda su carácter de objeto de temor. Al cabo de algún tiempo, el niño se sentará sobre ella o se esconderá en ella. La modificación de una actitud emocional es posible porque se crea una situación placentera (el juguete nuevo), a la que se incorpora el objeto del miedo manteniéndolo a cierta distancia, convirtiéndolo luego paulatinamente en una parte más importante de la situación agradable, haciéndole perder así su carácter emocional negativo y creando una relación emocional positiva cada vez más fuerte. Proceded lentamente y con todas las precauciones. De otro modo, el nuevo juguete asustará tanto al niño como la chaqueta de piel.

Otras actitudes emocionales se modifican también en gran medida por este sistema. Lo mismo se puede alentar la afición del niño a revolcarse en la suciedad que crear en él una repulsión contra la suciedad y las cosas sucias. La regla es muy sencilla: todas las cosas frente a las cuales quieres que tu hijo adopte una actitud positiva tienen que ir combinadas con estímulos agradables. Las que quieres que susciten en él una actitud negativa han de estar conectadas con estímulos y situaciones desagradables.

Del séptimo al noveno mes, aprendió a distinguir entre una sonrisa y un ceño fruncido, a saber si ese ceño era más o menos grave y si una mirada indicaba que sus actos eran alentados o desalentados. Del décimo al duodécimo mes, una sonrisa cariñosa y un tono de voz elogioso se convertirán por sí solos en una recompensa, y un ceño fruncido y un tono de voz severo actuarán como inhibidores.

Ejercicio n.º 325. Convertir una expresión mímica, un gesto, un tono de voz, etc., en una recompensa o en una inhibición. Si el niño hace algo constructivo, sonríele, acaríciale, elógiale. Inmediatamente después, haz algo que le resulte muy agradable, como darle un juguete, jugar con él a algo divertido, cualquier cosa con la que disfrute. Al principio, la recompensa consistirá en el juguete o en lo que hagas después. Pero gradualmente la sonrisa constituirá una recompensa o un elogio suficiente. Si te atienes a estas recomendaciones de manera sistemática y uniforme, a los doce meses, tu hijo empezará a buscar esas recompensas, e incluso se acariciará la cara y dirá: «Nene beno», si tú te olvidas de alabarle. El mismo método da resultado en el sentido opuesto. Cada vez que el niño haga algo que no debe, frunce el ceño, dile «malo» e inmediatamente después haz algo que le sea desagradable: deja de jugar con él, quítale el juguete, aléjate de él. Después de estos actos negativos, se aventurará en las actividades no deseadas con menos frecuencia y sin duda acabará por renunciar a ellas. Poco a poco, te bastará con adoptar un tono estricto y fruncir el ceño para que el chiquillo deje de hacer lo que no debe. De este modo, la sonrisa y el elogio se convierten en una recompensa; el ceño fruncido y el tono severo, en un castigo.

En el décimo mes, tu hijo empezará a conocer los aspectos prácticos de la vida. Para darse cuenta de que algo existe, tiene que pasar por momentos en que esa cosa no esté presente. Dado que quieres que tu hijo sea feliz y esté satisfecho, le rodeas de amor y comodidad. Sin embargo, para experimentarlos plenamente, el niño no debe permanecer todo el tiempo en una situación ideal. Para darse cuenta de que su madre le quiere, tiene que experimentar el sentimiento opuesto, advertir que su madre puede cansarse de él. Sólo así, cuando su madre vuelve a él de nuevo, significará una de las experiencias más placenteras. Para darse cuenta de que está completamente bien, tiene que pasar por momentos ocasionales en que se sienta mal, en que le falta algo o algo le hace daño. Sólo mediante esos contrastes, comprenderá lo que tiene y lo bien que está... Y así aprenderá a simpatizar con los demás cuando a éstos les falta algo.

El amor, el confort y la plenitud de la vida no deben convertirse en cosas ordinarias. El niño ha de experimentar sus opuestos, pero hay que permitirle comprender que esos cambios dependen en gran parte de su conducta. Si se porta mal, muchos de los aspectos agradables de la vida se desvanecerán. Los padres excesivamente cariñosos, pacientes e indulgentes, incapaces de negar nada a su hijo, crean en él una seguridad absoluta muy perjudicial. El niño considera entonces como obligados su amor y sus dones, exige cada vez más y da a cambio cada vez menos. Este tipo de relación conduce casi siempre a la ingratitud del hijo con respecto a sus padres. La seguridad emocional relativa la crean los padres que recompensan a su hijo cuando se comporta de la manera deseable, pero reaccionan frente a su conducta indeseable de tal manera que el pequeño comprenda que esa reacción significa un castigo. Se muestran entonces menos cariñosos y no le proporcionan los estímulos placenteros que siguen de costumbre a un comportamiento constructivo.

De esta forma, tu hijo se incorporará paulatinamente a la sociedad humana y aprenderá adaptar a su conducta no sólo a sus propias necesidades, sino también a las necesidades de los demás. El proceso de socialización empieza en la primera infancia, ya que la relación entre un niño y sus padres es la base de su relación con la gente en general.

El niño tiene que aprender a una edad muy temprana a compartir con los demás, a renunciar a algo en favor de otra persona. Cuanto antes empieces a enseñarle a adoptar una actitud altruista frente a los demás, más probable será que evites la conducta egoísta que suele aparecer en el segundo año.

Ejercicio n.º 326. Crear el hábito de compartir con los demás o de renunciar a algo de otra persona. De vez en cuando, dile al niño que dé a su padre su juguete favorito. El padre aceptará el juguete, jugará un momento con él y se lo devolverá. Otras veces, el padre le dirá que se lo deje a su madre o a uno de sus hermanos. O bien, dile que se lo preste un momento a otro niño en el parque. Cuando le das su comida preferida, dile que le dé un trocito a alguien. La otra persona ha de aceptar la oferta y comerla ante él, no limitarse a agradecerla y devolverla. El niño no debe acostumbrarse a dar las cosas sólo de boquilla y esperar que la otra persona va a devolvérselo. De vez en cuando, tiene que renunciar por completo a una cosa en favor de otro. Algunos padres piensan que esto es demasiado difícil para el chiquitín, que se trata de una tortura innecesaria. Conviene que comprendan que, a una edad tan temprana, el niño supera su egoísmo fácilmente, con lo que puede evitarse muchos malos ratos más adelante. Además, existen muchos medios de devolverle algo a lo que ha renunciado en favor de otra persona sin que él se dé cuenta de ello.

Ya he dicho anteriormente que el mejor medio de incorporar al bebé al grupo familiar consistía en hacerle participar en la actividad común. Hacia el final del primer año, dale la oportunidad de unirse a ti cuando hagas la limpieza o friegues los platos. Déjale entonces que seque las cucharas y te «ayude» con cualquier otro trabajo que sea capaz de hacer.

EJERCICIO N.º 327

Jugar juntos tiene asimismo una gran importancia. Veamos algunos juegos posibles.

Ejercicio n.º 327. Entrechocar las cabezas. Siéntate con el niño en las piernas y jugad al viejo juego de entrechocar suavemente las cabezas. Hacia el noveno o el décimo mes, el niño adelantará la cabeza en dirección a la tuya.

Ejercicio n.º 328. Buscar y encontrar un juguete. Siéntate en el suelo o en un taburete bajo, toma un pequeño juguete y escóndelo a tu espalda. El niño, de pie frente a ti, tratará de apoderarse de él. Cámbialo de mano, alza los brazos, extiéndelos, etc., pero, al cabo de un rato, déjale atraparlo.

Ejercicio n.º 329. El escondite. Escóndete detrás del aparador o de una puerta y llama al niño. Cuando se acerque y te vea, dile: «Buuuuú», levántale en el aire, déjale en el suelo y escóndete de nuevo. Por regla general, comprenderá pronto el principio del juego y se esconderá también, aunque, normalmente, será incapaz de esperar a que le busques y te llamará tan pronto como se haya escondido.

EJERCICIO N.º 330

Ejercicio n.º 330. Pasarse una pelota. Siéntate en el suelo frente al niño, con las piernas abiertas. Haz rodar una pelota hacia él y dile que te la devuelva del mismo modo. Hacia el noveno o décimo mes, habrá captado el principio del juego y te dará o te lanzará la pelota, riendo alegremente.

Ejercicio n.º 331. Persecución. De pie frente al niño, tiéndele las manos y llámale hacia ti. Tratará de cogértelas. Cuando esté a punto de alcanzarlas, échate a reír y retrocede unos pasos, haciendo que te persiga. Apresúrate a sujetarle en caso de que se tambalee. La persecución será más interesante si tienes un juguete en la mano.

EJERCICIO N.º 332

Ejercicio n.º 332. El espejo. Coloca al niño ante el espejo y haz que se mire. Pronto empezará a reírse, a tocar su imagen, a darle cabezazos. Luego se mirará alternativamente a sí mismo y a tu imagen y aprenderá a distinguir entre la imagen y la realidad.

Ejercicio n.º 333. El elemento social en el juego imitativo. El niño sabe ya mecer, dar de comer y proporcionar otros cuidados a su muñeco. Enséñale poco a poco a jugar con él o con el osito como si se tratase de una persona real, con las mismas necesidades, penas y alegrías que las suyas. Enséñale a tratar los juguetes con suavidad y cariño. Este entrenamiento de la paternidad debe empezar muy pronto.

La adquisición de los hábitos

Objetivo: empezando en el décimo mes, el niño dormirá probablemente de diez a once horas por las noches y dos veces durante el día, de hora y media a dos horas, una vez por la mañana, hacia mediodía, y otra por la tarde. Enséñale a comer él solo con una cuchara y a beber por un vaso. Después del año, se manchará los pañales en muy raras ocasiones durante el día.

Puede ya incorporarse por sí mismo y comer en una mesa normal sentado en una silla infantil. Enséñale a manejar la cuchara. Conviene que experimente primero con comida triturada. Ponle un babero bien amplio, dale una cuchara y déjale llenarla y llevársela a la boca. Al principio, permanece detrás de él para empezar de inmediato a prevenir la aparición de malos hábitos. Pronto aprenderá a comer los alimentos triturados razonablemente bien, de tal modo que, al iniciarse el segundo año, será capaz de llevarse a la boca la cuchara llena de sopa. En los primeros tiempos, no le dejes que tome él solo más de dos o tres cucharadas y dale tú el resto. Comenzará a comer por sí mismo paulatinamente, pero sólo durante el segundo año aprenderá a tomarse todo un plato él solo.

Enséñale a beber él solo por un vaso. En los primeros intentos, pon sólo un poco de líquido en el fondo. Cuando haya aprendido a inclinarlo en la forma apropiada, puedes empezar a dárselo más lleno.

Ahora se mantendrá seco y limpio durante su período de vigilia (si le pones en el orinal a tiempo) y no manchará los pañales mientras permanezca despierto. Pero todavía los necesitará por la noche. Entrénale a avisarte de que necesita el orinal. Tal entrenamiento sólo será efectivo una vez que sea consciente de las señales internas que le dicen que tiene la vejiga o los intestinos llenos. Este estadio se suele alcanzar durante el segundo año, pero, hacia el final del primero, puedes ya tomar medidas para que se desarrolle esta conciencia.

El niño toma conciencia del proceso de evacuación en tres estadios. Primero se da cuenta del *final* del proceso, luego del acto en sí y, por último, aprende a reconocer cuándo el proceso de evacuación se está preparando. Por eso aprende primero a señalar que la evacuación ha terminado y que se ha manchado los pañales. En la fase siguiente, anuncia que la evacuación está teniendo lugar, lo que no le sirve de nada. Sólo en la tercera fase dirá que está a punto de empezar y te dará tiempo para que le sientes en el orinal y te libres de mudarle los pañales. Las fases una y dos no suelen ser muy largas y es posible acortarlas más todavía.

Ya he explicado con anterioridad cómo crear un simple reflejo condicionado para que el niño evacúe cuando se le coloca en el orinal en el momento debido. Insistí entonces en que no se le mantenga en él por períodos prolongados. Si se sienta en el orinal por un corto tiempo y hace lo que tiene que hacer, es mucho más probable que tome conciencia de las sensaciones provocadas por la defecación y que acabe por reconocer las señales que la preceden. Si permanece sentado demasiado tiempo en el orinal, empezará a jugar o se distraerá de otro modo, no se fijará en esas sensaciones físicas y no aprenderá a controlarlas. Por lo tanto, no le distraigas. Hazle concentrarse en lo que está haciendo. Llama su atención verbalmente sobre la cuestión. Cuando oigas caer la orina o veas que se le pone la cara roja al hacer fuerza, elógiale y dile que está haciendo «gee, gee».

Cuando termine, pídele que te diga lo que ha hecho y trata de motivarle para que te diga que ha estado haciendo «gee, gee». Cuando lo levantes del orinal, muéstrale el contenido, repite las palabras, alábale y dile una vez más el nombre de la actividad. Si mancha los pañales, no le riñas por haberlos manchado, sino por no decirte lo que ha sucedido. Si te lo dice, alábale al principio por decírtelo. Ahora bien, el elogio es sólo apropiado durante algún tiempo. Si tarda demasiado en comunicarte que se ha manchado, demuestra tu descontento por decírtelo demasiado tarde.

La primera vez que lo anuncie debes elogiarle con exageración. Si concedes la atención suficiente a este acto, es posible que a mediados del segundo año (o incluso antes) te anuncie sus necesidades y te libre de un montón de trabajo con los pañales y de una pérdida de energía nerviosa al tratar de ponerle en el orinal a tiempo. Si descuidas el entrenamiento de la higiene, tendrás que ponerle pañales durante el segundo y el tercer año.

Los juguetes y los enseres necesarios

Después del noveno mes, el niño necesita sentarse de vez en cuando ante una mesa para jugar. Ha de ser una mesa baja, con una silla o un sillón pequeños. Estará mejor en un sillón, porque así apoya la espalda, pero, al principio, le costará más trabajo sentarse. Sin embargo, pronto aprenderá a apoyarse en los brazos del sillón. Por lo tanto, te aconsejo que le compres un sillón y dejes la silla más alta para cuando crezca y esté más maduro desde el punto de vista físico.

Un banco de unos noventa centímetros de largo y de quince a veinte centímetros de alto constituirá un buen asiento y será una pieza excelente para el equipo de gimnasia.

Los juguetes para los niños de siete a doce meses son muy distintos a los de los niños más pequeños. Me limitaré a enumerarlos, puesto que ya los he descrito en los ejercicios correspondientes.

Juguetes atados con una cuerda (animales, coches, trenes).

Muñeco, osito y otros juguetes para los juegos imitativos (cuchara, tazón, almohada).

Cubos (dados) de madera (de dos centímetros y medio a diez centímetros).

Un tablero o un cubo con agujeros puede ser utilizado para meter en ellos clavijas redondas y cuadradas.

Un tablero con agujeros en que se puedan encajar piezas redondas, cuadrangulares, triangulares y de otras formas (de alrededor de dos centímetros y medio de diámetro).

Un pie con varillas verticales para pasar por ellas anillas y discos agujereados.

Un tablero con cerraduras y llaves.

Una hucha.

Una tabla de carpintero y un martillo.

Un tablero o un instrumento con una manivela (molinillo de café antiguo).

Un tubo y una varilla para meterla en él.

Una serie de platos hondos que encajen unos en otros.

Una serie de platos hondos de distinto diámetro para meterlos unos en otros.

Una serie de cubos o dados huecos.

Varias cajas y recipientes con tapaderas de distintas clases, que encajen o se atornille.

Un tablero con puertecillas y diversos sistemas de cierre (cerraduras, manijas, cerrojos, etc.).

Plastilina.

Objetos taladrados para insertarlos en un alambre.

Grabados y libros con imágenes.

¿Verdad que resulta agradable ver cuántas de estas importantes ayudas para educar a tu hijo tienes ya en casa, esperando a que el chiquillo las utilice?

10

¿En qué consiste la «normalidad»?

¿Cómo saber si un niño se está desarrollando como debe? Obviamente, el desarrollo psicológico no se puede medir de la misma manera que un metro mide la longitud, un kilo mide el peso o una hora mide el tiempo. El desarrollo psicológico de un niño sólo puede ser calculado en términos relativos. Un resultado en particular es mejor, igual o peor que el resultado medio de un amplio grupo de niños de la misma edad. El término «medio» significa que todos los niños están poco más o menos en el mismo nivel, a excepción de un 10% que está en un nivel más alto y otro 10% que está en un nivel más bajo. Por ejemplo, en Checoslovaquia, el 50% de los niños dan el primer paso hacia el final del primer año, pero hay un 10% que lo dan antes del décimo mes y otro 10% que todavía no lo han dado al final del decimoquinto. Por consiguiente, aunque, por término medio, los niños dan el primer paso hacia el final del duodécimo mes, consideramos dentro de ese término medio a aquellos que lo dan entre el décimo y el decimoquinto. Esos estándares varían muy poco entre las naciones civilizadas, por lo que se aplican también a los niños españoles y latinoamericanos.

Al comienzo de cada sección de los ejercicios, he expuesto el objetivo de los mismos. Dichos objetivos son comparativamente altos y difíciles de alcanzar. Señalan una meta, no imponen la obligación de lograrla.

Tal es el motivo de que incluya una «Tabla de valoración del desarrollo psicológico en la primera infancia». Te ruego que no tomes esos datos como hitos precisos para tu hijo. Las tablas son meros indicadores del desarrollo por «término medio» en los niños no ejercitados. Si se menciona cierta capacidad como alcanzada en el sexto mes, eso significa que en la mitad de los niños aparece en el sexto mes, pero que no se ha desarrollado aún en los restantes. Si aparece al final del quinto o del sexto mes, sigue siendo aún propia del término medio. Hay que tener en cuenta la regla siguiente: si una capacidad aparece un mes antes o después de lo que señalan las tablas para el segundo trimestre, dos meses en el tercero o tres meses en el cuarto, no supone ningún signo de genialidad ni ninguna tragedia.

Las tablas pueden causar un gran daño a los niños si los padres las toman al pie de la letra y se empeñan en que sus hijos «han de llegar al estándar» a toda costa, incluso superarlo. Esa aceleración arbitraria les perjudicará en un grado muy elevado, con consecuencias graves para su desarrollo futuro. Es mejor no hacer nada para forzar su desarrollo, ya que el exceso de estimulación es más perjudicial que su insuficiencia. Utiliza las tablas de manera razonable. Muéstrate precavida al tratar de prever el futuro de tu hijo basándote en su desarrollo comparado con las tablas. Incluso cuando el niño va a la escuela, es imposible preverlo con certeza y, con frecuencia, niños que no dieron resultado en la escuela triunfaron más tarde en la vida, mientras que un alumno brillante puede tropezar con el fracaso.

No pretendo en modo alguno quitar importancia a las tablas o a los grados escolares. La mayoría de los niños se comportan en la escuela como se comportarán más tarde en la vida. Pero tengo un interés especial en convencerte de que el desarrollo es un proceso sobre el que se puede influir en un grado considerable, principalmente en la edad más temprana.

Habrá sin duda personas que considerarán mis consejos como una tentativa de «aceleración del desarrollo». Espero, sin embargo, que, después de haber leído este libro, comprenderás que mi propósito es sólo asegurarte que el desarrollo de tu hijo no se verá frenado por los hábitos tradicionales, basados en presunciones teóricas periclitadas e incorrectas. Insisto una vez más en que el niño no debe ser forzado a ninguna actividad, sólo convencido para que se muestre activo.

He intentado demostrar la importancia de educar a tu hijo desde la edad más temprana, y las consecuencias que esto tendrá para su vida y su desarrollo futuros. Más tarde, será difícil hacerlo tan bien como a esta edad. Si te entregas a tu hijo durante el primer año, te acostumbrarás a tu maravillosa vocación y continuarás esforzándote después en su favor, puesto que es tu hijo para siempre y porque los resultados de tus esfuerzos serán obvios y alentadores.

Cuando digo que la madre debe hacer una cosa o el padre otra, podría haber dicho fácilmente lo contrario. O referirme al abuelo, la abuela, el tío, la tía, el hermano o la hermana. Todos cuantos viven con el niño o entran en contacto con él pueden y deben participar en su educación, aunque han de trabajar unidos y conformándose a los mismos principios. Esto no significa que todos hayan de hacer la misma cosa. Cada uno tiene intereses, capacidades y conocimientos distintos y se concentrará más sobre uno u otro aspecto de la educación; el padre, por ejemplo, sobre el desarrollo de los movimientos físicos, mientras que la madre influye sobre el desarrollo del lenguaje, el abuelo se interesa por el desarrollo de su destreza y así sucesivamente.

Estoy seguro de que ahora comprendes ya el motivo que me impulsó a escribir este libro. Mi intención no era escribir ni un tratado estrictamente teórico, ni un «manual». Quería combinar la teoría con la práctica, comunicarte los últimos descubrimientos de la psicología infantil. Sacar de ellos las conclusiones en que se basan los sistemas más importantes para ayudarte a educar a tu hijo. Mostrarte concretamente cómo aplicar esos sistemas y llamar tu atención sobre otras posibilidades.

Conviene que los padres lean todo el libro y, en la medida de lo posible, hagan todos los ejercicios en el momento apropiado. Te ruego que no selecciones un solo ejercicio y lo pongas en práctica sin saber cuál es su propósito. Quizá divierta al niño durante un rato, pero lo más probable es que su efecto educativo sea nulo.

Pero los «ejercicios» no lo son todo. La educación emocional y la consecución de una buena conducta social exige una influencia sistemática y constante sobre el niño por parte de ambos padres y de la sociedad.

Es muy importante que comprendas el término «ejercicio» en el sentido en que yo lo utilizo. Estoy seguro de que está claro que en él se incluyen tareas, juegos y diversiones, cualquier actividad que permita al niño aprender algo útil. Ha de corresponder a su nivel de desarrollo. Tiene un objetivo educativo, suscita el interés del pequeño y le ofrece una diversión feliz y espontánea. La transición de un «ejercicio» a otro se efectúa prácticamente como la transición de una actividad a otra en el juego espontáneo. Si lo entiendes de este modo, lo más probable es que tu hijo repita por sí mismo una actividad aunque ningún adulto le estimule o le persuada.

Valoración del Desarrollo Psicológico en la Primera Infancia

Mes	*Desarrollo de los movimientos globales*	*Desarrollo de los movimientos de la mano y del juego de manipulación*	*Desarrollo del lenguaje y del comportamiento social*	*Desarrollo de los hábitos*
1.	Levanta la cabeza por un instante mientras yace boca abajo, pero la mayor parte del tiempo la tiene de lado. Ocasionalmente, alza su parte posterior y efectúa movimientos como para andar a gatas con los miembros posteriores.	Ase por reflejo un juguete cuando éste toca su mano abierta. Mira hacia un juguete situado dentro de su campo de visión.	De vez en cuando, emite sonidos guturales, como «ga» y «gue». Si aparece un rostro humano en su campo de visión, lo mira por un breve instante.	Hay que alimentarle una vez durante la noche.
2.	Levanta la cabeza unos diez centímetros y la mantiene alta durante cinco segundos como mínimo. Si se le pone en posición vertical sujetándole por debajo de los brazos, mantiene la cabeza erguida.	Sujeta un juguete por más de diez segundos. Sigue con los ojos un juguete que se mueve.	Reacciona a la sonrisa con una sonrisa. Observa a las personas más allegadas.	Hay que alimentarle una vez durante la noche.

3.	Alza la cabeza por más tiempo cuando está boca abajo, arquea la espalda, se apoya en los codos.	Sujeta un juguete por más tiempo y lo agita, inspecciona sus manos. Busca con los ojos la fuente de un sonido.	Empieza a murmurar cuando se le habla. Si se le dirige la palabra y se le sonríe, se mueve vigorosamente.	No necesita alimento por la noche. Permanece despierto más tiempo.
4.	Se impulsa con los brazos cuando está boca abajo y, a veces, cae pasivamente de espaldas. Cuando le sientan, la cabeza no cuelga. Si se le sostiene por debajo de los brazos, toca ligeramente el suelo con los pies.	Inspecciona los juguetes cuando los tiene en la mano. Tiende la mano de manera vacilante hacia el juguete que se le ofrece.	Murmura espontáneamente. Empieza a reír en voz alta cuando se le hace una gracia.	Ritmo regular de la vigilia y el sueño.
5.	Se pone solo boca abajo. En esta posición, se apoya exclusivamente en las palmas. Cuando le sientan, levanta la cabeza, dobla los brazos y empuja con las piernas hacia adelante. Si le sostienen por debajo de los brazos, empuja fuertemente con las piernas.	Guía su mano hacia un juguete con seguridad. Transfiere el juguete de una mano a otra y se lo lleva a la boca.	Murmullos y gritos. Distingue si un tono de voz o un gesto es risueño o severo.	Se entretiene con los juguetes durante un período más largo.

6.	Levanta un brazo cuando está boca abajo. Se vuelve activamente de descansar sobre el vientre a descansar sobre la espalda. Si se le sostiene por debajo de los brazos en posición vertical, soporta todo su peso con las piernas y baila (flexiona las rodillas).	Sostiene un juguete en cada mano.	Murmura y pronuncia vocales y consonantes. Empieza a combinarlas en sílabas. Se comporta de manera distinta frente a las personas conocidas o desconocidas. Establece el contacto mediante el murmullo.	Aprende a comer con una cuchara. Sujeta con las manos el vaso en que le dan de beber cualquier líquido.
7.	Se vuelve sobre el vientre a la derecha y a la izquierda. Se impulsa a sí mismo para sentarse y ponerse de pie cuando le tienden un dedo.	Ase un dado en cada mano sin ayuda.	Balbucea sílabas («ba», «ma», «ta»). Busca con la vista por lo menos un objeto cuando se lo nombran. Comprende el juego del escondite con una tela.	Come alimentos no triturados.
8.	Repta sobre el vientre y se balancea sobre las rodillas. Se sienta solo, pero aún de manera vacilante. Se sostiene de pie con seguridad si puede sujetarse a algo.	Empieza a asir los objetos pequeños con el índice y el pulgar. Mete un dado o cubo cuadrado dentro de otro.	Repite sílabas, «ba-ba-ba», et., y empieza a duplicarlas. Busca con la mirada más objetos (alrededor de cinco) cuando se los nombran. Comprende el juego de «darse cabezadas».	Mordisquea una galleta que sostiene por sí mismo.

9.	Gatea. Se sienta con seguridad y se pone de pie sin ayuda. De pie en el corralillo, da pasos sin moverse del sitio.	Palpan los detalles de los objetos. Golpea un juguete contra otro.	Da palmadas cuando se lo dicen.	Hace sus necesidades en el orinal si le ponen en él a tiempo.
10.	Empieza a andar de lado alrededor de los muebles.	Saca los cubos de un recipiente, extiende una tela doblada, abre las cajas y las vacía. Saca las llaves de las cerraduras.	Comprende las palabras «dame» y «di adiós». Comprende el juego de la «persecución a cuatro patas».	Puede beber una pequeña cantidad de líquido por un vaso sin ayuda.
11.	Anda alrededor de los muebles o cuando le sujetan por ambas manos.	Mete objetos en cajas y agujeros, llena recipientes, inserta llaves. Tira de un juguete distante con ayuda de una cuerda.	Puede señalar sus manos, sus pies, las personas y los objetos «marcados» verbalmente. Comprende los elogios y repite las actividades para que le elogien de nuevo.	Si le ponen en el orinal a tiempo, manchará pocos pañales durante el día.

12.	Anda sostenido por una sola mano. Puede dar el primer paso solo (de la silla a la cama).	Sujeta dos cubos en una mano, echa un objeto pequeño (una píldora, por ejemplo) por el cuello de una botella. Enciende y apaga una lámpara de mesa.	Pronuncia de una a cinco palabras inteligibles. Reacciona correctamente a las órdenes sencillas («trae tu cuchara»). Comprende y reacciona también a las negativas («Eso no se hace»). Imita (limpiar el polvo).	Intenta comer solo con la cuchara.

Por último, te aconsejo que no sólo registres en una película o en un vídeo el primer año del niño, sino también que anotes en un diario sus incidencias, porque eso obligará a tu mente a centrarse más en el desarrollo del pequeño. Cuando escribas algo en tu diario, piensa en ti misma y en tu hijo y analiza lo que va bien y lo que va mal, sin preocuparte del porqué. El pensar en los buenos resultados de tus esfuerzos educativos te hará feliz, te dará fuerza para continuar y te ayudará a mejorar aquello de lo que no estás satisfecha. Al cabo de unos años, releerás ese diario y lo conservarás como un tesoro, puesto que guardarás en él algunos de los mejores momentos de tu vida. No te prives a ti misma de esa alegría...

Apéndice

Resultados de los tests experimentales

Antes de aplicar los métodos que presento en este libro, los padres tienen derecho a preguntarse en qué medida se puede aceptar su utilidad y su fiabilidad.

He recibido muchas cartas de padres entusiastas, dándome las gracias y describiendo el modo en que se desarrollaban sus hijos, educados por este método. Pero las cartas de agradecimiento no significan una prueba científica de que un método sea beneficioso. Ni tampoco lo es la afirmación de que, en los últimos veinticinco años, mis colegas del Instituto de Asistencia a la Madre y al Niño, en Praga, y yo nos hayamos dedicado a estudiar el problema de la psicología y la educación infantiles. Por lo tanto, expondré algunos de los resultados de nuestra investigación, durante la cual examinamos experimentalmente en qué medida se influía sobre el desarrollo del niño cuando se le estimulaba de manera sistemática durante el primer año de su vida. Empezará por describir un estudio sobre la influencia de la estimulación sistemática de los niños hacia actividades que requieren una moción intensiva.

¿Qué nos incitó a este proyecto? Los nuevos datos publicados en diversas revistas científicas y muchas comprobaciones y recomprobaciones de nuestros experimentos precedentes, incluidos dos descubrimientos obtenidos por casualidad.

Deseosos de proporcionar a los niños de nuestras guarderías más espacio para moverse, los pusimos en corralillos más altos de lo normal, de 1,80 por 1,20 metros, a sesenta centímetros sobre el suelo, con los lados de unos 46 cm de alto y hechos con barras transversales. En esos corralillos, los niños aprendieron, entre otras cosas, a gatear en el octavo mes y a ponerse de pie sujetándose a los laterales del corralillo en el noveno mes.

Tan pronto como lograron ponerse de pie, empezaron a trepar por los laterales de los corralillos, hasta el punto de correr el peligro de caer hacia el exterior. Para evitarlo, a los ocho meses los dejamos sobre un suelo limpio. Aprovechando esta situación, les proporcionamos una pequeña escala y, aunque incapaces de andar, comprobamos que trepaban fácilmente por una escala vertical. De aquí dedujimos que es más fácil para el bebé trepar por una escala que andar sin que le sostengan.

Los niños de ocho meses «normales» no trepan por una escala, no porque no sepan hacerlo, sino porque se impide sistemáticamente que lo hagan. Por lo tanto y, dado que queríamos criar a los niños de manera natural, aprovechando sus posibilidades innatas de desarrollo, pusimos a su disposición (a los ocho meses) una pared con barrotes. Los niños aprendieron primero a gatear por el suelo hasta la escala y después a trepar por ella. Y terminaron por andar sobre el suelo sin apoyo.

Esto nos hizo darnos cuenta de que lo que llamábamos «normal» no era siempre lo natural y que la «normalidad» es el resultado de ciertos conceptos culturales. Si dejamos descalzo al niño, aprenderá en muchos casos a asir los objetos, no sólo con las manos, sino también con los pies. Jugará con una pelota colgada sobre él tanto con las manos como con los pies, luego con una sola mano, un solo pie, etc. Pero si pasa todo el tiempo calzado, nunca tocará o palpará con los pies.

Estas observaciones nos llevaron a la conclusión de que no sólo el desarrollo de los movimientos, sino también el desarrollo en general estaban muy influidos por los estímulos que el niño recibía en una edad muy temprana y que un cambio en el método de estimulación podía alterar todo su desarrollo.

Nos enfrentamos entonces a la cuestión ética de si una estimulación de los movimientos sobrecargaría al niño y perjudicaría su desarrollo. Consultamos a los psicólogos, y ellos apoyaron nuestro punto de vista. También ellos sostenían la opinión de que a los niños de hoy se les impedía moverse más que se les estimulaba y de que una estimulación más intensa les sería beneficiosa.

Tranquilizamos también nuestros escrúpulos pensando en la «hipótesis del transporte», así llamada porque se presume que las madres prehistóricas transportaban con ellas a sus pequeños, les llevaban de un lado a otro, les sujetaban de diversas maneras, les bajaban, se los pasaban de una mano a otra y se doblaban con ellos mientras estaban trabajando. Un niño no puede ser enteramente pasivo durante esos movimientos. Tiene que adaptarse a ellos y a las diversas posiciones manteniendo alta la cabeza, moviendo el tronco y los miembros y sujetándose con manos y pies. Por lo tanto, en aquella época se le estimulaba y se le activaba durante largos períodos para que hiciese movimientos enérgicos. Estaba dotado de muchos mecanismos neuromusculares que le capacitaban para realizar esos movimientos desde casi el principio de su vida.

Los niños de hoy poseen todavía esos mecanismos. En ellos se incluyen los llamados reflejos posicionales (el niño mantiene la cabeza en la prolongación de su tronco cuando se le inclina hacia adelante o a los lados) y el reflejo de presa (el niño ase tan firmemente que se le puede levantar). Llevar al niño consigo de un lado a otro constituye para él un ejercicio muy intenso y natural.

Cuando estuvimos seguros de que no perjudicaríamos a los niños con nuestros experimentos, al contrario, que les serían beneficiosos, empezamos nuestro trabajo experimental. El primer grupo (el I) estuvo formado por niños que vivían en el Instituto de Asistencia a la Madre y al Niño, en edades comprendidas entre el nacimiento y los seis o siete meses. Un especialista se ocupaba a diario de cada niño durante uno de sus períodos de vigilia (alrededor de dos horas), jugaba con él y le estimulaba con las actividades de movimiento descritas en el capítulo 7 y registraba su desarrollo desde el nacimiento hasta el final del sexto mes.

El segundo grupo (II) se compuso de niños que vivían en su casa con sus padres y que, durante su primer año, nos visitaban regularmente una o dos veces por semana, es decir, en conjunto, unas veinte veces. Enseñamos a los padres a estimular los movimientos del niño; al mismo tiempo, examinamos en cada ocasión a éste. Luego los padres trabajaban con él en casa. Cumplido el primer año, dejamos de dar instrucciones a los padres, pero seguimos sus progresos hasta que cumplieron los tres años. Enseñamos a esos padres los ejercicios descritos en los capítulos 7, 8 y 9.

El tercer grupo (III), el grupo de control, estaba constituido por niños que acudían a uno de los centros infantiles de Praga para los exámenes pediátricos periódicos de rutina. Vivían en condiciones familiares normales, sin una estimulación especial. Examinamos a cada niño una vez, en el tercer, el sexto, el noveno o el duodécimo mes del primer año. Los padres procedían de todos los medios sociales. No estaban informados de nuestro trabajo y lo consideraban como parte de las revisiones médicas.

Había niños y niñas en los tres grupos. Para presentar un material lo más homogéneo posible, mencionaremos sólo los resultados obtenidos con los varones. Ahora bien, he de insistir en que acumulamos una gran experiencia sobre las niñas y que, invariablemente, las diferencias entre los sexos carecían de significación estadística (lo que demuestra una vez más que, si lo niños suelen mostrarse más brillantes en ciertos campos, como la geometría y la física, esta diferencia se debe a las distintas clases de juguetes y a otras distinciones ambientales que los padres imponen tradicionalmente a sus hijos basándose en su sexo).

En el grupo I (los niños estimulados en el Instituto) había diez varones. En el grupo II (estimulados en casa), veinte. En el grupo III, el de control (niños que vivían en familia y no recibían ninguna estimulación), había diez varones de tres meses, trece de seis meses, once de nueve meses y quince de doce. Tomamos nota, en todos los niños, del desarrollo de los movimientos de la cabeza, los miembros superiores, los miembros inferiores, la locomoción compleja, el juego, el lenguaje. Redujimos a datos estadísticos unas doscientas características del desarrollo, alrededor de quince por cada mes. En cada una de las seis tablas se incluyen siete u ocho hitos típicos del desarrollo para cada grupo. Las tablas dan el término medio de la edad en meses en que los veinte niños estimulados en casa por sus padres (grupo II) alcanzaron cada hito. En lugar de expresar el término medio de edad correspondiente a los grupos I y II, exponemos la significación estadística de la diferencia en el logro de los hitos. Luego, comparamos las diferencias de desarrollo entre los grupos I y II, II y III y I y III.

La significación estadística de las diferencias en el desarrollo de los tres grupos fue determinada como sigue. Por ejemplo, ningún niño fue capaz de pasarse un juguete de una mano a otra en el tercer mes. En cambio, en el noveno mes, todos los niños de todos los grupos eran capaces de realizar este movimiento. Por lo tanto, determinamos cuántos niños del primer, el segundo y el tercer grupos eran capaces de ejecutarlo a los seis meses. Esas cifras nos permitieron calcular si las diferencias entre los grupos eran significativas o no.

Una diferencia es significativa estadísticamente cuando $p<0,05$, y muy significativa estadísticamente cuando $p<0,01$. Pudimos comparar el desarrollo de los niños del grupo I sólo hasta los seis meses, ya que después abandonaron el Instituto para vivir con sus padres, naturales o adoptivos, en la mayoría de los casos fuera de Praga, por lo que perdimos el contacto con ellos.

Las tablas muestran que los dos grupos de niños estimulados (grupos I y II) tuvieron un desarrollo similar, mientras que el grupo de los no estimulados (grupo III) se rezagó de los otros dos en la adquisición de muchos de los hitos del desarrollo. Las tablas demuestran también que, cuanto más complejas son las actividades, más significativa es la diferencia estadística entre los niños estimulados y los no estimulados. Esa diferencia aumenta con la edad y la complejidad de la actividad. Se estimuló a los niños principalmente hacia actividades motoras, pero la diferencia aparece también en el juego y el lenguaje. Las diferencias entre los grupos I y II —niños estimulados en el Instituto y en casa— disminuyó, en cambio, con la edad. ¿Qué significan estos prosaicos datos estadísticos?

Como se ve, la diferencia entre los niños estimulados en el Instituto y en casa fue relativamente pequeña. Las diferencias significativas desde el punto de vista estadístico fueron en su mayor parte resultado de las mejores condiciones de desarrollo procuradas por el Instituto, lo cual no nos permite en modo alguno sacar la conclusión de que criar a los niños en un Instituto como el nuestro sea mejor que criarlos en casa. De hecho, la verdad es todo lo contrario. Los resultados se debieron al hecho de que se concedió un especial cuidado a esos niños experimentales y que se crearon condiciones imposibles de conseguir en una guardería normal. Los niños se hallaban al cuidado de especialistas en el tema muy experimentados. Los que vivían con sus familias estaban a cargo de sus padres, que carecían al principio de experiencia y que sólo la adquirieron gradualmente a través de los empleados del Instituto.

Las tablas ponen de relieve que las diferencias entre ambos grupos disminuyen gradualmente con la edad. Durante la segunda mitad del año, los empleados del Instituto podían difícilmente competir con los padres. Ahora bien, hay que decir que, por entonces, los padres poseían ya la experiencia necesaria y contaban además con ciertas ventajas con respecto al Instituto: un contacto más intensivo con el niño, más oportunidades de enseñarle la vida real y las tareas de los adultos, etc.

Nuestros datos muestran que las diferencias entre el desarrollo de los niños estimulados en casa y los niños no estimulados y que viven en las condiciones tradicionales es grande y aumenta paulatinamente, lo cual demuestra que la estimulación temprana e intensiva tiene unas bases profundas y contribuye a un mejor desarrollo del niño.

Vimos también que la diferencia no se reflejaba sólo en el desarrollo de los movimientos, sino en el desarrollo global de los niños estimulados sistemáticamente. Y ello por dos motivos. En primer

Desarrollo de los Movimientos de la Cabeza

Hitos del desarrollo	*Edad de aparición en el grupo II*	*Diferencia entre los grupos*		
	X	I:II	II:III	I:III
Alzar la cabeza más de 45°, echado boca abajo	2,00	-/3	$p<0,05/3$	-/3
Mantener la cabeza erguida cuando se le sienta tirando de sus manos	2,30	-/3	$p<0,01/3$	$p<0,05/3$
Sostener la cabeza cuando está boca abajo	2,60	-/3	-/3	$p<0,05/3$
Alzar la cabeza más de 45° cuando se le inclina hacia adelante	2,65	-/3	$p<0,01/3$	$p<0,01/3$
Llevar la barbilla al pecho cuando se le inclina hacia atrás	3,50	-/3	-/3	$p<0,01/3$

Llevar la barbilla al pecho echado boca arriba	4,25	$p<0,01/3$	-/3	$p<0,05/3$
Ladear la cabeza echado boca abajo	4,35	$p<0,05/3$	$p<0,05/3$	$p<0,05/3$

Significativo = $p<0,05$
Muy significativo = $p<0,01$

DESARROLLO DE LOS MOVIMIENTOS DE LOS MIEMBROS SUPERIORES

Hitos del desarrollo	*Edad de aparición en el grupo II*	*Diferencia entre los grupos*		
	X	I:II	II:III	I:III
Asir los dedos que se le tienden y sostenerse cuando le atraen a la posición sentada	2,60	-/3	$p<0{,}01/3$	$p<0{,}01/3$
Apoyarse en ambas manos echado boca abajo, con los brazos tendidos	3,35	-/3	$p<0{,}01/3$	$p<0{,}01/3$
Asir anillas y sostenerse en posición mixta	3,70	-/6	$p<0{,}01/6$	$p<0{,}01/6$
Guiar la mano hacia un objeto con seguridad	4,20	-/3	-/3	$p<0{,}05/3$

Transferir un juguete de una mano a otra	4,80	$p < 0,05/3$	-/3	$p < 0,05/3$
Sostener un cubo en cada mano y hacerlos chocar	6,80	$p < 0,01/6$	-/6	$p < 0,01/6$
Meter un cubo dentro de otro	8,00	no comprobada	$p < 0,01/12$	no comprobada

Desarrollo de los Movimientos de los Miembros Inferiores

Hitos del desarrollo	*Edad de aparición en el grupo II*		*Diferencia entre los grupos*	
	X	I:II	II:III	I:III
Asir las manos que se le tienden y apoyarse en las piernas	4,20	-/6	$p<0,01/6$	$p<0,01/6$
Estando boca arriba, alzar las piernas y cogerlas con las manos	4,75	-/6	$p<0,01/6$	$p<0,01/6$
Atraer las rodillas hacia el cuerpo estando boca arriba	4,95	-/6	$p<0,01/6$	$p<0,01/6$
Incorporarse junto a un mueble	7,95	no comprobada	$p<0,01/9$	no comprobada
Incorporarse y sostenerse ligeramente con una mano	8,05	no comprobada	$p<0,05/9$	no comprobada

Mantenerse en pie 5 segundos sin apoyarse	9,45	no comprobada	$p<0,01/12$	no comprobada
Levantarse sin apoyo	11,35	no comprobada	$p<0,01/12$	no comprobada

Desarrollo del Juego

Hitos del desarrollo	*Edad de aparición en el grupo II*	*Diferencia entre los grupos*		
	X	I:II	II:III	I:III
Asir objetos oponiendo el pulgar a los otros dedos	3,65	$p<0{,}01/3$	no significativa	$p<0{,}01/3$
Dar vueltas a un juguete en las manos e inspeccionarlo	4,50	———	no significativa	$p<0{,}05/3$
Golpear los juguetes sobre la mesa	5,20	———	no significativa	$p<0{,}05/6$
Asir un objeto con las puntas del pulgar y el índice	7,90	$p<0{,}01/6$	no significativa	$p<0{,}01/6$
Meter una llave en la cerradura	10,55	no comprobada	$p<0{,}01/12$	no comprobada
Meter un cubo en otro	11,60	no comprobada	$p<0{,}01/12$	no comprobada
Dar de comer al osito, al muñeco	11,65	no comprobada	$p<0{,}01/12$	no comprobada
Girar las manivelas	11,75	no comprobada	$p<0{,}01/12$	no comprobada

Desarrollo de los Movimientos Locomotores Complejos

Hitos del desarrollo	*Edad de aparición en el grupo II*	*Diferencia entre los grupos*		
	X	I:II	II:III	I:III
Trepar gateando	8,10	no comprobada	$p<0{,}01/9$	no comprobada
Sostenerse en los muebles y dar pasos laterales	8,40	no comprobada	$p<0{,}05/9$	no comprobada
Gatear con facilidad alrededor de los muebles	9,25	no comprobada	$p<0{,}05/9$	no comprobada
Dar los dos o tres primeros pasos independientes	10,65	no comprobada	$p<0{,}01/12$	no comprobada
Subirse a una cama (de 45 a 50 cm de alta)	10,65	no comprobada	$p<0{,}01/12$	no comprobada
Andar por la habitación	11,50	no comprobada	$p<0{,}01/12$	no comprobada
Andar por el patio o el jardín	12,30	no comprobada	$p<0{,}01/12$	no comprobada

DESARROLLO DEL LENGUAJE

Hitos del desarrollo	*Edad de aparición en el grupo II*	*Diferencia entre los grupos*		
	X	I:II	II:III	I:III
Balbuceos (pronunciar sílabas)	5,20	-/6	$p<0,01/6$	$p<0,01/6$
Repetir sílabas (ma-ma-ma)	6,50	-/6	$p<0,05/6$	-/6
Ejecutar un movimiento cuando se le dice (hacer el signo de adiós)	7,25	no comprobada	$p<0,05/9$	no comprobada
Mirar hacia un objeto nombrado	8,40	no comprobada	$p<0,05/9$	no comprobada
Identificar verbalmente a una persona conocida (papá, mamá)	9,25	no comprobada	$p<0,05/12$	no comprobada
Comprender las frases de la vida diaria	11,20	no comprobada	$p<0,01/12$	no comprobada
Nombrar actividades (dormir)	11,55	no comprobada	$p<0,01/12$	no comprobada

lugar, la estimulación locomotora pura es imposible en la práctica. Cuando estimulamos a un niño para que se mueva, nos hallamos en estrecho contacto social con él, le hablamos, le damos juguetes y otros materiales, de manera que se trata de hecho de una estimulación compleja con una insistencia sobre la estimulación locomotora, puesto que se influye no sólo sobre el desarrollo de los movimientos, sino también sobre el del lenguaje y el razonamiento. En segundo lugar, los padres que tienen éxito en el difícil trabajo de la educación de su hijo tienden a desarrollar a éste en todos los aspectos y, por consiguiente, favorecen deliberadamente el juego, el lenguaje, el razonamiento y otras funciones.

Expondré ahora algunos detalles técnicos adicionales que pueden ser interesantes.

Los niños del grupo II, estimulados bajo la supervisión de sus padres, nos visitaron dos veces al mes durante el primer semestre y una vez al mes durante el segundo, o sea, un total de veinte visitas. Al seguir longitudinalmente el desarrollo de esos niños, pudimos determinar en qué mes alcanzaban un criterio en particular, lo que nos permitió calcular las edades medias.

Los niños del grupo III fueron examinados únicamente una vez a los tres meses, a los seis, a los nueve o a los doce. No les observamos longitudinalmente, porque no era ético ni factible pedir a las madres que trajesen a sus hijos veinte veces al año sólo para examinar al niño, sin darles ningún consejo. Por lo tanto, en lo que se refiere a los niños del grupo de control, examinamos *qué* estadios del desarrollo habían alcanzado en el momento del examen, pero sin precisar *cuándo* los habían alcanzado.

Por otra parte, si los hubiéramos examinado con frecuencia hubiéramos terminado por influir sobre los padres, con lo cual el grupo perdería su carácter de control, al modificarse las condiciones de vida tradicionales.

Insisto una vez más en que la proporción de desarrollo de las facultades de un niño no es más que una indicación posible para calcular su desarrollo global. *No nos proponemos* acelerar el desarrollo. Con ello sólo se logra sobrecargar al pequeño. Nuestro propósito es el desarrollo de toda la personalidad infantil.

Queda por resolver una cuestión. La mejor calidad del desarrollo de un niño que ha sido estimulado sistemáticamente durante su primer año, ¿es permanente o temporal? Me gustaría resolver esta cuestión observando a los niños del grupo II hasta los cuatro o seis años. El material recogido hasta la fecha parece indicar que la tendencia es permanente, sobre todo cuando el niño sigue siendo estimulado deliberada y sistemáticamente. Puesto que hemos descubierto que se puede impulsar y dirigir el desarrollo psicológico durante el primer año de la vida del niño, se debería explotar más a fondo esta posibilidad.

Por el momento, nuestros experimentos continúan. Tenemos un nuevo grupo de veinte niños criados por sus padres en el hogar. Nos visitan una vez al mes con sus hijos. Durante la visita, les damos instrucciones sobre cómo influir sobre el movimiento delicado de las manos. Al mismo tiempo, observamos el desarrollo de esos movimientos. Los hombres se interesan muchísimo por nuestro trabajo. La mitad de los niños no vienen acompañados por sus madres, sino por sus padres, dispuestos a abandonar momentáneamente su trabajo o aprovechar su tiempo libre para venir a informarse de cómo progresa su hijo y cómo continuar educándole en esta esfera. Los padres están descubriendo que trabajar con un niño pequeño resulta quizá más interesante que reparar un coche o una radio o entregarse a otras actividades, ya que con este trabajo se logra la cosa más preciosa: un ser humano bien y completamente desarrollado.

Índice

Impreso en Talleres Gráficos
Gráficas Rógar, S. A.
Navalcarnero
(Madrid)